创新创业系列教材

创业营销与市场调查技术

主　编　康晓玲

副主编　陈鼎藩

西安电子科技大学出版社

内 容 简 介

　　创业者要取得创业的成功，除了具备事业心和创新精神外，还必须依赖于有效的创业营销和市场调查技术，因为成功实现产品销售是创业成功的标志。本书立足于创业者的角度，按照"以能力为主导，以业务流程为依据，以实际使用为最终目的"的原则，依据创业营销和市场调查的实际过程，给出包括创业营销概述、创业市场机会寻找、创业目标市场选择、创业营销组合策略、市场调查概述、市场调查方法、抽样设计、问卷设计和市场调查数据分析等内容，这些内容环环相扣，最终形成一个综合性应用体系。

　　本书既可作为工商管理和营销专业的本科生、研究生教材，也可以作为相关营销人员及创业者的创业培训教材。

图书在版编目(CIP)数据

创业营销与市场调查技术/康晓玲主编. —西安：西安电子科技大学出版社，2017.8(2019.2 重印)
ISBN 978-7-5606-4584-1

Ⅰ. ① 创…　Ⅱ. ① 康…　Ⅲ. ① 企业管理—市场营销学—高等学校—教材　Ⅳ. ① F274

中国版本图书馆 CIP 数据核字(2017)第 172517 号

策划编辑　戚文艳
责任编辑　师　彬　阎　彬
出版发行　西安电子科技大学出版社(西安市太白南路 2 号)
电　　话　(029)88242885　88201467　　　　邮　　编　710071
网　　址　www.xduph.com　　　　　　　电子邮箱　xdupfxb001@163.com
经　　销　新华书店
印刷单位　陕西利达印务有限责任公司
版　　次　2017 年 8 月第 1 版　　2019 年 2 月第 2 次印刷
开　　本　787 毫米×1092 毫米　1/16　印　张　14.375
字　　数　338 千字
印　　数　1001～4000 册
定　　价　31.00 元

ISBN 978 - 7 - 5606 - 4584 - 1/F

XDUP 4876001-2

如有印装问题可调换

前　言

以创新为特征的 21 世纪是一个充满竞争的世纪，而其竞争的核心就是创新人才的竞争。联合国教科文组织将创业教育称为学习的"第三本护照"，它和学术教育、职业教育具有同等重要的地位。国际 21 世纪教育委员会在《教育——财富蕴藏其中》的报告中着重提出："教育的任务是毫无例外地使所有人的创造才能和创造潜力都能结出丰硕的果实，这一目标比其他所有目标都重要。"联合国教科文组织还指出："培养学生的创业技能，应成为高等教育主要关心的问题"，"高等教育必须将创业技能和创业精神作为基本目标，以使高校毕业生不仅仅是求职者，而首先是工作岗位的创造者"。目前，以开发人的创新能力为首要目标的创业教育已经成为世界高等教育改革和发展的新趋势，并且已经延伸到职业教育和基础教育领域。

为了适应我国高等教育人才培养模式的创新，培养具有创业素质、知识和技能的人才，我们在探讨营销专家及其前沿理论的基础上，融合了营销、战略、市场调查技术和创业等方面优秀的学术研究成果，组织编写了本书。本书的内容实用性强，文字深入浅出、生动活泼、通俗易懂，具有广泛的适应面。

本书由西安电子科技大学康晓玲副教授和陈鼎藩副教授共同编写，编写的具体分工是：第 1~7 章和第 9 章由康晓玲副教授编写；第 8 章和第 10 章由陈鼎藩副教授编写。硕士研究生任艺、贾佳婧承担了资料查找和文字校对工作。

感谢西安电子科技大学出版社戚文艳编辑为本书的出版与发行付出的辛勤劳动。在书稿的编写和修改过程中，我们参考了许多国内外专家学者的相关研究成果，未能在书中加以一一说明，在此一并表示衷心的感谢。

本书适合本科生、研究生和社会各方面准备创业及正在开展社会创业营销活动的各类创业者阅读，也可以作为高等学校、创业培训机构的教材或者参考用书。

由于编者水平有限，书中难免有不妥之处，恳请广大读者多提宝贵意见，以便使我们今后的教学和研究工作进一步地深入和不断提高。

编　者

2017 年 4 月

目 录

第1章 创业营销概述

重点提示

- 创业营销的含义和解决的问题。
- 创业营销与创业营销观念的特点。
- 创业营销的阶段。
- 创业营销和创业营销规划的基本内容。

阅读资料

"e袋洗"：把洗衣服变成互联网产品

2014年，一款叫做"e袋洗"的洗衣互联网产品异军突起，迅速抢占市场。一年时间里，日单量突破3000单，用户突破50万。继7月份拿到腾讯2000万的天使投资后，8月初，"e袋洗"又获得来自经纬和SIG共2000多万美元的A轮投资。这场O2O运动的背后，是一家经营20多年的老牌洗衣连锁店"荣昌"，他们壮士断腕式的主动革新，只因为"不想成为被温水煮死的青蛙"。

"e袋洗"的营销模式是这样的：首先，预约上门取衣再送回；其次，创造出99元一袋的"e袋洗"概念。所有衣服只要能放在该公司所提供的袋子里，就会以99元洗一袋的价钱被拿去清洗。

"e袋洗"CEO陆文勇说："我们要做的是你身边的，可以随叫随到的洗衣店。""e袋洗"是非常典型的互联网行业和传统行业相拥抱的例子。"e袋洗"在搭建成熟的共享经济平台后，不断延伸出更多的家庭服务生态链，打造一种邻里互动服务的共享经济生态圈，集合社会上已有的线下资源，通过移动互联网实现标准化、品质化转变，帮助人们在生活中获得更便利、个性的服务。这也为"e袋洗"在现阶段这样一个追求创新自由的环境下带来了巨大的盈利空间。

（资料来源：吴彦蓁. e袋洗：颠覆传统洗衣业，O2O打入社区内部. 天海"互联网+"研究院，http://www.iyiplus.com/p/21907.html）

在当前的市场环境下，成功的创业需要有效的创业营销，而成功的创业营销不仅需要更新的技术、更好的产品和商业计划，还需要创业者具有首创精神和献身精神，并具有营销意识和营销技能。如果说创业者的事业心和创新精神是创业企业的发动机，那么创业营销就是传动装置和车轮。只有通过创业营销，创业企业才能更快地走上发展之路。

1.1　创业营销的含义和机理

1.1.1　创业营销的概念和意义

　　创业营销是指一个新创企业或第二次创业企业把自己的新产品推向新市场的营销，包括市场研究、细分以及营销组合管理等。它要求营销者不仅要对沟通活动作出反应，而且要经常地为顾客发现新的价值来源和为企业发现新市场。创业营销企业要努力领导客户而非被动跟随或反应。

　　创业营销的概念里包含几个子概念：营销主体、营销客体和营销对象。创业营销的营销主体是创业型企业，包括新创企业和二次创业的企业。创业营销的客体是新产品，一般企业营销虽然包括新产品营销，但更多的是老产品的营销。例如，可口可乐公司的营销做了 100 多年，但销售的仍然是可口可乐，它的全面营销策略仅仅在于市场占有率的巩固和扩展，所以它属于巩固型营销和扩张型营销。创业营销的产品一定是全新的产品，它的营销既不是市场巩固，也不是市场扩张，而是市场进入，它属于市场导入型营销，所要做的核心工作是让市场认识、喜爱、接受和消费自己的新产品。所以，创业营销一定是新产品营销，而且创业营销的对象是新市场。

　　创业企业，无论是新创企业还是二次创业企业，其产品所面对的市场一定是一个全新的市场。一个新产品进入老市场营销，在战略模式上属于产品开发战略，而不是一种创业型活动，只有一个企业开发了一个全新的产品，并且进入一个并不熟悉的全新市场，需要企业做出重大的转型调整的时候，才谈得上是创业营销。既然是一个全新市场，就没有成熟的经验可以借鉴，也没有足够的资源可以依靠，企业就会面临着巨大的市场风险，所以创业营销一定是一个面向新市场的风险性营销，企业要有足够的风险控制能力，才能够保证营销成功。

1.1.2　创业营销的需求者

　　美国沃顿商学院创业营销教授说："多数情况下，一个新企业成功或失败的原因是营销而非技术"[①]。企业发展要先后经历六个因素的制约：技术、营销、管理、战略、观念和文化。一般而言，创业企业在已经拥有了某项技术或者某种产品之后，就需要把这种产品转变为货币。也就是说，创业企业通常在成立时就已经克服了技术层面的限制，而之后能否持续经营下去，不取决于它的技术，更多地取决于它能否成功克服营销这一制约因素。如果创业企业能够成功地将其技术或者产品推向市场，它就具备了持续经营的基础，能够在市场中站稳脚跟。只有当营销为创业企业建立了生存的基础后，才将进一步涉及依靠管理增添效益，依靠战略扩张企业，依靠文化维系百年基业等一系列问题。

　　但是，创业企业的营销完全不同于成熟企业的营销。创业企业是完全新建立的企业，

————————
① Leonard M Lodish. 创业营销[M]. 杨冰，译. 北京：清华大学出版社，2002.

它们没有品牌，没有渠道，没有现成市场，没有忠实的消费者，甚至没有一支完整的营销队伍，完全是白手起家。二次创业企业虽然可能已经拥有了品牌、渠道、市场、产品、顾客以及营销队伍，但是这些条件还不足以支持企业的持续发展，或者企业已经陷入了危机，需要靠推出新产品、占领新市场来重振旗鼓。虽然二次创业有了一定的基础，发展似乎更为容易，但是，二次创业企业通常会面临比新创企业更难以解决的困难，因为二次创业企业不仅要突破新市场的阻力，还要消除一次创业时遗留下的各种尚未解决的部分难题。因此，机械地将一个成熟企业的营销战略和策略照搬到创业企业上是不合适的，甚至是非常危险的。例如，宝洁公司的营销非常成功，但它的经验不能直接导入到创业企业中，因为宝洁公司的营销是建立在与创业公司完全不同的平台上的，二者在品牌、形象、资本、渠道、市场、人才、口碑等方面存在极大的差异。创业企业的营销通常只能基于没有任何基础条件背景下的营销，其营销难度要比宝洁公司大得多。因此，一个创业企业需要的不是一般的市场营销，而是针对创业企业特点的创业市场营销。

1.1.3 创业营销的机理

创业营销能够使企业更好地适应并管理其市场环境，以满足现有的和新出现的顾客需求，并积极影响企业的创新活动和绩效水平。市场导向和创业导向"双高"企业更强调在市场驱动和引导市场的创新方面的领先性，能够持续监测环境中顾客需求的新趋势，并根据需求变化建立反应机制，同时在满足顾客需求方面拥有最高的适应能力和环境管理能力。

创业营销适合不确定的环境和模糊的需求市场。它往往采用"驱动市场"的方法，而不是"市场驱动"的方法，强调既要适应当前市场，又要努力创造新的顾客需求。

在动态、复杂的环境条件下，市场竞争越来越激烈，企业生存变得更加困难，要更多地遵循"由外而内"的逻辑以获得成长。创业营销就是"由外而内"的成长逻辑。成功的企业往往首先着眼于外部市场，而不是完全听凭自己目前所拥有的知识的驱动，囿于当前的产品和服务。创业营销的根本驱动因素就是创业精神。通过创业营销活动，企业又可以在一定程度上改变或创造外部环境。创业营销主要关注外部市场机会，通过机会驱动和市场导向来打开连接外部顾客和竞争的通道。在战略层面与执行层面的协调过程中，超前认知与行动、理性冒险、资源撬动与整合、注重创新等发挥着重要的作用，使战略意图在营销活动中得以更好地贯彻，并通过机会、资源与顾客价值创造的有机结合来驱动市场，以获得具有挑战性的组织绩效。创业营销的组织绩效应包括财务指标和非财务指标。非财务指标包括新产品/服务产出率、顾客导向型文化、顾客满意和忠诚度、高附加值资源、新组织形式、生产性外部联盟和网络等；财务指标包括收益率、盈利率、资产增值率等。这些绩效的改善又会进一步深化企业文化，巩固企业资源，并为进一步调整战略和结构奠定基础。

1. 创业营销的内核要素

在创业营销的内部要素中，机会导向、超前行动、注重创新和理性冒险等四个方面与创业导向相联系，顾客强度和价值创造等两个方面与市场导向相联系，而资源撬动则是两种观点都强调的一个元素。

(1) 机会导向。认知和探索机会是创业精神的基础，也是创业营销的核心要素。机会代表未被识别的市场需求，或者是企业未得到利用或充分利用的资源和能力，是潜在的、持续的利润来源。营销人员努力扩大当前顾客所能表达的需求以外的机会范畴，拓展产品和商业边界，就可以"规避现有市场的支配"。

(2) 超前行动。机会都具有时效性，甚至稍纵即逝，所以创业活动必须重点关注速度。创业营销不认为外部环境是既定的，人们只能一味地调整和适应，而是认为环境属于机会范畴，营销者可以重新定义外部环境，从而降低不确定性，减少企业的依赖性和弱点。

(3) 顾客强度。创业营销在很多方面与关系营销(RM)是一致的。顾客强度强调顾客权益、内部关系以及影响营销成效的情感要素。

(4) 注重创新。持续创新包括在组织层面保持内外部有机整合创意流的能力，以及将新创意不断转化为新产品、新服务、新过程、新用途和新市场的能力。所以说，成功背后的支撑是创新，其中既包括技术创新，又包括组织创新、制度创新和管理创新。创新与变革是企业发展的永恒主题。

(5) 理性冒险。创业精神与理性冒险相联系，应学会努力识别各种风险因素，以减轻或分担风险。所以，创业营销重视各种营销促进因素，而不是一味地去规避风险或使风险最小化。

(6) 资源撬动。从最基本层面上讲，资源撬动就是以较少的资源做更多的事情。最重要的方面则是善于利用他人资源去实现营销目的，如运用战略联盟、合资战略以及情感交换、网络等来获得营销支持。

(7) 价值创造。创业营销的焦点是创造新的价值，并假定价值创造是交易和相互关系的先决条件。因此，营销者的任务就是发现未被利用的顾客价值源泉，来创造独特的资源组织以创造价值。

这些元素相互联系、相互作用，共同构成了创业型营销的功能"内核"，并使企业战略层面和执行层面的行为活动协调一致，从而赋予营销活动更具"活性"的因子，以促进企业"由外而内"不断成长。

2. 影响创业营销的主要因素

创业营销活动过程主要受外部市场环境、组织战略、组织结构、组织文化、组织资源等关键因素的影响。环境越是动荡复杂，越会要求组织具有较高的适应性和灵活性，就越需要较高水平的创新和创业营销活动，使营销职能"创业化"。为适应和反映外部环境变化，企业必须调整其内部环境，包括战略、结构、文化和资源等。战略强调组织成长、技术领先和产品/市场的多元化等，不同的战略会产生不同的营销行为。战略管理理论认为，结构随着战略变化而变化。创业营销活动需要的是扁平化、分权化和跨职能的系统结构；鼓励创新、容忍失败、善于授权的组织文化更有利于创业营销的开展；组织资源的质和量，特别是人力资源开发，会对创业营销活动产生很大的影响。创业营销特别需要能创造性地解决问题、乐于接受变化、具有判断力的员工。

3. 基于文化、战略和战术的三维应用

应该从文化、战略和战术三个维度来理解营销。在文化层面，营销是关于指导组织成功的一系列强调顾客重要性的基本价值和信念；在战略层面，营销关系到组织在特定商业环境中如何竞争和生存的问题；在战术层面，营销涉及一些具体的活动和技术，如为了建立和维护顾客关系而对营销组合变量进行设计等。因此，在创业营销过程中，营销者主要受新创意和市场直觉而不是严格的市场需求评估结果的驱动，倾向于创新导向而非顾客导向；不单纯依靠"自上而下"的市场细分、定位、配置过程，而主要通过"自下而上"的自我选择和依靠顾客与其他相关群体来瞄准市场；主要采取互动式营销方法；主要通过非正式网络来搜集信息。

表 1.1 给出了创业营销基于文化、战略和战术的三维应用。

表 1.1　创业营销基于文化、战略和战术的三维应用

	文 化 层 面	战 略 层 面	战 术 层 面
机会导向	不局限于现有资源，连续不断地识别和挖掘机会	关注基于机会挖掘的新产品/新市场发展战略	善于发现未被利用的商机和未得到满足的需求，从市场试验中快速学习以重新定义机会
超前行动	行动导向，充当变革、重新定义产业实践和挑战假设的先驱	确定新的市场定位，引领顾客和市场	快速开发与实施新产品和营销方法，善于运用灵活筛选战术
注重创新	积极树立引领顾客、勇于创新的哲学观，永不自满	不断重新定义产品和市场环境，对创新组合进行管理	组建创新团队，创造性地开发新产品和服务
顾客强度	热情待客，充当顾客代理	重视与战略性顾客开展互动，让顾客参与企业规划和运营	通过细分和小环境营销进行定制化，注重关系管理，激励组织学习
理性冒险	善于随机应变	通过高水平的创新和快速的组织学习来管理风险	通过联盟、市场测试、试验和用户研究等方式主动减轻风险
资源撬动	以较少的资源做更多的事，充当开发具有不可模仿能力的网络的中介人	实施关于核心过程、资源外取和战略联盟等的杠杆驱动战略	探索未充分利用的资源和技术，采用签约、交换、共享、借贷、租赁和资源外取的创新方法
价值创造	从全局出发善于发掘新的价值来源	战略性地创建基于价值的顾客关系	利用每一个营销组合元素，不断开发新的顾客价值来源
营销整体	鼓励创业导向和市场导向相融合的价值体系	"自上而下"与"自下而上"相结合，努力寻求基于动态能力的各种解决方案，引领顾客，创造市场	努力开发和运用基于机会导向的各种灵活和创新性方法与技术，重视利用互动、非正式的网络关系，善于重新定义市场

（资料来源：李剑力. 创业型营销及其机理分析[J]. 外国经济与管理，2006(9)）

可以看出，在文化层面，创业营销鼓励企业创新、适度冒险并采取超前行动，然后把这三者与市场导向结合起来。在创业营销过程中，营销者通过开发产品标准、专业术语、方法、礼节和以顾客为中心的创新故事等来树立创业价值观。在战略层面，创业营销就是要帮助企业以比竞争对手更低的成本和更快的速度来建立孵化新产品的核心能力、多种交流和分销能力以及独特的顾客关系等。在这个过程中，营销者要引导顾客，向他们提供新的解决方案，从而引发不同的购买行为和新的消费方式。在战术层面，创业营销过程注重灵活运用营销组合中的每个元素，创造性地杠杆化利用资源，以及管理或减小风险。在这个过程中，营销者必须开发一整套识别和探索创业机会的个性化方法。

1.2　创业营销与创业营销观念的特点

1.2.1　创业营销的特点

与传统营销相比，创业营销在环境要求、市场反应、风险态度以及资源利用四个方面具有以下特点。

1. 市场环境的不确定性更高

创业营销倾向激情、热忱、坚持、创造，比较适应于动荡复杂的不确定性环境，市场需求可以是模糊的，其中营销者是内外变革的代理者和市场类别的创造者；而传统营销倾向客观、冷静，强调促进交易和市场控制，要求相对稳定的市场环境，其中市场需求是客户能够清晰地表达、设想和描述的，营销者是营销组合的协调者和品牌的建立者。

2. 市场反应速度更快

创业营销往往实行"驱动市场"法而非"市场驱动"法，强调既要适应当前市场，又要努力创造新的客户需求，通过动态性创新领导客户，不断地重新定义产品和市场环境，具有超前性、快速行动性；传统营销则是"市场驱动"的，主要通过渐进性创新接近当前市场，具有反应性、适应性，反应缓慢而不迅速，它鼓励基于商业理性和经验的创造，追求市场成长而非停滞性市场上的市场份额保护。

3. 风险容忍水平更高

创业营销强调机会导向，表现出对变化、模糊和风险的高度容忍水平，将营销视为理性承担风险的工具，努力识别各种风险因素，然后减轻或分担风险，如通过联盟、市场测试、试验、领导用户研究等手段主动减轻风险，不是一味地去规避或最小化风险；而传统营销则强调对市场环境的适应和控制，将满足顾客需求作为市场导向的核心，主要通过渐进性创新接近当前市场，为了控制市场，传统营销常常尽力将营销活动风险最小化。

4. 资源的利用范围更广

创业营销往往不局限于当前的资源约束，积极地发掘和创造性地利用其他资源，实现以较少的资源带来较多的营销收益，在创业营销过程中将顾客当作合作生产者，使其积极参与企业的营销决策、产品定义、定价、分销和沟通等过程，并通过各种创新活动实现新产品和服务开发；而传统营销则仅仅是有效地利用现有资源和稀缺智力，将顾客视为智力和反馈的外部源泉，其新产品和服务开发主要通过支持研发和其他技术部门的新产品和服务开发活动来获得。

传统营销与创业营销之间存在一个从较具响应性、回避风险和控制导向到较高创业导向的方法连续体，而不是简单的二分法。它们的差异主要体现在"频度"和"程度"上，如两者都包括创新和资源撬动元素，但创业营销意味着更频繁的创新和资源撬动，展现出与当前规范和标准的更大差异。

1.2.2 创业营销观念的特点

与生产观念、产品观念、推销观念、营销观念相比，创业营销观念具有以下特点：

(1) 从技术革新来看，生产观念、产品观念、推销观念、营销观念认为只存在着逐渐的和缓慢的技术改进，而创业营销观念则往往与重大的技术革新相对应。

(2) 从对外部事件的预测和分析来看，生产观念、产品观念、推销观念对外部事件没有预测能力，在引入产品时没有进行市场分析；营销观念则是在引入产品时，将外部事件的预测和市场分析同时考虑，企业会改变产品和营销行为以满足消费者需求；而创业营销观念认为文化、代理人市场、产业、技术和经营活动等这些综合的、全面的趋势和循环都是重要的，对消费者行为和竞争对手行为的短期分析是无效的，所以为满足未来的消费者的需要，企业必须通过创新发展特别的、独一无二的能力。

(3) 从消费者购买来看，生产观念认为企业应不断降低产品价格，并使产品遍及各处以方便消费者购买；产品观念认为消费者会购买高质量的产品；推销观念认为消费者不仅仅购买必需品，也可能被"说服"购买广告推销的产品；营销观念认为消费者购买产品是为了满足需要和需求；创业营销观念则认为，消费者会以更新更好的方式购买能够满足其需要的产品，而在此之前，消费者对该产品往往并不了解。

(4) 从公司战略意义上看，生产观念认为公司战略一贯注重于效率、标准化和分销，成本最小化对于竞争来说很重要；产品观念认为公司战略包括产品质量的提高、产品设计的创新、产品品牌的树立及产品多样化；推销观念认为公司战略包括"说服消费者购买其产品"，往往采取强势的推销和广告手段；营销观念认为公司的战略是产品的设计和营销行为，目的是为了满足消费者的需要和需求；创业营销观念认为公司战略包括通过"战略发明"来"创造"未来，目的是为了在满足将来消费者的需要和需求上增加竞争力[①]。

1.3 创业营销的阶段、障碍及陷阱

1.3.1 创业营销的阶段

成功的创业营销一般需要经过四个阶段：创意营销阶段、商业计划营销阶段、产品潜力营销阶段和企业潜力营销阶段。

---

① Henrik Johannsen Duus. economic for an entrepreneurial marketing concept. Scand J Mgmt, 1997, 13(3): 287-305.

1. 创意营销阶段

对于创业企业家而言，首先必须将其创业冲动或创业构想转变为一个清晰的概念或开发出某种产品原型或技术路线，与其他人进行沟通交流，并寻找志同道合者组成创业团队。因为一个人很难掌握创业过程中所需要的所有技能，也不一定拥有创业所需的关键资源。优秀的团队是成功创业的关键因素，团队成员应具有献身共同事业的强烈愿望，在资源、技能、经验、个性和思维模式等方面具有互补性，并且在信念、价值观和目标等方面基本达成一致。

2. 商业计划营销阶段

在创业团队形成之后，创业者就应着手撰写详尽的商业计划，通过商业计划吸引投资者，尤其是风险投资家的注意并获取风险投资。成功的商业计划除了要有概念上的创新外，重要的是进行现实的、严谨的市场调研和分析。如果商业计划营销获得成功，创业团队获得了风险资金，就可以正式建立创业企业，进行商业化的新产品开发。这一阶段表面上营销的是创业企业的商业计划，实际上也是对新产品和创业团队的全面检验。

3. 产品潜力营销阶段

当商业化的新产品开发出来之后，创业企业就需要大量的投资来进行产品的批量生产和大规模销售。创业企业一般难以获得银行贷款或供应商的支持，而且也缺乏丰富的商业关系和经验，因此它需要再次从外部投资者那里获得支持。这时，外部投资者最好是企业的战略投资者，他们不仅可以带来资金，更重要的是还能带来管理经验和商业关系，为将来的公开上市做准备。战略投资者看重的是产品的市场潜力、企业的技术能力以及营销能力。创业企业如果能够吸引战略合作伙伴的加入，就可以利用新资本将新产品大规模推向市场。

4. 企业潜力营销阶段

在许多情况下，新产品上市并不能迅速盈利，但产品和企业的市场前景已经相当明朗。这时创业企业可以寻求公开上市，以获得快速扩张所急需的资金，同时也使风险投资家得以顺利退出。公开上市可以打通创业企业从资本市场获取资金的渠道，这是创业阶段的结束，也是规范经营阶段的开始。

1.3.2　创业营销障碍

实际上，即使在美国，也只有少数企业能够顺利经过上述四个阶段而实现上市。除了环境因素之外，更为重要的原因在于创业营销存在着许多天然障碍，主要表现在以下六个方面：

第一，创业营销的营销者往往是创业者，虽然具有创业精神或掌握某种新技术、新产品，但一般并不是营销专才，缺乏商业知识和专门训练，在创业初期也没有专门的营销部门协助，身兼数职，难免会出现一些简单错误或陷入某种误区，如不善于沟通、固执己见、不愿意与人合作、重技术不重视市场，等等。因此，创业者需要克服障碍，学会如何有效地沟通和营销。

第二，创业营销在不同阶段的目标顾客并不确定，随时会发生变化，因此增加了实际操作的难度。要吸引潜在的团队成员、风险资本和战略投资者的注意并不难，因为他们也在寻找潜在的合作机会。真正建立起良好的合作关系实则很难，因为存在信息不对称问题和利益冲突(主要是股权分配)问题，并且合作各方都有大量潜在的其他合作对象，这就使表面上看起来容易的事实际上却困难重重。

第三，创业营销的目的是为了寻找合作伙伴，从而获取创新企业所必需的各种资源，其成本是公司未来的股权、控制权或潜在的市场控制权。但评估创业企业的未来价值并不容易，何况环境因素的变化又会随时影响到这种评估。这会大大影响决策效率，从而影响到创业营销的效率。

第四，创业营销的各个阶段，其目标和任务都不一样，因此要在不同时期迅速调整营销策略。即使在同一个阶段，针对不同的目标顾客(如拥有不同资源和合作目的的合作伙伴)，营销策略也会大不一样。创业营销策略既需要高度的灵活性，又需要内在的一致性，因此难度很大。

第五，创业营销销售的是产品概念、商业计划或公司的未来，而不是具体的产品，而且企业在创业初期，商业关系不多，还没建立起信用，于是要将这些既不确定又无信用担保的东西销售给专业的风险投资家，难度是很大的。克服这种障碍的唯一办法是创业者自己也成为营销专家或雇佣专家为其工作。

第六，创业企业的内部资源有限，而且生存能力较差，外部环境的细微变化都可能决定企业的存亡。因此，创业营销者要有很强的整合各种资源的能力，要具有以很少的内部资源调动最大限度的外部资源的能力。

1.3.3　创业营销陷阱

创业营销者除了要克服上述种种困难之外，还要避开下列各种陷阱。

1. 创意陷阱

技术的迅速变化使创意层出不穷，而且理论家们也发明了各种行之有效的创意方法，如头脑风暴法等，但一个真正有价值的创意必须由创业激情来推动，并发展成明确的产品概念。创意不仅要具有创新性，还要具有坚实的技术基础和市场基础。最危险的莫过于"me too"(我也行)和"更大的气球"之类的创意。例如，有一家企业在 2000 年成立时想成为中国的亚马逊，但中国当时并不具备亚马逊创业时的环境条件，于是这家企业当然不会成功。

2. 团队陷阱或者合作伙伴陷阱

如果一个创业企业的团队成员过多，就容易因利益分歧而发生分裂。早期的成功会使某些创业者居功自傲，创业初期遇到的大量难题可能造成团队成员相互指责或推卸责任，这些都可能导致创业企业的最终失败。因此，创业团队一定要有共同目标和价值观，要相互信任，避免将急功近利者纳入团队。例如，有一家创业企业有一项非常好的技术，需要大量投资才能使该技术真正推向市场，也有人愿意投资，但由于其中一个合作伙伴不希望失去大股东的地位而拒绝融资，结果导致团队的分裂和公司的解体。

3. 商业计划陷阱

许多创业企业在设计商业计划时只是为了获得风险投资，而没有想到实际操作。在获得风险资金后，才发现企业按原来的商业计划根本无法有效运转。因此，一个好的商业计划不仅要有市场基础，具有可操作性，而且还要有明确的经营理念和经营战略，企业应该明确自己计划的独特性和难以模仿性。虽然商业计划在具体的经营活动中还要进行调整，但它的优劣直接关系到创业企业的成败。网络热潮中许多创业企业的商业计划都是不切实际的，而且都寄希望于上市，从而缺乏风险分析，也没有备选方案和应急措施，最终导致这些企业创业失败。

4. 技术陷阱

技术创业企业可能会发现自己所依赖的新技术没有设想的好，或者需要更长的时间和更多的投资，结果使企业陷入困境。避开技术陷阱的唯一办法就是在创业初期尽可能多地进行技术调研和论证，并在研发时间和资金上做更充分的准备。

5. 市场陷阱

市场陷阱有以下几种：一是这个市场根本不存在。例如，某一企业开发出家用高级美容仪，但进行销售时才发现有能力购买该产品的女士基本上都在美容院做美容，因此这个市场并不存在。二是竞争导致失去利润空间。例如，已经开发的 VCD 和 SVCD 产品，因为竞争加剧和技术更新使它们注定了一上市就赔钱的命运。三是产品消费所需的相关设施一时难以达到要求，如网络冰箱、WAP 手机等。创业企业一旦落入市场陷阱，就很难幸免于难，要避开陷阱，就必须在此之前进行周密的市场调研。

6. 管理陷阱

创业企业成长较快，但创业企业家的管理能力未必能同比例增长，有些人可能是成功的创业者，但未必就是成功的管理者。如果创业企业家没有意识到或不愿承认这一点，企业就会陷入管理陷阱，表现为沟通不畅、内部分裂、管理混乱、效率低下、员工情绪低落等。避免管理陷阱的最佳办法是及时调整管理角色，建立更为职业化和专业化的管理团队，培育企业的各种管理职能，创业者则可以授权他人协助管理或退居幕后。

7. 财务陷阱

许多创业企业获得风险投资后，由于缺乏经验或急于尽快满足风险资本的要求或为了进一步融资而盲目扩大规模，导致在短期内背负了沉重的财务负担，最后却发现公司的规模和经营模式很难实现盈亏平衡。这样的企业由于缺乏财务上的造血功能，很难获得成功。

8. 错误的战略

创业企业所面临的环境复杂多变，必须不断调整战略，而且必须具有前瞻性，如果随波逐流，必然被潮流所抛弃。如我国有几家网络企业在获得风险资本后采取大举收购战略，导致大量占用有限的流动资金，使其在随后的市场低迷中失去了生存能力。

1.4　创业营销解决的问题和基本内容

1.4.1　创业营销解决的主要问题

创业营销主要解决下述几个问题。

1. 企业创业期的营销问题

企业生命周期理论将企业发展过程分为创业期、成长期、成熟期和衰退期四个阶段。在不同的生命周期阶段，企业应该采取不同的营销策略：创业期采取市场进入策略，成长期采取市场扩张策略，成熟期采取市场巩固策略，衰退期采取市场转型策略。传统营销理论研究企业各个生命周期阶段上的营销规律，具有普遍性；而创业营销探讨的则是处于创业阶段或者再创业阶段的企业营销问题，是带有特殊性的营销理论，不具有普适性，只解决企业发展过程中创业阶段的营销问题。

2. 新产品的入市营销问题

根据产品生命周期理论，产品从进入市场到退出市场要经过引入期、成长期、成熟期和衰退期四个阶段。传统营销理论研究的是各个产品生命周期阶段都适用的营销规律，具有普遍适用性；而创业营销只研究产品引入期的营销规律，只解决新产品的营销问题。对整个市场而言，处于引入期的产品可能并不是新产品，而是成熟期产品，但是对于创业企业而言却是典型的新产品，能按照新产品的营销方式进行营销，所以创业营销本质上是新产品的入市营销。

3. 资源严重不足状态下的营销问题

在十余种可供企业支配的主要经营资源中，成功企业往往能够拥有其中的绝大部分，一般企业则能够拥有其中 50%～60%的资源，而创业型企业通常只有极其有限的三四种资源，甚至更少。成功企业的营销是在资源充足条件下进行的，一般企业的营销是在资源比较充足的条件下进行的，而创业企业则是在资源严重不足的条件下进行营销的，比成功企业和一般企业开展营销工作的难度更大。因此，创业营销解决的是资源严重不足背景下的营销问题，属于企业发展过程中最为艰苦的高难度营销问题。

1.4.2　创业营销的基本内容

一般企业的营销结构体系包括市场分析、营销战略、营销策略和营销组织保障四大部分。创业营销保持了传统营销的体系，但它着眼的是市场进入过程中的市场分析、战略、策略、组织保障和安全等方面的问题。

图 1.1 表明了以市场进入为特征，提炼出创业营销的基本结构体系。

1. 创业营销市场分析

在拥有了一种产品或服务之后，创业企业需要解决的第一个问题就是市场问题，这也是创业营销所要解决的第一个问题。要解决这一问题，就必须解决市场分析、市场机会和市场评估三个方面的问题。

市场分析就是对创业企业要进入的市场环境，包括市场宏观环境、市场微观环境、市场竞争环境和市场消费环境进行认真分析，以寻找创业过程中应该把握的市场机会与应该避免的市场风险。明确应该把握的市场机会是创业企业存在的基础，如果一个创业者对自己要抓住什么市场机会都不明确，那么这种创业是很难成功的。但是，仅仅抓住机会还不

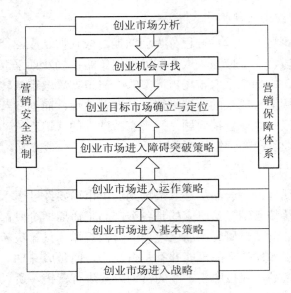

图 1.1　创业营销的基本构架

足以保证成功，创业企业还应该认真分析可能存在的市场危机分析，防止出现在抓住机会的同时也抓住了危机的状况，从而避免发生"出师未捷身先死"的悲剧。

在市场机会最多的行业里存在大量市场危机，而在市场危机四伏的行业里同时又存在大量的市场机会。因此，要获得创业营销的成功，创业企业就必须对市场机会和市场危机等市场因素进行科学评估，决定应该进入什么市场，抓住什么机会，回避什么危机。没有市场评估的市场进入，是危险的市场进入；没有市场评估的创业营销，是低效率的创业营销。

2. 创业营销市场进入战略

创业营销市场进入战略包括要进入什么样的目标市场问题和进入目标市场的战略思路问题。

现代营销已经由大规模营销阶段、产品差异营销阶段发展到目标市场营销阶段，精确与准确是目标市场营销的核心理念。创业营销尤其要求精确与准确，因为创业企业非常脆弱，对市场风险的承受能力较弱，所以创业营销必须首先为创业企业提供一套市场细分和目标市场选择的基本技术，帮助创业企业精确地细分市场、精确地选择目标市场和精确地定位市场。其次，在找到目标市场之后，创业企业还要解决市场进入战略问题。在错误的战略框架下，任何优秀的策略都只能将创业企业引向绝境。创业营销战略就是要为创业者提供一套战略选择条件、战略选择方法、战略运作模式以及战略控制技术，以保证创业营销的大方向不出现重大失误。

3. 创业营销策略

创业营销策略包括创业市场进入的基本策略、运作策略和创业市场进入障碍的突破策略三个方面的问题。

首先，创业营销策略要解决的是基本策略问题，也就是要进入市场所必须解决的产品、价格、渠道和促销四大基本问题。即以什么样的产品、什么样的价格、什么样的渠道和什么样的促销方式来进入创业市场。其次，创业营销策略要解决的是运作策略问题，也就是创业市场进入的模式问题、路径问题、方法问题、步骤问题和切入点问题等。最后，创业营销策略要解决的是市场进入障碍的突破策略问题。所有的营销战略和策略都是为了突破市场进入障碍，不能突破市场障碍就不可能占领市场，就不可能创业成功。创业企业必须了解在创业市场中可能遇到的障碍及其突破策略，否则就很难保证市场进入的成功。

4. 创业营销保障体系

良好的创业营销保障体系会使营销战略和策略充分发挥作用，实现产品的成功入市和企业创业成功。创业营销保障体系主要包括营销组织保障、营销人才保障、营销预算保障和营销后勤保障等。

5. 创业营销安全控制

任何营销都有风险，但是风险是可以被控制的，只有当风险被控制不产生负面作用的时候，产品才能够安全进入市场。因此，创业营销安全控制是创业企业必须具备的一个基本能力。创业营销安全包括市场安全、战略安全、策略安全、保障安全和运作安全，以及安全保障的安全管理体系、安全预警体系和安全对策体系的内容。

1.5　创业营销规划

一个完整的创业营销规划包括七个方面的基本内容。

1. 创业营销产品分析

创业的基本前提是至少拥有一种产品或一项技术，在拥有了一种产品或者一项技术后，企业才能正式开始创业营销规划。产品分析包括产品价值分析、产品成本分析、产品 BPSP 分析、产品生命周期分析、产品悟点分析、产品恶点分析、产品爱点分析、产品特点分析和产品 KSF 分析。借助这些分析弄清产品的基本情况，做到"知己"。

2. 创业营销环境分析

在创业企业对产品形成较为清晰的认识后，就必须了解产品将面临的宏观环境，否则，一个不确定的环境因素就有可能使产品无法进入市场。完整的环境分析包括宏观环境(政治环境、经济环境、文化环境、法律环境、技术环境等自然环境)分析和微观环境(原材料供应环境、产品销售环境、产品消费环境和产品竞争环境)分析。

3. 创业营销市场分析

当企业确信产品进入市场在宏观环境方面并不存在较大威胁，或者可以有效地消除所面临的威胁时，就可以对产品要进入的市场进行分析。创业营销市场分析的核心是市场机会分析与市场危机分析。市场机会是创业营销规划的目标核心，是创业市场营销的全部依据。创业营销规划的目的就是将市场机会转变为市场收益和企业利润，但是市场机会往往伴随着市场风险，因此在抓住机会的同时，必须尽可能降低风险。许多企业创业失败，就是由于在抓住机会的时候忽视了风险，或者是未能有效地利用市场机会，反而加大了市场风险。当风险发生作用并失去控制的时候，就是创业失败的时候。所以，创业企业在认真分析创业营销过程中存在的市场机会时，还必须重视市场风险并尽力化解风险。

4. 创业营销目标市场确立

产品进入什么样的目标市场才最容易成功，必须根据产品特征和环境、市场特征来确定。为了确立一个最具有成功可能性的目标市场，首先应该对产品面临的市场进行细分，然后再根据可入性原则、成长性原则、容量性原则和安全性原则等一系列原则进行目标市场选择，最后再对选择的可能目标市场进行容量测定，只有当一切都满足创业营销要求的时候，才能最终确定进入市场。所以，对目标市场的规划是创业营销规划的关键，一旦目标市场的确定出现失误，所有未来的营销活动都将失去意义，而创业营销失败就意味着创业失败。

5. 创业营销目标确立

在创业营销目标市场确立之后，就要根据目标市场容量、产品特性、资源能力、竞争程度等指标确立创业营销目标。创业营销目标就是在创业阶段营销活动所要达到的要求，包括生产目标、销售目标、利润目标、市场目标、渠道目标、品牌目标以及竞争目标等，以及不同阶段的不同目标组合。正确的营销目标可以最合理地组织有限的营销资源，最大限度地发挥营销资源的作用，以确保创业营销成功。而一个错误的营销目标会导致营销资源配置失误，造成资源浪费，使非常有限的营销资源无法得到合理使用，最终营销目标无法完成。所以，创业者在对自己的产品、市场和环境有了充分的了解后，就必须确立科学的营销目标，并将该目标作为全部营销活动的依据。

6. 创业营销战略规划

创业企业要实现既定的营销目标，必须制订一套清晰的营销战略，以最合理、最经济的方式最大限度地利用自己的营销资源。创业营销战略规划包括市场进入战略规划、市场竞争战略规划、市场占领战略规划和市场巩固战略规划。只有制订了恰当的营销战略规划，创业企业才有可能取得创业营销的成功。

7. 创业营销策略规划

成功的创业营销战略必须与适当的营销策略相配套，才能保证战略能够得以实施。创业营销策略规划包括产品策略规划、创业营销目标市场规划、创业营销目标规划、创业营销战略规划、创业营销组合策略规划和创业营销市场进入规划等。

(1) 产品策略规划：选择什么样的产品进入目标市场的规划。

(2) 创业营销目标市场规划：选择什么机会作为创业营销的目标市场，这是创业营销规划的关键。创业营销目标市场规划包括目标市场细分、目标市场选择、目标市场界定和目标市场定位。目标市场被准确定位的时候，就是目标市场规划完成的时候。

(3) 创业营销目标规划：针对创业营销的目标市场，应该确立什么样的营销目标？要进入的目标市场可以实现哪些营销目标？应该实现哪些目标？只有解决了这些问题，确立了营销目标，才能知道应该调动哪些资源以及应该调动多少资源来实现目标。

(4) 创业营销战略规划：针对创业营销目标市场的特点和企业确立的创业营销目标，规划相应的战略，就是要设计一套能成功占领目标市场、能顺利实现创业营销目标的战略计划。创业营销战略规划包括市场竞争战略计划、市场进入战略计划和产品组合战略计划。

(5) 创业营销组合策略规划：根据创业营销的战略计划，设计一套能成功占领市场的基本策略计划，包括产品策略计划、价格策略计划、渠道策略计划和促销策略计划。策略是战略的具体化和操作化。

(6) 创业营销市场进入规划：根据创业市场进入的战略和策略设计创业市场进入的具体方法，包括创业市场进入障碍克服规划、创业市场进入组织规划和创业营销安全规划。

(7) 创业市场进入障碍克服规划：对进入市场可能存在的障碍进行预测，并根据这些预测制订详细的克服方案，如果障碍不能有效克服，创业就会失败。

(8) 创业市场进入组织规划：对市场进入需要的组织体系和人力资源体系进行设计，包括营销策划组织设计、产品销售组织设计、销售管理制度设计、营销人员薪酬体系设计、营销人员招聘与辞退设计、营销人员的职位升降设计等。没有一套完整的组织与人力资源设计，就无法保证创业营销的成功。

(9) 创业营销安全规划：如何保证创业市场进入中的过程安全和结果安全，不会出现重大的营销危机、营销事故，这就需要进行安全设计。创业营销安全规划包括市场进入安全管理设计、风险预警体系设计和危机对策设计等方面的内容。

营销工具[①]：

创业营销规划纲要

第一部分　创业营销问题提出
   1. 有什么样的新产品需要营销
   2. 本产品营销成败对企业创业的影响
   3. 希望达到的营销目标

第二部分　创业产品分析
   1. 产品价值分析
   2. 产品成本分析
   3. 产品生命周期分析
   4. 产品 5P 分析
   5. 产品层次结构分析

第三部分　创业市场分析
   1. RECT 分析
   2. SOTB 分析
   3. POE'TER 分析
   4. SWOT 分析
   5. KSF 分析

主要结论：

第四部分　创业营销解决方案
   1. 国内外同行可能已经有的解决方法及效果
   2. 本问题解决要进入的目标市场

---

① 李蔚，牛永革. 创业市场营销[M]. 北京：清华大学出版社，2006.

   3. 营销目标规划：销量目标、销售额目标、利润目标、市场目标、竞争目标、品
牌目标

   4. 营销总概念

   5. 市场战略规划

   6. 营销策略规划

   7. 市场进入规划

   8. 市场维护规划

   9. 市场巩固规划

   10. 市场障碍预测与突破规划

第五部分　问题解决的保障体系

   1. 营销组织保障

   2. 人力资源保障

   3. 财务预算保障

   4. 营销后勤保障

   5. 生产服务保障

   6. 技术保障

   7. 供应保障

第六部分　营销执行步骤

   1. 进入准备阶段

   2. 进入试销阶段

   3. 正式进入阶段

   4. 市场维护阶段

   5. 市场巩固阶段

   6. 市场扩展阶段

第七部分　营销问题解决的风险与防范预警

   1. 市场风险与防范预警

   2. 渠道风险与防范预警

   3. 价格风险与防范预警

   4. 促销风险与防范预警

   5. 产品风险与防范预警

   6. 人员风险与防范预警

   7. 资金风险与防范预警

   8. 竞争风险与防范预警

   9. 政策风险与防范预警

第八部分　效果预测

   1. 结果预测

   2. 问题预测

第九部分　方案评估

讨论与思考题

　　1．创业营销和一般营销的区别是什么？

　　2．创业营销主要解决什么样的营销问题？

　　3．怎样做好创业营销规划？

案例分析

　　1．在外人眼中，他是幸运儿，创业仅仅 4 年的聚美优品已经在纽交所成功上市，年纪轻轻的他一夜之间就成了亿万富豪。他却是这样总结自己的创业之路：要想成功，先要迈过失败那道坎。他叫陈欧，是"我为自己代言"的聚美优品 CEO。

　　在经历了两次创业失败后，陈欧发现中国的广大女性消费者对于线上购买化妆品的信心不足成熟，线上化妆品行业没有"领头羊"企业存在。化妆品就是新大陆。他总结出了三个"可行条件"。首先，电子商务在中国正在高速发展是不争的事实；其次，化妆品需求很大，但市场上还没有一个可信的化妆品网站；最后，做这个别的男人不好意思做的行业反倒给了自己机会。合伙人之间有了激烈的争吵，陈欧要做电商，戴雨森提议做社区。他们这边争执不休之际，国内刮起了团购热。陈欧提议先借着团购的方式做着玩，凭感觉一步一步来。由于公司的流动资金只剩下 30 万，只好一面继续着游戏广告业务，一面用了两天时间，在技术上让团美网(聚美优品前身)上了线。

　　2010 年 3 月 31 日，团美网作为中国首家专业女性团购网站上线，以正品平价形象口碑相传，在短时间内取得飞速发展。9 月 9 日，团美网正式启用顶级域名，更名为聚美优品，成为国内领先的女性时尚限时折扣购物平台。

　　陈欧将代理商的化妆品买断，存放在仓库，以限时团购的形式卖出，价格比专卖店低了 4 成。同年 5 月，陈欧全面停掉了之前的游戏内置广告业务，同时再次获得了来自徐小平的 200 万元投资。团美网(聚美优品前身)上线后，业绩出人预料地好，不到 5 个月注册用户突破 10 万。2010 年 9 月，团美网更名为聚美优品，有"聚集美丽、成人之美"的含义，同年销售额达到 2000 万元。2011 年 3 月，公司成立不到一年总销售额突破 1.5 亿，同时也获得了来自红杉资本千万美元级别的投资。5 月，聚美优品转型为团购外表的化妆品 B2C 网站。

　　(资料来源：宿春礼，林画. 陈欧传：哪怕遍体鳞伤，也要活得漂亮[M]. 北京：石油工业出版社，2015 年.)

　　讨论题：

　　(1) 试分析陈欧创业营销的内核要素。

　　(2) 请问陈欧为何能够创业成功？

　　2．一家成立仅一年多的企业，竟然创下年产值 1.5 亿元的纪录；一个组建两年，产品投产仅一年的企业，产销量竟能一跃而成为广东热水器行业第 3 位、全国第 5 位的大型企业，这一奇迹是广东万和集团公司创造的。热水器行业是一个新兴的行业，目前全国燃气用户已超过 5000 万户，其中使用燃气热水器的用户不到一半，市场前景相当广阔。但是，在"万和"进入市场之前，国内热水器生产厂家已是群雄林立，如何找到自己生存和发展的空间呢？

"万和"公司确立了"起点要高，质量要好"的目标。他们在考察了国内厂家的产品后发现，国内的产品普遍存在体积较大、不够美观的缺陷，不太适合我国居住面积较小的国情，同时，设计上也较落后，如低压不能启动，要先点火预留火种等方面的不足。在分析了国内产品不足后，他们又解剖了国外产品，借鉴国外的先进设计，然后根据国情，研制出国内首创的万和牌全自动超薄型燃气热水器。万和牌燃气热水器突破了传统式热电偶作缺氧保护的做法，采用电子线路作缺氧保护，检测灵敏度高，反应快，真正起到了保护作用。整体超薄型设计结构紧凑，热效率高，水控后制式全自动控制无需点火，打开进水管热水即出。如遇缺氧、无水或意外熄火，均能迅速关闭气门，又能低压启动。

在如何开拓市场方面，他们采用的是依靠国营批发企业的优势，实行以点带面，各个击破的策略。通过广州轻工业品进出口集团公司、广东省家电公司、广州市家用电器公司等大型批发企业的主渠道为他们营销产品，国营批发企业营销渠道多，信誉好，而且资金雄厚，起到"蓄水池"的作用，利于调节产品在市场的投放率，使产品在市场竞争中占据主动的位置。此外，他们还在全国各地布点，通过各地的营销情况，制订营销策略，以点带面。

"万和"公司不断迈出更大的步伐，一座占地 4 万平方米的新厂房已经拔地而起。一系列新产品开发计划正在实施之中，一种大容量适合寒冷地区使用的热水器已经投放市场。"万和"公司将继续在珠江三角洲的土地上创造奇迹。

（资料来源：http://wy.cheaa.com/2009/0210/165407.shtml）

讨论题：

(1) 试分析万和集团公司创业营销的内核要素。

(2) 结合案例分析创业营销的特点。

第 2 章　创业市场机会寻找

重点提示

- 创业市场营销机会的涵义、特点和类型。
- 创业市场营销机会的识别方法。
- 未来市场营销机会的识别方法。
- 市场机会评估和检验的基本内容。

阅读资料

乐视的"跨界整合"

创办于 2004 年的乐视依靠视频网站——乐视网起家，2012 年至今，乐视在原有的内容、互联网及云的基础上，拓展至智能电视、智能手机、智能汽车、体育以及互联网金融等领域，完成了七大子生态的布局。

传统工业时代下的专业化分工，导致产业间形成壁垒，让创业创新更多地停留在"改良"阶段，已在越来越多的从业者中达成共识。在他们看来，专注与围绕单一产业的深耕，对更大的创业创新产生了极大阻力，而如何通过互联网这一基础性工具，把看似不相关的产业整合起来打破边界，是实现生态创新的重要基础。

经过 3 年多的跨界整合，乐视旗下的七大产业正在颠覆其原先的单一属性，释放出新型的的价值。超级电视上市 3 年来，累计销量超过 700 万台，不仅成为上市公司业绩上涨的重要推动力，更成为国内智能电视第一品牌；超级汽车首轮融资 10.8 亿美元的同时，首款互联网智能电动样车已经上路测试；超级手机凭借"强大内容+智能硬件"模式正在不断扩大国内与海外的市场份额，未来还将推出人工智能手机。各产业间相互促进发展的背后是乐视生态创新经济理论的不断实践，尤其在全球经济缓行的大背景下，生态创新驱动经济发展的理论正越来越受到经济学家、政府以及一些投资人的关注并成为研究样本。

近日，职场社交平台领英(LinkedIn)发布了一份中国"最跨界互联网公司"排行榜。榜单显示，乐视公司依靠近年来生态跨界模式的探索及推动行业的变革，并吸引了各行业众多知名高管和从业人员的加盟，以 77%的人才跨界比排名榜首，象征着乐视从 12 年以来的跨界整合营销模式取得了较大的成功。

（资料来源：http://news.mydrivers.com/1/503/503267.htm）

创业市场营销的核心是寻求或创造出新的市场机会，如果无法寻找到或创造出新的市场机会，创业就不会成功。事实上，新产业的出现一般都是较大的市场被创造出来的结果。

2.1　创业市场营销机会

营销理论大师菲利普·科特勒认为："市场营销机会是指一个公司通过工作能够盈利的需求领域。"即市场营销机会是指一个具有吸引力的需求领域，在这种需求领域里面，公司通过努力工作能取得相应的利润。因此，市场营销机会不仅必须具有吸引力，而且必须具有良好的赢利可能性，否则，无论有多大的吸引力都无法构成市场营销机会。

同一般意义上的市场营销机会有所不同，创业市场营销机会是指市场中那些创业企业本身没有涉及过的领域、没有生产过的产品和没有进入过的市场，而这些领域、产品和市场可能是其他企业已经进入过的，但是这些领域、产品和市场对创业企业本身具有极大的吸引力，而且创业企业本身也具备进入并获取较高利润的成功条件的机会。创业市场营销机会具有以下特点。

1. 客观性和偶然性

无论创业企业能否意识到，市场营销机会总是客观存在于一定的市场环境之中。尽管一些市场营销机会是由创业企业创造出来的，但却早已是客观存在的，只是被创业企业所最先发现和利用而已。绝大多数创业市场机会并不是每时每刻都清晰地显现在创业者面前，机会的发现常常具有一定的偶然性，关键要靠创业者去努力寻找，从市场环境不断变化的必然规律中预测和创造市场营销机会。

2. 时间性和不稳定性

市场机会总是随着环境的变化而产生，并随着环境的变化而消失。如果创业者未能及时发现和利用市场营销机会，便会因其他企业的抢先发展和利用而使企业机会效益减少甚至完全丧失。例如，一年一度的城市运动会为企业推销其商品和劳务提供了大量营销机会，企业如果不能及时捕捉，就会丧失难得的市场良机，并随着城运会的结束，由此而产生的市场营销机会也就随之消失。另外，创业者也必须认识到，机会和威胁是一个事物的两个方面。在一定范围内，市场营销机会将随营销环境的变化而产生，也将随时间的推移而减弱、消失甚至演变为环境威胁。因此，机会利用的结果难以预测，具有不稳定性，创业者需要慎重对待。

3. 均等性和差异性

任何市场营销机会都是客观存在于营销环境之中的，市场营销机会在一定范围内被同一类企业发现和利用的机会是均等的，每个企业都有可能最先发现或利用它。任何创业企业都不可能拥有发现市场营销机会的独占权，任何创业者和企业只要善于寻找和识别，并通过努力总是可以发现或创造市场营销机会。然而，由于各个创业企业的创业素质和创业能力是不同的，因此他们在发现并利用同一市场营销机会获益的可能性和大小方面也存在差异。同时，各个企业由于自身条件和所处环境不同，对同一市场营销机会大小、获利能力等的认识上也会产生很大差别，因此利用某一市场营销机会所能够享有的差别利益以及能够取得的竞争优势也有所不同。而且构成某创业企业市场营销机会的环境变化，对于另外一些创业企业则可能成为一种较大的环境威胁。

4. 普遍性和地域性

创业市场营销机会普遍存在于各个时期、各种营销活动过程中的各个环节和各个方面。任何创业者和企业都具有平等的认识和利用的可能性。但是由于受到地理位置、风俗习惯和时尚变化等各种社会和市场因素的影响，市场营销机会在空间范围上是有一定限制的。一种市场营销机会可能只存在于某一个区域市场，甚至是某一区域市场的某一部分。例如，我国南方潮湿地区蚊虫多，销售蚊香、蚊帐、驱蚊器的市场营销机会较大；而在干燥、寒冷的北方地区，这些产品的市场机会相对较少。

2.2　创业市场营销机会的类型

创业市场营销机会存在于社会生活的各个方面，是多种多样的。但对于某一个创业企业而言，在众多的市场营销机会中仅有很少一部分才具有实际发现和利用价值。因此，创业企业需要了解市场营销机会的各种类型，及时发现、识别和创造市场营销机会，并有效地加以利用。

1. 环境机会与企业机会(公司机会)

随着企业(外部)环境的变化而客观形成的各种各样的市场营销机会，就是环境机会。环境机会是整个行业内或行业外企业都可以去发现和利用的企业机会。只有环境机会中那些符合创业企业战略计划的要求，有利于发挥创业企业自身优势并可以获利的营销机会，才是创业企业自身的企业机会。创业者和企业的市场营销管理部门要仔细分析和评估整个环境机会，以此来选择出合适的企业机会，并积极采取有效的对策加以开发利用，才能避免创业企业夭折等情况的发生。

2. 显现机会与潜在机会

在市场上明显存在的、所有创业者或企业都能很容易看到的市场营销机会，就是显现的市场营销机会；而表现并不明显、还未完全为创业者和企业营销管理人员意识到的、未明显表露出来的市场营销机会，就是潜在的市场营销机会。显现的市场营销机会易于被创业者和企业所发现和识别，利用这种显现的市场营销机会的创业者和企业也就较多，因而创业者难以取得较高的机会效益(即先于其他创业者或企业进入市场所取得的竞争优势和超额利润)；潜在的市场营销机会具有一定的隐蔽性，不易于为创业者和企业所发现和识别，能识别和抓住这种机会的企业也相对较少，因而创业者和企业能取得较高的机会效益。所以，创业者和企业应更加注意发现和利用潜在的市场营销机会。

3. 行业机会与边缘机会

在创业企业所处的行业或经营领域中出现的市场营销机会，称为行业性营销机会(简称行业机会)；而在不同行业之间的交叉或结合部分出现的市场营销机会，则称为边缘性营销机会(简称边缘机会)。由于行业性市场营销机会寻找、识别的难度较小，加之创业企业自身研发、生产、经营和各种其他条件的限制，创业者和企业一般都较为重视行业性市场营销机会并将其作为寻找和利用的重点，以便充分利用企业的优势和经验，进而取得专业化的规模经济优势。但是由于行业内部企业之间的激烈竞争，往往会使行业机会效益减弱甚至丧失，而企业利用行业外出现的市场营销机会，通常又会遇到一定的困难或较大的障碍。同时，随着社会经济的发展，人们的消费需求呈现出高层次化和多样化，于是一些新的更复杂的消费需求应运而生，这些需求的满足不能单靠某个行业，而依赖于行业之间的结合。这种情况促使一些企业在行业与行业之间的交叉或结合部分寻求较为理想的市场营销机会，即边缘性市场营销机会。边缘性市场营销机会，因其可以发挥企业的专业比较优势，而且较为隐蔽，不易被大多数竞争对手所重视和发现，所以利用这种机会的企业易于取得良好的机会效益。寻找和识别边缘性市场营销机会的难度比较大，需要创业者和企业的营销管理人员具有创新思维和丰富的想象力以及极强的开拓精神。

4. 目前市场机会与未来市场机会

目前市场机会是指在目前尚存在的、比较大的，并且企业能取得利润的需求领域。未来市场机会是指目前只是少数人的消费欲望或极少量需求的领域，但随着市场及市场环境的发展变化，这种少数人的欲望和少量需求，将在一段时间以后变为多数人的欲望和较大的需求领域，并且企业能取得利润。创业者或创业企业如能寻求和正确评估未来市场营销机会，提前开发产品并在机会到来之时能迅速将其推向市场，就易于取得领先地位和竞争优势，尽管这本身隐含着一定的风险性，但是机会效益会非常大。目前市场机会与未来市场机会之间没有严格的界限，任何一种未来市场机会，当经过一定的时间，一定的条件，时机成熟后，最终要转化为现实的市场机会。但从创业者角度分析，这种区分则具有较强的战略意义，因为对未来市场机会的准确预测，可以使创业者和创业企业选取一个好的市场切入点，做好市场竞争的充分准备，当这种未来市场机会成为现实市场机会时，企业就能够迅速捕捉住这种机会，并牢牢把握住市场的主动权，获得领导地位。

5. 全面市场营销机会与局部市场营销机会

在大范围市场上，如全国市场甚至全球市场上出现的未满足的需求，一般称为全面市场营销机会；而在小范围市场上，如某一区域市场、某一市县市场出现的未满足的需求，则称为局部市场营销机会。全面市场营销机会意味着整个市场环境发展变化的一种普遍的趋势，局部市场营销机会则意味着局部市场环境的发展变化有别于其他市场部分的特殊发展趋势。区分全面市场机会和局部市场机会，对于创业者或创业企业在进入市场前测量市场规模、了解需求特点，从而抓住时机有针对性地开展创业市场营销活动来说，是非常必要和关键的。如果创业者或创业企业将全面市场机会误认为特定环境中的局部市场机会，就会出现因市场规模太大、企业消化不了而被"撑死"的局面；如果创业者或创业企业将某一地区的局部市场机会误认为是所有地区普遍的全面市场机会，就会因市场规模太小、企业吃不饱而出现被"饿死"的局面。

6. 大类产品市场营销机会与项目产品市场营销机会

市场上对某一大类产品存在着的未满足需求，为大类产品市场营销机会；市场上对某一大类产品中某些具体品种存在着的未满足需求，为项目产品市场营销机会。大类产品市场营销机会显示着市场上对某一大类产品的市场需求和发展的总体趋势，是多数企业的寻求对象；而项目产品市场营销机会则表明社会上对某一大类中单项产品的市场需求的具体指向。了解大类产品市场营销机会，对于创业者或企业制订生产任务，明确今后业务发展的总体方向，制订长远战略计划，具有重要意义；而了解项目产品市场营销机会，对于创业企业明确将来怎么做才能有效率地实现战略计划的要求，制订市场营销计划，搞好市场营销工作，具有重要意义。

2.3　创业市场营销机会识别方法

　　由于本书把创业企业界定为新创业企业和二次创业企业，所以创业企业面对的任务是开发全新的产品，并且要进入一个并不熟悉的全新市场，即创业营销解决的是新产品(对已进入市场的竞争对手而言可能并不是新产品)进入市场的营销问题。因为创业企业是一个全新或二次创业的企业，进入的又是一个不熟悉的新市场环境，所以没有成熟的经验可以借鉴，也没有足够的资源可以依靠，如何去寻求或创造适合创业企业自身发展的市场营销机会就显得特别重要。

2.3.1　当前市场进入机会的识别方法

　　通过对各种数据资料的描述性分析或解释性分析，创业者或创业企业能够识别和评估现存市场进入机会，只要创业者或创业企业及时识别并分析准确，就能寻求到现存市场进入机会的途径和方法。

　　(1) 突破竞争对手设置的市场进入障碍，获取市场进入机会。

　　一般来说，创业企业拟进入的新市场结构基本上已经形成了，"蛋糕"也有了大致的分配方案，新企业要进入这个市场去分一杯羹，自然不是一件容易的事情，会遇到市场上现有企业设置的各种进入障碍和壁垒。所以，创业企业要想进入既定的目标市场取得一定的市场份额，必须通过详细的市场调研，找出现有企业设置的各种进入障碍和壁垒的薄弱之处，作为进入新市场获取一定市场份额的突破口，直到最终清除障碍成功进入该目标市场。

　　创业企业如何去调查与识别障碍，解决遇到的问题，从而获得进入新市场的机会呢？一般说来，创业企业在考虑进入一个新目标市场时，需要考虑下面一些类型的市场进入障碍和壁垒，从而发现进入一个既定目标市场的机会。

　　① 专利技术障碍。现有企业一般会以产品的专利技术保护设置市场进入壁垒，从法律及知识产权角度保护自己，新进入者必须设法避开专利技术的限制。

　　② 品牌忠诚度障碍。大企业和先入市企业经常以它们长期以来在消费者心目中树立起来的良好企业和产品形象作为阻止新进入者的壁垒，打算进入市场的创业企业必须设法避开消费者的品牌忠诚度对进入者的不利影响。

　　③ 价格策略障碍。如果产品差异化程度较小，现存企业常常以低价策略来限制新进入者的进入，而新进入者必须准备识别现存企业的价格策略，如采取差异化的方法避开低价限制。

④ 渠道网络障碍。已入市者有时通过对销售渠道的管理和控制，阻止新进入者利用自己的渠道。新企业想进入市场必须建立自己的渠道，以降低其市场进入成本。

⑤ 顾客转换成本障碍。已入市企业常常以各种优惠措施和方便条件(会员优惠、积分卡等)诱使消费者长期购买和使用自己的产品，如果消费者转而购买其他企业产品则会付出很大的转换成本，从而增加了新进入企业的宣传促销成本。

⑥ 地域优势障碍。利用天然的地理位置优势设置进入壁垒，如接近原材料地(运输成本低、垄断货源)、消费者本土情感优势等。

⑦ 规模经济和范围经济障碍。已入市企业还利用大规模的生产和相关知识经验等的积累，降低成本、提高效率，提高新进入者的进入市场难度，要求进入者具有较雄厚的资金、技术等支持。

除了前面讲到的已进入市场企业为打算新入市创业企业设置的进入壁垒外，许多时候创业企业自己也可能给自己设置进入障碍。如创业企业生产的产品质量较差、产品成本高，所以价格高、流动资金周转困难、缺乏行之有效的进入市场策略等，这些都是创业企业在识别和夺取竞争对手市场份额的市场进入机会时必须考虑和需要解决的问题。

(2) 争夺市场份额——以新技术抢夺竞争对手市场份额的市场进入机会。

多数情况下，创业企业拟进入的市场经过先期进入者的市场竞争博弈后，市场结构基本已经固定下来，各家企业的市场占有率也已相对稳定，座次暂时排定，市场蛋糕已被分配完毕。这时创业企业想要进入该市场，只有抢夺竞争对手的市场份额。这种情况下，创业者和创业企业必须仔细研究竞争对手的特点和市场趋势变化，看能否从中找出竞争对手产品的弱点和营销的薄弱环节，这也是寻找市场进入机会的有效方法之一。

20 世纪 90 年代中后期，我国国内 VCD 市场已经日趋成熟，市场竞争异常激烈，整体市场主要是被几家非常有实力的知名企业把持着。一位归国创业人员也想进入 VCD 市场，他以"取竞争者之长，补己之短，扬己所优"的市场进入方式，参与 VCD 市场竞争。该创业者把市场上各种品牌的 VCD 产品带回家，从产品功率、读碟性能、画面品质到各种零配件数量、种类及成本构成等逐一进行了评估，并将多台 VCD 机器拆散，对每个零部件都加以仔细研究，以便发现对手产品的弱点。同时，他利用自己在国外了解到并带回来的影碟机解码芯片最新发明技术——DVD 芯片技术，组建了一家新公司专门进行 DVD 整机开发，很快就开发出一种性能更好，具备超强读碟性能和高画质的 DVD 产品 (VCD 的替代产品)，并进入市场，而不是直接从 VCD 和 SVCD 产品开始进入市场，这样该创业企业就轻易地抢占了竞争对手的大片市场份额，从而迅速成为影碟机行业的主导品牌之一。

抢夺竞争者市场份额，需要创业企业具备较强的实力，至少要具备自己的比较优势，否则创业企业很可能不但没有抢夺到竞争者的市场份额，反而在竞争者的反击下遭到灭顶之灾。所以，分析创业企业自身与竞争者的优势和劣势，找出自己与竞争者的比较优势，以己之长攻彼之短，对于创业者和创业企业就显得特别重要。表 2.1 所示为创业企业与竞争对手优劣势比较分析表[①]。

---

① 李蔚，牛永革. 创业市场营销[M]. 北京：清华大学出版社，2006.

表 2.1　创业企业与竞争对手优劣势比较分析表

比 较 项 目		企业(优劣势)	竞争对手(优劣势)	比较优势
营销	市场占有率			
	品牌知名度			
	企业美誉度			
	服务质量与速度			
	市场信息反应速度			
	价格、渠道、公共关系			
	……			
财务	融资能力			
	现金流量			
	存货周转率			
	回款周期			
	利润率			
	……			
人力资源	企业管理水平			
	员工素质			
	员工奉献精神			
	企业家战略管理和创新能力			
	研发、管理人员储备			
	……			
生产	设备先进程度			
	生产线(规模经济)			
	制造技术与其他技术			
	质量控制保障			
	原料控制保障			
	……			
研发	新技术开发速度			
	技术领先程度			
	技术设备代数			
	……			

　　通过创业企业与竞争对手的优劣势比较后，得出创业企业的比较优势，然后以竞争对手的相对弱项为突破口，抢夺竞争对手的市场份额，创业企业进入市场的成功机会就会大很多。

(3) 从消费需求入手，发现市场产品问题、缺陷，寻求市场进入机会。

产品缺陷常常影响消费者的购买兴趣和重复购买决策，所以弥补市场上产品的缺陷，以满足更高的消费需求则可能给创业企业带来进入市场的大好时机。据分析，目前市场上新开发出来的产品 80%以上都是对原有产品的问题和不足的分析改进而来的，所以创业企业调查和分析消费者对现有市场产品的满意度和意见，了解消费者未被满足的需求及欲望，并以此构思和开发自己的进入市场产品是一个比较好的机会选择。

例如，咽喉片市场的领导品牌"金嗓子"喉宝，当初创业阶段就是在分析市场上咽喉片产品的问题后推出的新产品，结果一举夺得了咽喉片市场的霸主地位。在 20 世纪 90 年代中期，中国咽喉片市场上仍然主要是"草珊瑚"、"西瓜霜"等品牌产品统治市场。原广西柳州市糖果二厂进行市场调研后找到了当时咽喉片产品存在的问题：一种是由药粉压制而成的咽喉含片，一含即溶，药效持续时间短，见效慢；另一种是润喉糖，虽然能在咽喉持续较长时间，但是对咽喉病没有治疗作用。在通过深入与消费者访谈后，了解到消费者希望有一种能够快速缓解咽喉不适、药效持续时间较长的咽喉含片，于是该厂针对这一目标市场，同华东师范大学合作共同开发了"金嗓子"喉宝，定位于咽喉医疗保健品，该产品一上市即迅速畅销。

分析现有市场产品的问题或消费者需求变化，要求企业必须找准问题的来源和需求变化的准确趋势，并推出有效克服缺陷的新产品，只有这样，创业企业才可能一举成功。从消费需求入手，分析查找和发现产品问题、缺陷的主要途径与方法如下：

① 访问、调查法。通过访问或问卷调查的方式来搜集顾客意见和建议作为分析现有产品问题的依据，从中寻找和发现开发新产品机会。

② 召开座谈会。通过企业内部人员座谈会、销售人员座谈会、专家座谈会、消费者座谈会等，搜集消费者意见和建议。

③ 头脑风暴法。将有关人员召集在一起，不给任何限制，对任何人提出的意见，哪怕是异想天开，也不批评。通过这种方法，来搜集那些从常规渠道或常规方法中得不到的意见，从中寻找和发现有价值的市场营销机会。

④ 定期监测报告。企业信息管理人员长期监测报纸杂志、广播电视、互联网等有关产品的报道，或者现场观察、收集、了解消费者的意见和建议，分析竞争者的产品问题，分类整理后报告给企业决策者。

(4) 从市场再细分入手寻找市场进入机会。

一般说来，目标市场的消费需求大体是一致的，但是只能说大体上一致，因为没有任何两个消费者的需求是完全相同的，总会存在一些差别。同时，随着时间的推移和环境的变化，同一目标市场上需求大体相同的消费者的需求也会随着时间的变化而出现差异，这就给那些创业企业通过对目标市场再细分而进入既定市场提供了市场进入机会。

通过市场再细分，创业企业可以有效地分析和了解各个消费群的需求满足程度与变化发展趋势，从而发现市场进入机会。抓住这样的市场机会，结合创业企业自身的资源和能力状况，从中形成并确立宜于自身发展的细分目标市场，并以此为突破口设计出相应的营销战略和策略，就有可能迅速进入市场，获取一定的市场份额并树立自身的优势地位。

市场再细分的方法很多，对创业企业而言，最有意义的方法主要有以下几种：

① 深度再细分。深度再细分包括加深拉长某细分标准和加深细分度两种。加深拉长某细分标准如按服装型号可分为小号、中号、大号。但如果采用延伸法把细分度拉长，则可分为特小号、小号、中号、大号、加大号和特大号等；加深细分度如特大号中分宽长型、宽短型等。深度细分照顾了消费者复杂的需求差异，通过深度细分，可以发现未被满足的市场。

② 交叉再细分法。交叉再细分就是采取两个不同的标准细分，如家具用收入、年龄两个标准细分市场，可以把市场分成若干个次市场。

③ 立体再细分法。立体再细分法就是采用三个细分标准进行市场再细分的方法，如按收入、年龄、人口三个标准细分，可以把市场分成多个各不相干的市场。

④ 多维再细分法。多维再细分法就是采用多种细分标准，如四个以及四个以上的细分标准进行市场再细分的方法。例如，按文化程度、购买动机、生活方式、年龄、职业、收入等细分市场，可以细分出更多的市场，从中发现被他人忽略的市场机会。

日本的一家生产手表的企业当年欲进入美国市场时，首先对美国的手表市场进行了市场细分，它们把美国的手表市场分为三类不同的消费者群：第一类是需要价格便宜、能计时的低档手表，这类购买者占美国手表市场的 25%；第二类是需要式样美观、计时准确、价格适中的中档手表，这类购买者占美国手表市场的 44%；第三类是需要质地精良、计时精确、高档豪华、能显示自己身份的高档名贵手表，这类购买者占美国手表市场的 31%。当时，美国国内著名的钟表公司几乎都是以第三类消费者群为目标市场，这些公司主要制造名贵手表，从瑞士进口的也多是高档手表。也就是说，那时占美国手表市场 69% 的第一、第二类消费者群的需求没有得到充分满足，这里存在巨大的市场进入机会。该企业选择第一、第二类消费者群为其目标市场，将 20 多种中、低档手表投入美国市场，很受消费者的欢迎，后来日本企业手表占据了美国手表市场将近 80% 的市场份额。

创业企业在进行市场再细分时，一定要注意市场再细分的原则，否则再细分后的目标市场可能并不适合企业进入或者没有什么意义。

应当注意的再细分原则如下：

① 可衡量性。进行再细分后的细分目标市场必须容易衡量，必须能较容易地测算或估量市场规模、销售潜力的大小。

② 可进入性。再细分后的细分市场中必须要有创业企业有能力进入的、具有实质意义的目标细分市场，特别是不能违反法律法规等规定。

③ 可盈利性。再细分后的细分目标市场要有一定的规模，市场容量要足够大，可保证创业企业有一定的盈利空间，对企业有较强的吸引力，值得企业去开发并为之服务。

④ 可行动性。创业企业选择的目标细分市场所要求的产品和服务必须与创业企业的能力和资源条件相匹配，企业要有能力和资源采取各种营销策略和措施为该细分市场服务。

⑤ 可区隔性。经过再细分后的各个细分市场的特征差异是可以识别的，他们的需求差异也十分明显，即各个细分市场是可区分的。如果细分市场不能有效区分，细分就没有意义。

从理论上讲，目标市场的再细分是无限的，但是在对目标市场进行再细分时，创业企业一定要注意市场细分的有效性。因为再细分的方法是有限制的，不能一味地细分下去，否则，不但不能成为创业企业进入市场的良机，反而可能让创业企业从此一蹶不振。

(5) 从宏观环境入手寻找产品开发机会。

企业的营销活动离不开所处外部市场的宏观环境，政治(含政策)、经济、文化、法律、技术、自然等环境发生变化都会在不同程度上制约或影响企业的某些营销活动。但宏观环境变化在给一些企业带来威胁的同时，也可能给另外一些企业提供许多市场进入的机会。如何及时捕捉宏观环境的变化给企业带来的市场进入机会，是创业企业先期信息收集工作的重点，也是创业企业从宏观环境入手寻找市场进入机会的重要途径。

在寻找和识别宏观环境变化趋势引起的市场进入机会的时候，创业企业要在最大范围内搜集各种相关市场信息，不仅要充分利用企业内部各个部门的人力资源，同时更要广泛利用企业外部的信息资源，如专业咨询机构、教学科研机构、行业管理部门等，往往他们获取的宏观环境变化和市场需求的变化信息会比创业企业自身要专业和准确得多。立志从事跨国经营的创业企业更要特别留意和利用政府的宏观环境分析信息，要注意和我国政府驻外机构保持密切的联系，经常倾听他们的意见，并对这些意见进行归纳和分析，从中筛选和发现新的有价值的国外市场进入机会。

(6) 差异化市场进入机会的识别。

差异化就是创业企业以市场没有的新产品去满足新的细分目标市场的需要，即为新细分出来的市场提供差异化的产品从而成功进入市场。这里创业企业选择寻求差异化市场进入机会的原因既可能是创业者或创业企业想寻求与竞争对手不同的目标市场，来避开竞争对手的强项，也可能是因为创业者或创业企业发现了其他企业都还没有注意到的消费者的差异化需求，从而抢先推出产品，开辟一片新的市场。但是不管创业企业采取的是哪一种差异化市场进入方式，他们都看到了消费者差异化的需求。

随着消费者的收入水平和文化层次的不断提高，消费者的需求差异化趋势越来越明显，具体体现在消费者需求的人性化、个性化、多样化方面。而各种不同个性化的需求组成多样化的市场需求，市场应当满足每个消费者的不同需求，而不是仅仅满足一群或多群消费者的需求。任何企业都不可能生产出满足所有顾客需求的所有产品，更不可能利用自己的产品牢牢抓住所有的顾客，这就在客观上给那些寻求差异化需求类型营销机会的创业企业留下了市场进入或补缺的机会。创业企业，特别是那些实力相对弱小的企业，尤其要利用消费者个性化需求越来越强烈的有利条件，迅速抓住市场空档和竞争对手的相对弱项，以获得新的差异化目标市场消费群。企业一旦识别和寻求到恰当的差异化营销机会，必将为创业企业的未来经营与发展带来勃勃生机。

2.3.2　未来市场营销机会的识别方法

通过对调查数据资料进行预测性分析，创业者或创业企业可以对未来市场营销机会进行识别和评估。谁能及时、准确识别并抓住机会，谁就会抢先一步赢得市场先机。对未来市场进入机会的识别主要是对营销环境变化作出敏捷的反应、对消费者的潜在需求作出准确识别等，创业者或创业企业要善于在许许多多寻常事物和平常事件中迸发灵感，巧于利用自身优势和各种营销策略，向潜在市场适时推出适合未来需求的新产品。

1. 从市场环境的动态变化中识别市场进入机会

市场环境变化主要是指与企业相关的同行的经营战略转移和经营策略更改，以及经营条件的兴衰、卖方环境变化等，此外也指社会政治动态、经济形势、人文条件等的变化。这些变化都会使市场旧的"需求"消失，新的"需求"产生，从而给创业者和创业企业提供新的市场进入机会。市场环境变化对行业企业来讲，既可能是机会，也可能是挑战甚至是威胁，它意味着各种环境因素的重新组合，表明了一些行业的衰落和一些行业的兴起，反映了现有竞争格局的调整和竞争实力对比的变化等。企业创业者既要以敏锐的眼光从变化动向中预测未来、把握市场机会，还要以非凡的创造力对企业营销环境进行深入细致的分析，从中捕捉到有用的信息，发现某些千载难逢的机会。

在我国大中城市中，人口逐渐出现老龄化趋势，这意味着老年人市场在逐步扩大。同时由于城市生活节奏加快，相当多的子女常常和父母不在同一个城市生活，不在父母身边，即使和父母在同一个城市生活，也会由于比较大的竞争压力而没有多少时间和父母沟通、交流思想，这种状况客观上造成了老年人在精神和情感上的失落。创业者或创业企业可以把握这种社会发展趋势，深入细分老年人市场，开发出能最大程度地满足老年人精神、情感和社区交往所需要的各种产品和服务，而不应仅仅关注保健和健身器械产品。再如，当今时代的潮流是回归大自然，在这种社会大潮的冲击下，许多创业企业顺应潮流，把握机遇，推出了"自然产品"，如用纯天然植物原料制造出的药品、化妆品、饮料，开发出纯天然的"绿色产品"（即减少环境污染、保护生态环境、节约使用自然资源的产品）。由于这些产品迎合了当代社会的环保要求，也满足了消费者的消费心态，从而激发了顾客的新需求，为企业创造了一片新的目标细分市场。

当前，我国正面临着一系列历史性机遇：加入了 WTO，西部大开发等，创业企业应该牢牢把握这些重大的环境变化机会。事实上，只要创业者善于捕捉市场信息，善于处理好各方面的关系，就会发现由于环境变化带来的市场进入机会无处不在，无时不有。

2. 消费者需求趋势变化预测法

消费者需求是影响一个企业销售产品和服务情况最基本最直接的因素，随着社会经济的发展和人民生活水平的提高，消费者的需求日趋多元化、多层次化。消费者需求关系中反映出来的数量、结构和层次等方面的变化趋势，会不断地形成消费者未来新的未被满足的需要，为那些创业企业提供一个又一个市场进入机会。创业者要密切注意消费需求的变化和发展趋向，了解哪些需求未被满足，哪些需求又出现新的变化趋势，从而准确识别企业未来的市场进入机会。

消费者需求预测主要有以下几种方法。

1) 消费者需求变化的梯度发展趋势预测法

消费者需求发展一般具有梯度递升的规律性，创业者可以依照这种规律去寻找未来的市场机会。

由于消费者的生活水平在不断地提高，随之而来的是消费观念也在不断地更新。比如，他们对饮料的要求逐步从追求解渴型饮料向追求口味型饮料，随后向追求安全无害型（不含防腐剂等有害物质）饮料，再后向追求营养滋补型饮料的过程递升发展，因此创业企业也就需要相应地不断研制和储备更多技术，不断地开发更多适宜消费者需求和口味变化的新饮料产品，才能不断满足消费者变化发展的需求，当然也就能不断地赢得消费者的货币选票支持，从而持续保持市场的高份额。

2）新潮追随预测法

消费者的许多消费需求常常具有很强的时代性或新潮性，这些时代性或新潮性变化趋势也给创业企业提供了预测和捕捉未来市场进入机会的线索。

例如，时装的款式变化往往与影星、有声望人物的有影响的活动有关。中山装因孙中山领导革命时的衣着而兴起，牛仔裤则因为美国某电影女明星的剧装而流行。并且这种新潮流行还具有因模仿的攀比心理而从经济发达地区向不发达地区扩散的一般规律性。

3）相关商品趋势预测类推法

类推法是指用一种产品的未来需求预测量去推断另一相关商品的未来需求量，从而判断创业企业未来的市场进入机会大小。

如果预计某种商品将会畅销于市，与其使用配套的其他商品也必然会畅销。例如，自行车销路看好，对自行车车篮的需求也必定大增；电冰箱销售火爆，就为除臭剂、冰模器、冰袋等关联商品创造了巨大的市场增长空间；预计未来汽车销售量会增加，将使生产轮胎企业的未来营销机会也随之增加。

同样，某种商品畅销于市，那么可以替代这种商品的其他产品未来销售量必然会下降。如对猪肉的需求量上升，必然会引起对牛肉、鸡肉等商品需求的下降；对飞机旅行需求的增加，必然会引起乘坐汽车和火车旅行需求的下降等。

3. 消费者购买意向调查预测法

消费者购买意向调查预测法，是指通过某种调查方式(电话调查、问卷调查、座谈调查等)，直接向消费者调查了解其未来一段时间内购买某一种(类)商品的意向，并在此基础上估计创业企业未来的市场进入机会的识别方法。其一般程序是：收集用户购买意向的实际资料(问卷、电话记录、座谈笔录等)；对收集到的上述调查资料进行分类汇总；预测市场容量，根据汇总资料估计未来市场需求总量，即未来市场总销售量；估计自身机会，根据创业企业实力和竞争对手比较优势分析预测创业企业未来市场份额，从而确定企业未来市场进入机会的大小。

4. 创造未来市场需求机会的方法

一个优秀的创业经营者，不仅要有卓越的捕捉和预测市场机会的能力，更要善于把握市场的发展变化趋势，创造出有利于本企业发展的市场环境机会。这就要求创业者具有丰富的知识和超常的判断力，以创造性的思维方式寻求创造新的市场机会，通过积极有效的引导，产生让消费者喜欢的新创造出来的市场需求。创造未来市场需求机会主要有以下几种方法。

1）改变思维方式创造新的市场需求

长期以来，人们都习惯于以一种思维方式看市场，哪些产品好像只能在哪里才有，哪些产品好像只应该哪些地方才有等需求惯性思维，束缚了企业寻求新市场需求、创造新市场的能力。如果换种思维方式，可能会发现许多新的具有吸引力的市场机会。创造市场机会的思维可以是逆向思维寻求市场进入机会,这种方式有效而又简捷。例如,人们通常认为北极地区是没有冰箱市场的,而恰恰有人在那里很成功地开发出了市场,冰箱在那儿不是用作冷藏,而是用以保温。创造市场机会的思维也可以利用深蕴的文化传统为基底,创造出充满"文化味"的市场机会,如无锡的"三国城"、"唐城"已经成为著名的游览胜地。这种别具匠心的渗透深厚文化内涵的包装,拓展了创业企业无穷无尽的市场机会空间。

2) 技术创新创造市场进入机会

如果创业者能够发明或者改进某些新技术,就必然会引起消费者新的需求,从而带来许多新的市场进入机会。例如,电子计算机的问世将人们带入了一个全新的信息化时代,也使 IBM 公司(国际商用机器公司)成为计算机世界的一代霸主;尼龙的发明创造了一个全新的合成纤维产业,杜邦公司也因此成为合成化纤行业的鼻祖。对于现代创业企业来讲,特别是那些处于技术驱动型行业如半导体、计算机、通信等行业的企业来说,利用技术创新来获得竞争优势,创造市场进入机会,是企业获得成功的决定性因素。

3) 开发相关产品创造新市场机会

如果创业企业没有实力开创新的行业市场或主导产品,那么也可以考虑生产与市场上某一主导商品相联系的系列产品而形成新的边缘市场机会。因为许多商品使用时都需要这样那样的配套性装置,而这种配套装置有相当一部分是有待开发的新产品,这就需要创业企业把握已上市的商品和待开发商品之间相互依存、不断延伸的内在联系。

2.4 市场机会的评估和检验

经过市场进入机会的识别过程后,创业企业找出了有可能进入某个细分市场的市场机会。但是,这并不表示所有这些可能的市场机会都是创业企业应该进入的机会,创业企业还必须有一个对进入机会进行检验和评估的阶段,即检验市场机会要素是否与创业企业能力和资源相匹配,是否真的值得创业企业把其作为提供产品和服务的特定目标市场。

2.4.1 市场进入机会的吸引力评估

市场进入机会评估的目的是找出对创业企业最有价值的市场机会,所以需要对市场营销机会的吸引力进行评估。市场营销机会对创业企业的吸引力即是创业企业利用该机会可能创造的最大效益,所以评估市场机会吸引力也就是评估市场需求规模和机会的发展潜力等方面。

1. 市场需求规模评估

市场需求规模评估主要是分析市场机会当前可提供需要满足的市场需求总容量的大小,即分析市场机会产生的目标市场是否拥有足够的消费者,形成的市场消费规模有多大,创业企业进入此目标市场后可能达到的最大市场份额有多大。一种产品或一项服务如果没有足够的市场容量,对创业企业来讲肯定是不构成市场机会的。

　　在预测市场需求时，主要考虑两个变量：① 愿意并有能力购买的潜在消费者数量；② 愿意并有能力购买的潜在消费者的购买次数。市场规模等于上述两个变量的乘积。通过市场容量的预测，如果市场容量足够大，创业企业进入后能使自身获取较高的盈利，对创业企业而言则显然是一个机会，否则只有放弃。

　　2. 机会的发展潜力

　　了解市场机会需求规模的发展趋势及增长速度情况，看是否有比较大的潜在成长空间。如果潜在成长空间比较小，即使当前市场需求规模比较大，有时也要放弃，因为它不能支持创业企业的持续成长。但是，即便创业企业此次面临的机会所提供的市场规模很小，利润也不高，若其市场潜在规模或企业的市场份额有迅速增大的趋势，则该市场机会仍对创业企业具有相当大的吸引力。

2.4.2　市场进入机会的可行性评估

　　只有吸引力的市场机会并不一定是企业实际的发展良机，具有较大吸引力的市场机会必须同时具有较强的进入可行性才是对创业企业具有高价值的市场机会。创业企业必须通过一定方法评估市场进入机会的可行性。

　　1. 关键成功条件分析

　　关键成功条件分析就是分析开发利用某市场机会而要求企业所具备的必要成功条件，这些条件包括创业企业的经营目标、经营战略、市场定位、营销策略、经营规模、资源状况等内容，创业企业只有具备这些关键条件，才具有成功开发利用市场机会的可能性，如果创业企业不具备市场机会需要的这些成功条件，则只有放弃这种机会。一般说来，关键成功条件包括企业的多个方面(见表2.2)，具体到不同行业和不同产品又有所不同。

表2.2　创业企业的几种关键成功条件及其具体内容

关键成功条件	具 体 内 容
经营战略	经营宗旨、发展目标、长期规划
企业能力	经营规模、生产制造能力、设计研发能力、技术储备、员工素质、营销能力
资源状况	原材料保障、经营人才、财务运作、渠道建设
企业形象	品牌形象、产品定位、顾客口碑
营销策略	产品策略、价格策略、促销策略
……	……

　　成都某保险柜生产企业负责人，在国外市场上发现一种被称做"大班柜"的产品很畅销，而且利润极高，认为是不可多得的商机，遂决定在国内投资生产大班柜。大班柜在国外是与大班桌(老板桌)和大班椅(老板椅)配套的，是显示身份的文件柜，属于办公产品。该柜多用上好木料(如红木)制成，内嵌先进保险柜，具有保险功能，可存放各种绝密文件，尤其是连秘书都不该知道的文件；外层一般做成书柜或多宝格，用于存放装饰性工具书或各种收藏品。大班柜的外观造型漂亮、华丽，多置于老板椅后，是老板地位和公司形象的象征。在国外，一般售价在1万美金以上，其摆放场所多为各类公司老板办公室，购买者

为各类公司老板。该负责人在了解了该信息之后，认为是一个良好的市场机会，打算进入该目标市场，在投资之前请一咨询公司进行可行性分析。该咨询公司在了解该创业企业的想法后，为该企业作了一个关键条件分析，认为其不具备成功进入大班柜市场最核心的关键成功条件：品牌、技术、渠道等，最后该创业者只得放弃了进入大班柜产品市场的机会。图 2.1 所示为该咨询公司所作的可行性分析图。每个行业所要求的关键成功条件不同，我们假设为 M_1，M_2，M_3，……。

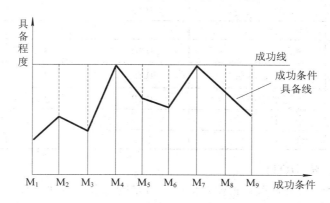

图 2.1　创业企业进入某一市场的可行性分析

从图 2.1 中可以看出，该创业企业进入某一市场的关键成功条件并不完全具备，只有其中的两个关键条件基本具备，其他的几个关键条件都未达到成功的要求，所以该企业不能盲目进入该市场。

2. SWOT 分析法

SWOT 分析方法，即优势(Strengths)、劣势(Weakness)、机会(Opportunities)和威胁(Threats)分析，它是基于创业企业自身的实力，对比竞争对手，并分析创业企业外部环境变化可能对创业企业带来的机会与企业面临的挑战，进而制订企业最佳战略的方法。通过 SWOT 分析，可以帮助创业者和创业企业客观评价企业自身以及存在市场机会的相关因素，把资源和行动聚集在自己的强项和有最多机会的地方。

SWOT 分析实际上是对企业内外部条件各方面内容进行综合和概括，进而分析创业企业的优劣势、面临的机会和威胁的一种方法。其中，优劣势分析主要是着眼于创业企业自身的实力及其与竞争对手的比较，而机会和威胁分析将注意力放在外部环境的变化及对创业企业的可能影响上，但是外部环境的同一变化给具有不同资源和能力的企业带来的机会与威胁却可能完全不同，因此两者之间又有紧密的联系。

SWOT 分析实际上是创业企业外部环境分析和企业内部要素分析的组合分析。因此，企业外部环境评价矩阵和内部要素评价矩阵构成了 SWOT 分析的方法基础。

1) 优势与劣势分析(SW)

企业的优势和劣势可以通过企业内部因素来进行评价，相对竞争对手，企业的内部因素可以表现在研发能力、资金实力、生产设备、工艺水平、产品性能和质量、销售网络、管理能力等方面。可以采用企业内部因素评价矩阵，通过加权计算定量分析企业的优劣势，见表 2.3。

表 2.3　某企业内部因素评价矩阵

	关键内部因素	权　重	得分(−5～+5)	加　权　数
优　势	研发能力强大	0.20	4	0.80
	产品性能和质量处于行业中游	0.15	0	0
	销售网络完善	0.20	4	0.80
	管理能力强	0.15	4	0.60
	小　计			2.20
劣　势	资金紧张	0.10	−3	−0.30
	生产设备落后	0.10	−2	−0.20
	工艺水平不高	0.10	−3	−0.30
	小　计			−0.80
	合　计	1.00		1.40

2) 机会与威胁分析(OT)

机会与威胁分析主要着眼于企业外部环境带来的机会和威胁。外部环境发展趋势分为两大类：环境威胁和环境机会。

环境威胁指的是环境中不利的发展趋势所形成的挑战，如果不采取果断的战略行为，这种不利趋势将导致公司的竞争地位受到削弱。企业外部的不利因素包括新产品替代、销售商拖延结款、竞争对手结盟、市场成长放缓、供应商讨价还价能力增强等，这些都会影响企业目前的竞争地位。

环境机会是指企业面临的外部环境中对企业发展有利的因素，是对公司行为富有吸引力的领域，在这一领域中发展壮大的企业将拥有竞争优势。外部机会如政策支持、技术进步、供应商良好关系、银行信贷支持等。

机会与威胁分析可以采用企业外部评价矩阵，如表 2.4。

表 2.4　某企业外部因素评价表

	关键外部因素	权　重	得分(−5～+5)	加　权　数
机　会	政策扶持	0.25	4	1.00
	技术进步	0.15	3	0.45
	金融信贷宽松	0.10	3	0.30
	小　计			1.75
威　胁	新替代产品出现	0.15	2	−0.30
	竞争对手结盟	0.10	−4	−0.40
	市场成长放缓	0.15	−4	−0.60
	供应商减少	0.10	−3	−0.30
	小　计			−1.60
综　合	合　计	1.00		0.15

3) 企业战略选择

根据企业优势劣势分析和机会威胁分析，可以画出 SWOT 分析表，并据此制订企业所需采取的相应策略，见表 2.5。

表 2.5 企业 SWOT 分析表

		内 部 条 件	
外部环境		优 势	劣 势
	机会	SO 组合	WO 组合
	威胁	ST 组合	WT 组合

SWOT 分析表可划分为四个组合，创业企业应根据不同的市场机会，采取不同的战略。

SO 组合：企业拥有强大的内部优势和众多的机会，企业应利用自身资源优势去赢得外部环境中的多种发展机会，采取增加投资、扩大生产、提高生产占有率的增长性战略。

ST 组合：企业尽管具有较大的内部优势，但面临严峻的外部挑战应采取多元化战略，利用企业自身优势去应对和化解外部环境中的威胁和不利变化，发挥优势去降低威胁，如开展多元化经营，避免或降低外部威胁的打击，从而分散风险寻找新的发展机会。

WO 组合：企业面临外部机会，但自身内部缺乏条件，应采取扭转性战略，创造条件去抓住机会，使弱点趋于最小，机会趋于最大。但若经济负担过重，应放弃相应机会。

WT 组合：企业既面临外部威胁，自身条件也存在问题，市场机会最为不利，应采取防御性战略，避开威胁，消除劣势。一旦面对，应尽可能减少损失。

2.4.3 市场进入机会的综合评估

通过市场进入机会的吸引力评估和市场进入机会的可行性评估后，创业者或创业企业就可以对潜在进入市场作一个综合的量化性评估，作为是否能进入一个新市场的重要参考因素。表 2.6 所示为一个创业者对其准备进入的新市场所作的一个综合性的量化评估[①]。

表 2.6 市场进入机会综合分析评价表

评 价 项 目	权重值(1)	评分值(2)					加权得分 (1)×(2)
		10	8	6	4	2	
市场需求容量	0.20		√				1.60
市场发展潜力	0.15	√					1.50
产品开发难度	0.05			√			0.30
市场进入障碍	0.10				√		0.40
市场现有渠道可利用性	0.05	√					0.50
潜在竞争强度	0.05				√		0.20
销售能力	0.15			√			0.90
营销成本费用	0.10					√	0.20
盈利能力	0.15		√				1.20
合计	1.00						6.80

① 李蔚，牛永革. 创业市场营销[M]. 北京：清华大学出版社，2006.

从表 2.6 可知，最后得以进入市场的综合得分为 6.80 分(满分 10 分)，该创业企业要想进入该市场还需要再仔细斟酌。

讨论与思考题

1. 市场机会有哪些类型?又有哪些特征?
2. 识别创业市场机会的方法有哪些?
3. 如何对市场进入机会的吸引力进行评估?
4. 如何对市场进入机会的可行性进行评估?

案例分析

BCX 公司是我国主要彩管生产企业之一，主要生产 19、21、25 和 29 英寸普通彩色显像管，1999 年产量约 300 万只。随着国内外彩电市场的变化，彩电市场竞争日益白热化，1998 年全国有彩管生产企业 11 家，彩管生产能力约 5000 万只，实际产量 3490 万只，约占全球产量 2.4 亿只的 14.5%。电视机生产企业利润日益摊薄，电视机企业对彩管企业讨价还价能力增强，彩管价格不断下降；同时，大屏幕彩电、纯平彩电、背投电视、液晶电视、等离子体电视等开始出现，对彩管的需求正在发生变化。BCX 公司利润水平持续下降，面对市场变化，需要调整企业战略。2000 年 BCX 公司经过企业内外部环境分析，提出若干战略供决策层选择。其评价见表 2.7。

表 2.7　BCX 彩管企业 SWOT 评价表

	优势(S)	劣势(W)
内部条件	(1) 企业组织与管理能力较强，有能力与同行竞争 (2) 通过改制上市，企业负债率低，银行信誉好，具有较强的融资能力 (3) 产品质量好，成本低，产品能够适应进一步降价的压力 (4) 产品国产化率较高，受国际因素影响较小 (5) 企业地处经济高度发达的沿海地区，交通运输便利，周围有多家国内著名的彩电生产企业，彩电生产能力约占全国彩电生产能力的 50%，企业占据地利优势 (6) 员工素质较高，企业机制比较灵活	(1) 自主开发和创新能力弱，大屏幕、纯平等技术来源不稳定，在技术上无法占领制高点 (2) 彩管行业投资大，设备专用性强，行业退出能力弱 (3) 企业为国有控股企业，与另外 8 家外资或台资企业相比，在技术、资金和管理上处于劣势 (4) 缺乏国际市场渠道和营销经验，出口市场尚未启动，而其他彩管生产企业都有产品出口 (5) 竞争对手大部分都是上下游一体化，同时生产彩管和整机，而 BCX 较难进入上下游行业 (6) 产品品种单一，其他多元化产业未形成规模，抗风险能力弱

续表

	机会(O)	威胁(T)
外部环境	(1) 市场需求分析表明，彩管仍有较强的生命力，可能维持缓慢成长 15 年，还有市场空间和获利机会 (2) 彩管行业进入壁垒较高，其他企业难以进入 (3) 加入 WTO 后，出口机会增加 (4) 存在低成本扩张的机会	(1) 大屏幕、超平纯平 CRT、背投电视、等离子体和 LCD 液晶显示器等能够大幅度地降低成本，目前的产品将面临着被替代威胁 (2) 彩管业竞争激烈，受彩电厂商的价格打压，讨价还价能力较弱，可能会引起利润下滑 (3) 未来生产和利润可能受玻壳供应紧张及涨价因素影响 (4) 存在同行的竞争威胁
企业战略选择	**SO 战略——增长性战略** 利用优势和机会，保持现有的经营领域，并且继续全力以赴地在该领域扩大产品规模和品种，加大技术研发，增加大屏幕产品，引进纯平产品生产线，积极拓展国内和海外市场 缺点：没有考虑到威胁和劣势	**ST 战略——多元化战略** 利用优势避免威胁，保持现有的经营领域，不在该经营领域进行扩张。利用自身融资能力，向其他领域进军，发展 LCD、PDP 等相关显示产品，实行多元化经营的原则 缺点：放弃了潜在的机会
	WO 战略——扭转性战略 利用机会改进内部弱点，在保持、稳定、发展和提高现有的经营领域的同时，开展多元化经营，增加 CDT 生产线，与电视生产企业联合，培养核心竞争能力 优点：利用了机会和优势，避免威胁，克服劣势	**WT 战略——防御性战略** 为了克服弱点、避免威胁，放弃现有的经营领域，全力以赴地转到高新技术领域，争取占领技术制高点 缺点：放弃了现有的、潜在的机会和自身优势

(资料来源：http://blog.163.com/fanjwceo@126/blog)

讨论题：

BCX 公司应选择什么企业战略？为什么？

第3章　创业目标市场选择

重点提示 ✎

- 市场细分要解决的问题。
- 市场细分的程序。
- 市场细分指标体系的确定。
- 评估细分市场吸引力和选择目标市场的基本内容。
- 市场定位策略的种类。

阅读资料 🔍

周强："建设一个上海大学生的门户网站"

上海对外贸易学院大三学生周强创办了一家注册资金达100万元的公司，2010年7月16日，他的网站实体店在松江大学城园区内正式开张。

周强创立的"大学城在线"两个月前建立，网站包括学习、求职、娱乐、电子商城等几大板块，涵盖了各种考试及学习资料的下载、复印，兼职、实习工作岗位的信息披露，笔记本电脑等电子产品的低价团购，为学生代买火车票等日常生活的各项服务。

这位年轻的CEO一直在强调自己的企业观：他的网站运行宗旨就是服务学生，所以他在提供上述服务时，除了收取少量的成本费用之外，是完全对同学免费开放的。而现在越来越多的松江大学城的学生开始登录到www.sj163.cn这个网站。据统计，由建站时居全球500多万位的浏览量到现在已上升至1万多位，注册会员更已经达到了几万人。

"我想的是建设一个上海大学生的门户网站。"周强告诉大家，"我首先是一个学生，坚决不会选择辍学。尤其是我现在学的是法学行政管理，这对我将来公司的管理工作也是非常有帮助的。"周强表示，"目前公司是要吸引更多的学生访问网站，扩大市场影响力，接受网站的服务，积攒人气。当网站有了一批稳定而又忠诚的学生客户群时，其市场潜力对广大的商家而言是极具吸引力的，那时广告的投放和资金赞助就是公司主要的盈利点。"

(资料来源：http://www.pe168.com/com/ysxd1688/news/itemid-409037.html)

人们都知道商品交换双方在追求不同的目的：企业要实现的是商品的价值，追求的是用商品换回足够的货币；而消费者追求的是商品的使用价值，要实现的是用一定量的货币换回自己需要的商品。但对于一般商品来说，世界上的生产者数量庞大，用户数量更是多到难以计算。随着个性化消费时代的到来，不同消费者的需求也大不相同，以汽车为例，有人追求安全，有人追求舒适，有人要通过汽车体现自己的特殊身份，而有人仅仅将它当作代步工具。如何在自己的产品和潜在用户之间搭建起桥梁就成为企业营销工作的重点，目标市场就是这一桥梁的基石。

市场细分是现代市场营销观念的产物。它是指按照消费需求的差异性把某一产品(或服务)的整体市场划分为不同的子市场的过程，主要解决如何区隔消费者的问题。除非是完全创新产品，否则无论是新创企业还是老企业推出新产品要进入的都是"老市场"，在"老市场"中必然存在一定数量的企业和消费者，创业企业如果要针对所有消费者，不仅使企业资源分散，而且会遭到原有企业的攻击，大大降低其产品成功的概率，为此必须进行市场细分。

市场定位则是要为企业和产品在消费者那里确定一个独特的位置，因为生产同一种产品的竞争企业实在太多，而在网络经济时代消费者每天又要接受大量信息，如果企业或产品不具有一定独特性，将很快被消费者遗忘，在其有实际需求时，消费者又只会考虑比较熟悉的品牌或产品。因此，市场定位就是要在企业和消费者之间搭起沟通的桥梁，让消费者在适当时刻会自然想到企业和产品。

3.1 创业市场细分的意义与演进

3.1.1 创业市场细分的意义

(1) 市场细分是创业企业营销成败的关键。

创业企业开展市场细分的原因在于：

① 市场行为的差异性及由此决定的购买者动机和行为的差异性。市场需求的差异性取决于社会生产力的发展水平、市场商品供应的丰富程度以及消费者的收入水平。除了对某些同质商品消费者有相同的需求外，消费者的需求总是各不相同，这是由人性、年龄、地理位置、文化背景、职业等方面的差异所决定的。

② 市场需求的相似性。从整体上看，人们的消费需要是千差万别的，然而在这种差别之中也包含着某种共性。这种交叉中的相似性和差异性就使市场具有了可聚可分的特点，为企业按一定标准细分市场并从中选择自己的目标市场提供了客观可能性。

③ 买方市场的形成。由于现代市场经济的高度发展，买方市场的全面形成和卖方之间市场竞争的日益激化，有厚利可图的市场越来越少，企业只有依靠市场细分来发掘未满足的市场需要，寻求有吸引力的、符合自己目标和资源的营销机会，才能在市场竞争中取胜。

(2) 开展市场细分是创业企业营销必需的第一步。

① 有利于企业发现新的市场机会，选择新的目标市场。通过市场细分，企业可了解市场各部分的购买能力、潜在需求、顾客满足程度和竞争状况等，从而及时发现新的市场机会和问题，及时采取对策，夺取竞争优势。

② 有利于巩固现有的市场阵地。通过市场细分充分把握各类顾客的不同需要，并投其所好地开展营销活动，就可稳定企业的现有市场，这对于发展余地不大的成熟行业和不愿或不能转向新市场的企业来说意义尤其重大。

③ 有利于企业的产品适销对路。企业选择一个或几个细分市场作为目标市场，就可更加深入地研究这些市场需求的具体特点，集中人力、物力和财力，生产出满足目标市场需要的产品，从而取得更大的经济效益。

④ 有利于企业制订适当的营销战略和策略，把有限的资源集中用在目标市场上，以取得最好的经济效益。

这样，一方面企业在市场细分的基础上针对目标市场的特点制订战略和策略，做到"知己知彼"；另一方面，企业只是面对一个或几个细分市场，可及时捕捉信息，按需求变化调整发展策略。

3.1.2　创业市场细分的演进

对消费者进行细分的基础是差异化。我们知道随着经济的发展，人们受其文化水平、宗教、收入甚至是地理环境等因素影响而产生的消费习惯差别性将越来越大，相反原来生产一种产品针对大部分消费者甚至是所有消费者的可能性就会越来越小，回顾营销的历程可以发现在差异化上表现出四个阶段。

1. 大众化营销

在大众化营销中，卖主大量生产、销售单一产品，追求的是规模经济。由于学习曲线的存在，很多企业确实靠规模走上了行业的巅峰。亨利·福特是这个方面的典型，在他那里顾客能买到的车"除了黑色没有其他颜色"；而麦当劳也正是靠"无论到哪里，你得到的汉堡绝无两样"驰骋世界。

2. 细分营销

细分营销认识到不同消费者的购买欲望、购买实力、购买态度、购买习惯上是不同的，但企业不会为每一个消费者量身定做产品，于是就利用不同的指标把消费者划分为不同的群体，虽然个体需求不同，但群体内消费者的需求类似。如对面包来说，不同人在味道上的需求一般不同，但大致可以划分为甜性需求、咸性需求、酸性需求等。

细分营销和大众化营销相比，公司能以适当的价格向目标群体提供基本适合他们需求的商品或服务，而且在分销渠道和传播渠道上更方便，成本更低。

如果企业能细分出具有足够容量的市场并率先进入，将能成为局部市场中的领先者，产生先入为主的效应。

3. 补缺营销

细分营销一般具有明显的特点，企业可以直接辨认出较大的群体。例如，酒类消费者可分为偶然喝酒者、经常喝酒者和嗜酒成性者。补缺则是在细分基础上寻找更窄的群体，其原因就在于细分营销忽略了部分小市场的需求，而这个小市场的需求没有得到满意的服务，因此补缺营销就是进行多层次细分，如对于经常喝酒者可以再分为在家喝酒者和在外喝酒者，而在外喝酒者又可以再细分为注重环境者、注重品牌者与注重感情者等。所以，补缺营销其实就是运用穿插策略，利用市场竞争的空隙"见缝插针"，乘"隙"而进，培养自己的产品优势和营销市场。在市场竞争中，补缺营销不与大企业碰撞，采取迂回战术，避开锋芒，不硬碰蛮撞，而在势力壮大之前，避实就虚，寻找那些大企业没有发现或大企业不想干但并非没有前途和利润的细分市场作为自己的目标市场，充分利用大企业培育出来的市场需求，快速抢占部分市场。这样，可以避开大企业的巨大威胁，等自己的势力增强、时机成熟之后，再和大企业一争高低。例如，山西南风集团的奇强洗衣粉定位战略便是首先选择上海奥妙、美国宝洁和英国联合利华等大企业忽视的农村市场，采取"农村包围城市"的战略而发展壮大的。同时，由于补缺市场的容量比较小，吸引的是实力较小的竞争，数量比较少，竞争也比较弱，而补缺营销者熟悉客户的需求，可以提供更适合他们需要的价值，因此他们愿意付出更多的价格，这样补缺者就利用客户的溢价补偿了自己因为缺少规模效应而多支出的成本。

补缺者的技巧

采取补缺营销的创业者往往力量薄弱，靠自己单枪匹马的奋战和与强大对手的硬拼是不足取的，而应该凭借自身的优势，取长补短；在营销上，巧妙地采取"避"、"借"、"联"的战略。

- 避　创业补缺者在弱小阶段要避免和大型企业的正面冲突，即避免生产和大型企业拳头产品相同的产品，避开大型企业的强势市场大本营，避开大型企业传统的分销渠道，避开使用大型企业惯用的促销手段。否则，采用和大型企业相同的营销策略，不仅会因为相互撞车而自取灭亡，还会由于生活在"巨人"的阴影下而难以得到发展。

- 借　创业补缺者应充分利用大型企业的资源来发展自己。大型企业有良好的商誉和响当当的品牌，创业补缺者可以借之；大型企业有宽广快速的营销网络，创业补缺者可以借之；大型企业有充裕的资金和先进的管理技术，创业补缺者也可以借之……只要创业补缺者具有整合资源的良好能力，一切都能为其所用。

- 联　创业补缺者应该将自身的领域联结成片。一个补缺市场往往只能维持其主体的生存，寻找到多个有前途的补缺市场才能使其主体避免长期处于弱小位置，而为了节省经营成本和充分利用自己以及在补缺市场上取得的优势，要求补缺者在推出新产品、选择新市场时考虑与已有市场的关联性，争取把多个补缺市场连接成片，这样会由小而大，由大而强，成为市场的强者。

（资料来源：百度文库，https://wenku.baidu.com/view/451b43bc7375a417866fba.html）

4. 个体化营销

如果细分营销继续深入，最后达到的将是个体化营销，这就是所谓的"一对一"营销或"定制营销"。"一对一营销"其实比大众化营销出现得更早，在有商品交换以来人们一直在提供个性化的商品，如裁缝量体裁衣，鞋匠量脚制鞋等。一个世纪前规模化生产的盛行导致"定制营销"逐渐势微，今天，随着信息技术的发展，企业可以服务的消费者在地理范围上更大，而且细分市场中的竞争更加强烈，新式的"一对一营销"或称为"规模化定制"得以出现。这个方面最成功的企业当数美国的戴尔计算机公司，它依靠直接面对消费者，提供满足它们个性化需求的产品打败了康柏、IBM 等巨头，成为全球计算机制造商的龙头。

因此，进行市场细分已经成为了当前营销的基础，即使是计算机鼻祖 IBM 这样既有技术又有规模的巨头都无法在整个计算机市场上竞争，被迫从个人计算机领域退出而专攻专业领域。

3.2　创业市场细分

3.2.1　市场细分程序

进行任何科学活动都需要遵循一定的程序，对市场细分也不例外。市场细分程序包括三个步骤。

1. 市场调查

市场细分是对消费者的需求进行分类，但是每个人的购买欲望和动机可能各不相同，因此必须通过调研人员与消费者进行各种交流，从他们的言谈举止中了解其态度、行为和观点。在此基础上，向被调查者发放调查问卷收集相关资料。

2. 对收集的资料进行分析

研究人员在调查基础上对收集到的各种资料进行研究，他们所采用的分析方法和工具主要来自统计学，如因子分析、聚类分析等。

3. 进行细分

根据消费者不同的态度、行为、人口变量、心理变量和消费习惯划分出具有不同特点的客户群体，并为每个群体命名。例如，一项关于外出餐饮的市场研究把消费者分为三类：欢聚者、饱食者、交易者。不同的群体消费需求和消费习惯各不相同，对于高档酒楼来说，他们的理想目标是交易者，这要求他们必须有良好的环境和优质服务，相应地，他们会收取比较高的价格。对于低档的饭馆来说，饱食者也许是他们的最佳选择，自然地，饭馆无法像高档酒楼那样收取可观的溢价。不同情况下采取的细分标准不同，从而细分出的市场自然也不相同。

3.2.2　确定市场细分指标

在对市场进行细分之前必须确定一定的细分指标，确定指标体系时要结合企业自身和客户两个方面的因素。对于企业自身来说，主要考虑自己的产品在整个产业范围内所属的层次，按照直接进入消费领域或者进入再生产领域的不同，可以把企业所服务的市场分为消费品市场和产业市场。不同市场内的客户追求的利益不同，因此细分的指标体系自然也就不同。

1. 消费品市场细分指标

消费品从企业到最终消费者的过程中，其细分指标体系见表 3.1。

表 3.1 消费品市场细分指标

细分指标	地理因素	地区	华东、华南、华北、长江三角洲、京津唐等
		城市	大城市、二级城市、城镇
		气候	南方的、北方的
	人文统计	年龄	10 岁以下、10～20 岁、20～30 岁、30～45 岁、45～65 岁、65 岁以上
		性别	男、女
		教育	小学或以下、中学、大学以上
		宗教	佛教、天主教、基督教、其他
		收入	1000 元/月以下、1000～2500 元/月、2500～5000 元/月、5000 元以上
	心理因素	生活方式	追求时髦型、朴素型、游手好闲型、其他
		个性	孤僻、野心、发号指令、懦弱、其他
	行为因素	使用时机	经常使用、特殊情况下使用
		追求利益	质量、服务、经济
		对产品态度	喜欢、无所谓、讨厌
		使用频率	经常使用、偶尔使用

(资料来源：菲利普·科特勒，凯文·莱恩·凯特. 营销管理. 北京：清华大学出版社，2007.)

(1) 地理因素。地理细分要求市场划分为不同的地理区域单位，这一细分方式在很多企业都得到了体现。在全球化程度比较高的企业里，我们经常可以看到他们按照亚洲、欧美、拉丁美洲等地区划分设立国际部，在国内经常划分为华南、华中、华北、华东、西南、西北、东北和港澳台等地区。之所以有这样的划分，是因为不同地区在经济发展程度上有所区别，而且地理环境上的因素也确实使人们在消费习惯上表现出一定的特点。如防寒、保暖之类的服装在我国北部可能会有较大市场，在南方则很少有人问津。同样，中国人比较喜欢喝白酒，但南方人喝的白酒比较温和，酒精度比较低，而北方人则喜欢喝烈酒，酒精度比较高。

(2) 人文统计。人文统计是通过统计人们的性别、年龄、种族、出生时代、家庭生命周期、收入、婚姻状况等有关因素来进行市场细分的手段，它是区分消费者群体的常用工具。这主要是因为人都是社会人，其消费欲望、消费能力和消费可能性必然受其人文因素所影响。对于一个尚未结婚的青年人来说，购买儿童尿布的可能性远远小于处于育儿期的成年人；对于一个收入较低的农民来说，购买高档汽车的概率也远远低于处于大型企业管理层的人员；对于推广足球的人员来说，选择青少年男子也要比选择老年人成功的可能性更高。

(3) 心理因素。在社会阶层、经济收入和文化层次等人文统计中，同一范围内的消费者在购买方式和购买习惯方面经常表现出明显不同，这其实就是心理因素在发挥作用。心理因素主要可以从生活方式和个性两个方面来考察。

① 生活方式。生活方式最能体现个人的价值观和态度，因此对人们选择商品的偏好程度影响很大，不同的消费阶层在生活方式上通常表现出不同的消费倾向。

② 个性。随着市场细分的逐渐深入，个性也越来越成为人们进行市场细分的指标。这

主要是通过赋予产品以品牌个性，从而符合消费者的个性。因为不同的人具有不同的价值观和性格特点，而消费已经成为很多人表现其价值观和特性的工具。例如对于一个狂热的环境保护分子，你很难使他去消费既浪费资源又对空气、土地等造成严重污染的产品，而对于一个讲究地位、注重身份的上层人士，你很难发现他会经常骑自行车或开低档车去上班。

（4）行为因素。营销人员通常根据不同的人接受产品的态度、程度以及使用过程中所表现出的各种行为而将其划分为不同的群体。行为因素主要可以从使用时机、追求利益、对产品的态度、使用频率四个方面来考察。

① 使用时机。同一产品可以吸引很多消费群体，但不同群体可能是在不同的时机需要它。从这一点出发可以区分他们，但这需要企业有意识地去培养，让人们在恰当的时候联想到企业的产品。以胶卷行业为例，富士胶卷强调它能真实反映自然景色，而柯达强调美丽瞬间。因此，同一消费者可能在旅游的时候使用富士，而在各种庆典活动中则使用柯达。

② 追求利益。人们使用同类产品所追求的利益可能大不相同，根据他们所追求利益的不同可以将他们进行区分。全世界 70 亿人几乎都需要洗发，但不同的人追求的利益不同，有人追求去屑，有人追求飘逸，有人追求营养，更有人追求美观，这就是为什么宝洁公司要推出飘柔、潘婷、海飞丝等多个品牌的原因，也是舒蕾等后起之秀可以挑战宝洁公司的原因，因为人们所追求的利益实在太多，宝洁公司根本无法一一满足。即使是同一产品，人们所追求的价值也可能不同，如对于一个刚出土的古代地图，地理学家可能重视它在地理研究方面的价值，语言学家可能重视其文字价值，而经济学家也许会考虑它所带来的经济收入。因此，创业企业在推出其产品时一定要考虑其对不同群体带来的不同利益。

③ 对产品的态度。企业推出产品时，可以根据人们喜好程度的不同进行细分。简单划分，可以分为喜欢和不喜欢，如果深入研究还可以对每一个倾向在层次上细化，如对于喜欢可以细分为很喜欢、比较喜欢和有点喜欢，而不喜欢则可以分为不反感、有点反感、比较反感和特别反感。因此这就为企业以后进行目标市场确定和广告宣传、促销活动等确立了方针。从对产品的态度鉴别哪些人可能成为产品的率先使用者，哪些人可能成为早期使用者，又有哪些人可能成为产品的晚期使用者甚至永不使用者，这对于创业产品进入市场并快速成长具有重要的意义。

④ 使用频率。对于已经使用了创业产品的消费者，则可以根据他们购买和使用产品频率的不同对他们进行细分，而这要求企业推出的创业产品已经有同类产品存在，这样才便于进行划分。如纯生啤酒在进入市场前进行市场细分时，都是借鉴消费者喝干啤或其他品类的啤酒的频率来对人们进行细分。一般说来，根据频率可以划分为少量使用者、中度使用者和大量使用者。根据 20/80 规律，可能大量使用者数量很少，但他们在总体消费中的比例大，是市场中企业的最有利可图者，应该成为企业的重点营销对象。以旅游市场为例，虽然居住在农村、城镇和大城市里的人都存在外出旅游者，但大城市里的居民旅行频率更高，为旅行社带来的收益更大。

2. 产业市场细分指标

产业市场由于针对的客户群体不同，其客户群体可以分为中间客户和最终客户，中间客户一般是对本企业产品进行再次加工的企业，最终客户则是消费者。由于不同层次客户要实现的利益不同，中间客户的目的是利润，最终客户的目的是产品价值，因此对产业市场细分依然可以使用消费品细分的指标，如地理细分、人文统计细分和使用频率细分。但正是由于客户群体的复杂，产业市场细分还需要使用一些新的变量，这个方面博纳玛和夏波罗研究的比较透彻，他们提出了从人口变量到经营标量，直至顾客的个人特征等多个方面的细分指标。

表 3.2 比较全面地描述了产业创业者在进行市场细分时应该考虑的因素，对从细分战略直到最终的个性特征都进行了比较细致的描述。因此对于橡胶加工企业来说，它所服务的市场可能包括汽车、制鞋、服装等多个产业领域。从数量上说，鞋可能远远大于汽车，但是从质量上看，也许制造汽车需要的橡胶制品加工层次更深，因此带来的利润更为丰厚，而且不同的鞋所需要的橡胶制品质量也不同，像为约翰逊和刘翔这样全球闻名的运动员特制的跑鞋其质量将是最高的，普通人所穿的跑鞋对于橡胶原料的要求就不那么严格，而一般的球鞋对于橡胶的要求则更低。

表 3.2 产业市场细分指标

细分指标	人口变量	行业：我们应该把重点放在购买这种产品的哪些行业
		公司规模：我们应该把重点放在多大规模的公司
		地址：我们应该把重点放在哪些地区
	经营指标	技术：我们应该把重点放在哪些顾客重视的技术
		使用者/非使用者情况：我们应该把重点放在大量、中度、少量使用者还是非使用者
		顾客能力：我们应该把重点放在需要很多服务的顾客，还是只需要很少服务的顾客
	采购方法	采购职能组织：我们应该把重点放在采购组织高度集中的公司，还是采购组织高度分散的公司
		权力结构：我们应该把重点放在工程技术人员与主导地位的公司，还是财务人员占主导地位的公司
		现有关系的性质：我们应该把重点放在现在与我们有牢固关系的公司，还是注重价格的公司
		总采购政策：我们应该把重点放在与我们有牢固关系的公司，还是追求理想的公司
		购买标准：我们应该把重点放在追求质量的公司、重视服务的公司，还是注重价格的公司
	情景因素	紧急：我们应该把重点放在那些迅速和突然交货的公司，还是提供服务的公司
		特别用途：我们应该把重点放在本公司产品的某些用途上，还是全部用途上
		订货量：我们应该把重点放在大宗订货上，还是少量订货上
	个人特征	购销双方的相似点：我们是否应该把重点放在那些其人员与价值观念与本公司相似的公司
		对待风险的态度：我们应该把重点放在敢于冒险的顾客，还是避免冒险的顾客
		忠诚度：我们是否应该把重点放在那些对供应商非常忠诚的公司

（资料来源：菲利普·科特勒，凯文·莱恩·凯特. 营销管理[M]. 北京：清华大学出版社，2007.）

3.2.3　描述细分市场

确定细分指标并对市场进行细分后，企业必须描述各个细分市场，只有恰当描述了细分市场才容易对其进行适当研究，寻找出各个细分市场的特点和需求，从而为目标市场选择打下基础。一般说来，描述细分市场就是利用细分指标把各个细分市场的特点描述出来。如对于图 3.1 所示的某服装企业，它所细分的市场从性别上可以分为男性市场与女性市场，从职业上可以细分为金领、白领、粉领和蓝领四个市场，从年龄上可以分为六个市场，从文化上也可以分为六个市场。各个指标之间还可以相互组合进行细分，如把金领与性别组合，可以形成金领的男性市场和金领的女性市场。如果把五个指标都用上，总共可以细分出共 1152 个市场($6 \times 2 \times 6 \times 4 \times 4$)。对于我们在图中用箭头标出的细分市场，则可以描述为年龄在 30～40 岁之间、受过大学教育、注重浪漫的白领女性。

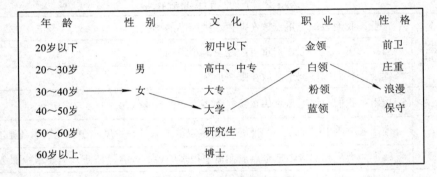

图 3.1　某服装企业的细分市场

3.3　创业目标市场选择

创业企业在对市场细分后就要选择所欲服务的目标市场，而在选择目标市场过程中必须进行以下几个方面的工作。

3.3.1　评估细分市场吸引力

细分市场对企业吸引力大小是企业进入与否的关键，这里所说的吸引力并不是通常人们所认为的市场规模越大越好，而是在企业成功概率与成功条件下获取的利润乘积越大越好。有些市场上的利润空间虽然很大，但是企业成功条件不具备，因此也就不会进入，这是属于别人的机会。一般说来，评估细分市场的吸引力既要考虑市场的客观因素，也要考虑企业自己的主观条件。

1. 细分市场的规模和发展潜力

企业进入任何细分市场都期望能够有利可图，对于创业企业尤其如此，因为创业企业要通过他们的产品获取企业发展的第一桶金，为企业以后的发展打下基础。如果创业企业进入了错误的目标市场，可能会把他们本来不多的资金消耗殆尽，使企业失去快速发展的机会。一般说来，具有一定规模和成长空间的市场比较适合创业企业，因为在快速成长的空间里，各企业都忙于占领空白市场，相互之间的竞争不会特别激烈，这就是为什么前几年我国很多行业的企业能够和平相处的原因。如果市场规模狭小或者趋于萎缩状态，企业进入后难以获得发展则不宜轻易进入。当然，市场吸引力并不能作为唯一的条件，因为如果把市场吸引力作为唯一条件就容易产生"多数谬误"，即很多企业遵循同一思维逻辑，将规模最大、吸引力最大的市场作为目标市场。这样造成的结果是所有企业都在关注一个较大群体，把所有资源都用来满足他们的需求，而其他消费者的一些本应得到满足的需求却遭受冷落和忽视。现在国内很多企业动辄将城市尤其是大中城市作为其首选市场，而对小城镇和农村市场不屑一顾，结果很多企业快速降生后又快速地被市场淘汰，而像"娃哈哈"这样采取"农村包围城市"策略的企业则取得了一个又一个的成功。

2. 细分市场结构的吸引力

细分市场自身可能具备理想的规模和发展特征，但是从赢利的观点来看，它未必有吸引力。因为企业在细分市场上赢利与否还要受同行业竞争者、潜在竞争者、替代产品、购买者和供应商等五个因素的影响。

1) 细分市场内的竞争程度

除非是自己创造一个市场，否则企业都要与其他企业进行竞争，而竞争的激烈程度取决于各竞争对手之间的实力对比。如果某个细分市场已经有了众多的、强大的或者竞争意识强烈的竞争者，那么该细分市场的吸引力就会降低，创业企业一般不宜进入。

2) 新竞争者进入的可能性

也许细分市场上当前的竞争不激烈，但是如果该细分市场可能吸引来具有强大生产能力并拥有大量资源的新竞争者，则该细分市场的吸引力就会降低。为此，必须考虑细分市场的进退壁垒问题。如果进入壁垒高，新竞争者进入这个细分市场时会遇到森严的壁垒，并遭受到细分市场内原有公司的强烈阻击，他们便很难进入。保护细分市场的壁垒越低，原来占领细分市场的公司的报复心理越弱，这个细分市场就越缺乏吸引力。同理，如果细分市场的退出壁垒比较高，那么大规模竞争者进入时的考虑因素增多，相应会降低该细分市场对他们的吸引力，这样创业企业就比较安全。

3) 替代品的替代能力

如果某个细分市场存在着现实的替代产品或者潜在替代产品，那么该细分市场吸引力就会降低。因为替代产品会限制细分市场内价格和利润的增长。公司应密切注意替代产品的价格趋向，如果在这些替代产品行业中技术有所发展，或者竞争日趋激烈，这个细分市场的价格和利润就可能会下降。

4) 购买者的讨价还价能力

如果某个细分市场中购买者的讨价还价能力很强或正在加强，则该细分市场吸引力就会降低。因此对交易双方来说，交易的过程其实是一个双方博弈的过程，在这一过程中交易双方都在追求自己的利益最大化，即使对于战略伙伴也是如此(不过是追求共同利益最大化而已)。因此，如果购买者的讨价还价能力比较强，他们便会设法压低价格，并对产品质量和服务提出更高的要求，而且会设法使竞争者互相斗争，所有这些都会使销售商的利润受到损失。如果购买者比较集中或者有组织，或者该产品在购买者的成本中占较大比重，或者产品无法实行差别化，或者顾客的转换成本较低，或者由于购买者的利益较低而对价格敏感，或者顾客能够向后实行联合，那么购买者的讨价还价能力就会加强。因此，创业企业在考虑某一细分市场时，一定要考虑该市场中消费者的成熟程度，如果消费者感性消费倾向高，则他们对产品价格关注度会相应减弱；如果消费者理性化程度太高，他们就会采取各种策略力图以低成本获取产品。如果创业企业想摆脱这种困境，最好的办法是努力使产品差异化，满足其他企业无法满足的消费者需求，那样将使自己在交易博弈中处于有利条件，从而降低购买者的讨价还价能力。

5) 供应商的讨价还价能力

如果公司的供应商——原材料和设备供应商、公共事业、银行、公会等，能够提价或者降低产品和服务的质量，或减少供应数量，那么该公司所在的细分市场就会降低吸引力。如果供应商集中或有组织，或者替代产品少，或者供应的产品是重要的投入要素，或转换成本高，或者供应商可以向前实行联合，那么供应商的讨价还价能力就会较强大。因此，与供应商建立良好关系和开拓多种供应渠道才是防御上策。

3. 细分市场应符合企业目标和能力

某些细分市场虽然有较大吸引力，但不能推动企业实现发展目标，甚至还会分散企业的精力，使之无法完成其主要目标，这样的市场应考虑放弃。另一方面，还应考虑企业的资源条件是否适合在某一细分市场经营。只有选择那些企业有条件进入、能充分发挥其资源优势的市场作为目标市场，企业才会立于不败之地。

3.3.2　选择目标市场

创业企业在对不同细分市场评估后，就必须对进入哪些市场和为多少个细分市场服务作出决策。企业可考虑采用的目标市场模式一般有以下五种。

1. 密集单一市场

最简单的方式是企业选择一个细分市场集中营销。比如，大众汽车公司集中经营小汽车市场；而北京新东方则几乎是出国人员考试培训机构的代名词。企业采用密集营销，可以充分了解本细分市场的需要，并树立专业技能的形象，因此可在该细分市场建立巩固的市场地位。另外，企业通过生产、销售和促销的专业化分工，也获得了许多经济效益。如果细分市场补缺得当，企业的投资便可获得高报酬。但是，密集市场营销也比一般情况风险更大，因为个别细分市场可能出现不景气的情况，而如果市场成长较好，又可能引来强大的竞争对手，导致激烈竞争，降低企业成功的可能性。

2. 有选择的专门化

采用此法就是选择若干个细分市场，其中每个细分市场在客观上都有吸引力，并且符合目标和资源一致原则，但在各细分市场之间很少有或者根本没有任何联系，然而每个细分市场都有可能赢利。这种多细分市场目标优于单一细分市场目标，因为这样可以分散企业的风险，即使某个细分市场失去吸引力，企业仍可继续在其他细分市场获取利润。这种思维很符合中国人把鸡蛋分装进不同篮子的观念，但是对于实力本来就不强大的创业企业来说，虽然降低了一败涂地的可能性，但也有可能因为企业分散资源而降低在核心目标市场取得成功的可能性。因为即使是像世界 500 强那样的企业，很多都被迫从 20 世纪 80 年代多元化的热潮中撤退，转而实行"归核化"，服务于范围比较狭小的客户群体。

3. 产品专门化

用此法集中生产一种产品，企业向各类顾客销售这种产品。例如，显微镜生产商向大学实验室、政府实验室和工商企业实验室销售显微镜。企业准备向不同的顾客群体销售不同种类的显微镜，而不去生产实验室可能需要的其他仪器。企业通过这种战略，在某个产品方面树立起很高的声誉，它一般要求企业的产品线很长，能够满足不同人对同一种产品的不同需求，为此必须具有很强的研究开发能力。例如，生产剃须刀的吉列把刀片做到了登峰造极的地步，仅剃须刀片就有 3000 多种。当然，采取产品专门化的企业必须及时把握市场的发展趋势，跟踪技术潮流，了解产品更新换代的可能性，否则可能会失去整个市场，如富士与柯达在传统胶卷市场争得难分难解时，数码相机已经被其他企业开发出来，如果富士与柯达不能很快更新自己的产品线，也许就会被市场所抛弃。

4. 市场专门化

市场专门化是指专门为满足某个顾客群体的各种需要而服务。例如，企业可为大学实验室提供一系列产品，包括显微镜、示波器、本生灯、化学烧瓶等。企业专门为这个顾客群体服务，而获得良好的声誉，并成为这个顾客群体所需各种新产品的销售代理商。采取市场专门化策略往往能够全方位地挖掘顾客价值，建立起真正的关系营销，但也存在一定的风险，一方面表现为顾客会不断老去，随着他们年龄的增长或身份地位的改变，他们的需求会发生变化；另一方面如果客户群体消费能力突然下滑，企业就必须重新开发市场，产生危机。

5. 完全市场覆盖

完全市场覆盖是指企业想用各种产品满足各种顾客群体的需求。采取这种策略的一般都是规模大并且拥有优势品牌的企业，如国际商用机器公司(计算机市场)、通用汽车公司(汽车市场)和可口可乐公司(饮料市场)。因为只有规模大才能建立起覆盖全面的市场分销网络，而优势品牌则会降低企业市场开发的成本。很难想象一个没有品牌影响力的企业或产品会以攻城掠寨的方式开发全部市场，因为那需要太多的人力和物力作为基础，而且市场开发进程会非常缓慢。除非企业拥有足够的资源或者市场规模比较小，否则一般的创业企业最好不要采取完全市场覆盖模式。

3.4 创业市场定位

3.4.1 可供创业企业选择的市场定位策略

市场定位，就是针对竞争者现有产品在市场上所处的位置，根据消费者或用户对该种产品某一属性或特征的重视程度，为产品设计和塑造一定的个性或形象，并通过一系列营销活动把这种个性或形象强有力地传达给顾客，从而适当确定该产品在市场上的位置。可供创业企业选择的市场定位战略有以下三种：

（1）"针锋相对式"定位。

把产品定位在与竞争者相似的位置上，同竞争者争夺同一细分市场。实行这种定位战略的企业，必须具备以下条件：① 能比竞争者生产出更好的产品。② 该市场容量足够吸纳这两个竞争者的产品。③ 比竞争者有更多的资源和实力。

（2）"填空补缺式"定位。

寻找新的尚未被占领、但为许多消费者所重视的位置，即填补市场上的空位。

这种定位战略有两种情况：一是这部分潜在市场即营销机会没有被发现，在这种情况下，企业容易取得成功；二是许多企业发现了这部分潜在市场，但无力去占领，这就需要有足够的实力才能取得成功。

（3）"另辟蹊径式"定位。

当企业意识到自己无力与同行业强大的竞争者相抗衡从而获得绝对优势地位时，可根据自己的条件取得相对优势，即突出宣传自己与众不同的特色，在某些有价值的产品属性上取得领先地位。

可供创业企业选择的市场定位策略大致有以下几种：

（1）差异定位法。

任何企业生产的产品或提供的服务都不可能完全一样，因此企业定位可以从产品和服务的差异点入手，如果差异之处明显，则更容易吸引消费者的注意。可以产生差异的地方有很多，如产品、服务、人员和形象。产品又可以从质量、成本、特征、性能、可靠性、耐用性与款式等方面进行分类，服务差异可以分为送货、安装、培训和维修等，人员差异包括销售和服务人员的能力、知识、言语和可信度等，形象包括企业形象、行业品牌形象等。TCL 进入手机市场时，缺乏自主的知识产权，当时中国的手机制造商基本上都是把外国企业的核心部件拿来，加上一个外壳后进入市场。TCL 为了实现自己的产品差异化，开发出了钻石手机，虽然钻石仅是手机的一个装饰品，但适应了当时利用手机体现消费者身份地位的需求，使 TCL 很快在市场上站稳了脚跟。海尔则在市场产品同质化的时代，逆价格战的浪潮提升自己的产品价格，大大吸引了人们的注意力，并为了让人们接受海尔产品的高价格，开展了全方位的售后服务，一举奠定了海尔在中国家电市场的领导地位。

表层的差异性很容易被竞争对手模仿。包装方面的差异可能会在一个月内消失，产品的差异可能在六个月之内消失，而服务差异的消失则需要几乎三年的时间。因此，TCL 只能靠钻石手机实现进入市场的目的，而海尔则可以靠服务维持几乎长达十年的有利竞争地位。

（2）主要属性/利益定位法。

采用主要属性或利益定位法就是要研究企业提供产品的利益在目标市场中的重要性如何。因为产品提供的价值大都包括多个层次，包括核心价值、形式价值和外延价值，处于不同角度思考的人对产品价值的理解可能大不相同。摩托罗拉是我国手机市场的首先进入者，20 世纪 90 年代中期的市场占有率曾超过 50%，但正是由于企业的成功经验，该企业一直坚持认为人们购买手机重视的是产品功能，即手机的沟通价值，因此在产品的形式部分一直没有进行深入开发。而诺基亚作为一个市场后来者，在关注核心产品开发的同时，也注意形式产品的开发，因此在摩托罗拉一年推出几种产品的时候，诺基亚一年可以推出十几种甚至几十种产品，大大适应了中国手机消费者追求时尚的心理，从而成为我国手机市场的主力军。

消费者购买并使用产品是为了获取价值，其价值包括很多内容，既包括产品本身的价值，又包括产品的形象价值和外延价值等。为了获取相应的价值，消费者也要付出一定的成本，包括货币成本、时间成本、体力成本和心理成本等，因此不同的企业、不同的产品都可能成为属性和利益定位的基础。一般说来，低端产品应该从其本身的价值和成本出发，而高端产品则适宜从产品之外的价值和成本出发才更容易适合其目标市场的需要。

(3) 产品使用者定位法。

找出产品的确切的使用者或购买者，会使定位在目标市场上显得更突出，在此目标组群中，为他们的地点、产品、服务等特别塑造一种形象。金利来靠一句"金利来领带，男人的世界"而风靡全国，成为我国专为男人打造服饰的著名品牌；而太太药业专为妇女提供药品，取得了巨大成功。

(4) 使用定位法。

使用定位法是通过将自己产品的使用地点或使用时间作特别传播而定位。有时可用消费者如何及何时使用产品，将产品予以定位。前文提到的柯达把自己定位于"记录激动一刻"而占领了各种特殊场合使用胶卷的市场，把人们的激动和欢乐都转变成可以记录、可以触摸的照片。而柯达的主要竞争对手富士把自己定位在旅游市场，于是把人们外出旅游的珍贵记忆变成了时时刻刻可以"历历在目"的东西。

(5) 分类定位法。

这是非常普遍的一种定位法。产品的生产并不是要和某一特定竞争者竞争，而是要和同类产品互相竞争。对于创业型产品来说，此法特别有效——不论是开发新市场，还是为既有产品进行市场深耕。例如，在七喜刚进入市场时，面临着可口可乐与百事可乐联手控制市场的局面，无论是企业实力还是品牌影响都无法与上述两个竞争对手直接竞争，因此采取回避竞争策略。一句"七喜，非可乐"将七喜与所有可乐区别开来，虽然与所有可乐竞争，但由于开发出了一种新的定位观念而使七喜成为可乐之外最有影响力的软饮料。又如，奥克斯在进入空调市场时，竞争同样十分激烈，面对的竞争对手是海尔、科龙、美的这些国内老牌家电企业，奥克斯在品牌、渠道和技术实力等方面都无法与它们竞争，但奥克斯从空调的成本出发，发布了《空调成本白皮书》，把空调的生产成本彻底公布于世人面前，虽然引来几乎所有空调生产商的攻击，但奥克斯依然靠低成本的定位立足市场并取得了很大的市场占有率。

(6) 针对特定竞争者定位法。

针对特定竞争者定位法是一种直接针对某个竞争对手的竞争定位方法。这种定位法使用案例中最著名的当数美国租车业中 Avis 挑战 Hertz，Avis 的口号"因为我们名列第二，所以必须更努力"使它们迅速获得很大市场份额。可口可乐和百事可乐之间的竞争也比较典型，由于可乐市场基本被可口可乐与百事可乐所垄断，因此它们之间必然采取相互针对的竞争定位法。可口可乐在面对百事可乐进入市场并威胁其领导地位时，推出的传播口号为"这才是可乐"，强调它是可乐的发明者，是正宗的可乐，给消费者以某种暗示。百事可乐则针对可口可乐在市场中存在时间比较长、产品有些老化、消费者年龄偏大的特点，推出"百事可乐，年轻人的选择"这一竞争理念。

挑战某一特定竞争者的定位法，在短期内比较容易取得成功，但是就长期而言，也存在一定的限制条件，特别是挑战强有力的市场领袖时，这种限制条件更趋明显。因为除非是可口可乐与百事可乐这样的全球竞争对手，如果创业企业进入市场直接挑战目标市场中的领导者，往往会遭到领导者的强烈阻击而失去快速成长的机会。Avis 尽管以第二名的姿态努力前行，但 Hertz 仍然保有其第一名的地位。对于创业型企业，如果采取针对特定竞争者的定位法，除非自己具有足够强大的实力，否则最好从目标市场中选择比较弱小的对手挑战，在抢占一定市场后再选择实力比较接近的竞争对手挑战，直到积聚足够的条件挑战市场领导者。要挑战市场领袖时，一定要先问自己：公司是否拥有必备的资源，且管理当局是否一定要全力向市场领袖挑战？公司是否愿意投入所需要的资金来改变目标市场对公司产品和市场领袖产品的比较结果？公司是否有能力向使用者提供具有明显差异性的产品？请记住：一家小规模的公司，很难对大规模公司进行正面挑战。

(7) 关系定位法。

当产品或服务没有明显差异，或竞争者的定位和公司产品有关时，关系定位法非常有效。利用形象及感性广告手法可以成功地为这种产品定位。

3.4.2　为目标市场的定位观念传播

企业明确自己定位后就要传播自己的定位思想，只有使自己的定位理念进入消费者的大脑并牢固停留在他们大脑中的突出位置，才容易在消费者购买时进入他们的考虑圈。因此传播定位时应该突出自己的特色，而不要面面俱到，如果宣传自己的产品十全十美反而容易引起消费者的怀疑，所以传播定位要突出自己的特色而不是全部。美国人弗雷德·克劳福德和瑞安·马修斯在这个方面做了大量工作，通过对世界著名成功公司的研究，总结出他们成功的共同特征：产品稳定、价格诚实、距离便利(容易接近)、独特体验和服务践诺，基本上与营销的 4P 要素相吻合。调查结果还显示：最出色的公司也只是在五个属性中的一个属性方面有绝对优势，在另一个属性上保持领先，而在其他三个属性上保持平均水平。这就使每一家公司面临着选择：把哪一个属性做得最出色，把哪一个属性做得优秀，而把哪三个做成平均水平。做得出色的方面也就是企业要传播给消费者的方面。但这一方面一定要具有不可替代性且容易为消费者接受和认可，如果把产品做到登峰造极，但却不为消费者所接受，那么企业无论如何也是难以成功的。美国的铱星公司开发出具有竞争对手无法替代而且质量上能够令消费者满意的产品，但由于价格太高而超出了消费者的承受能力，最终只好败走麦城。而这个方面成功的例子也数不胜数，以汽车行业为例，奔驰一直坚持传播奔驰是身份的象征的观念，宝马则传播自信，沃尔沃传播安全，各自的观念经过长期培育都已深入人心并为市场所接受，并成为汽车市场中的领导者。同样，戴尔计算机成功于易接近性，格兰仕成功于低价格，海尔成功于服务，它们的产品与别的品牌并非有多大的不同。

讨论与思考题

1. 创业企业进行目标市场选择时主要考虑哪些因素？
2. 如何评估不同细分市场的吸引力？

3. 试分析中国联通公司 CDMA 产品进入市场时的市场定位以及采取什么样的传播策略。

4. 选择一个在我国 IT 行业中比较有影响力的公司，分析它是如何进行市场细分并服务于目标市场的。

 案例分析

一个 31 岁的青年，只用了短短 5 年的时间，就成为中国大陆超级富豪。

1999 年 11 月，陈天桥和 4 个爱好网络游戏的朋友以 50 万资金创立了上海盛大网络发展有限公司，以社区游戏为主业。当时盛大公司只有 50 个员工，设有动画、产品、平面媒体和游戏四个事业部。

弹指 4 年，盛大凭借 1.7 亿用户而成为全球最大的网络游戏企业，2003 年收入约 8 亿元。陈天桥亦因此成为中国最年轻的富豪，财富扩张到胡润统计的 40 亿元，位列 2003 年的财富榜第 10 位。

这是个平均年龄为 25 岁的团队；这是个年轻人的事业；这也是个年轻的产业。

盛大是目前中国最大的网络游戏运营商。盛大提供一系列网络游戏供用户在线娱乐，这些游戏包括自主研发和代理运营的产品，其中由盛大运营的《传奇 2》在 IDC 进行的用户调查中被评为中国最受欢迎的网络游戏，另外盛大推出了自主研发的第一款网络游戏《传奇世界》。

截至 2007 年底，中国拥有 2.1 亿互联网用户，其中宽带用户达 1.63 亿。个人电脑和宽带接入的快速普及使中国的网络游戏和其他互联网服务一直呈现出爆炸式的增长，如果保持目前的增长速度，到 2009 年，中国将成为世界第一大游戏市场。以网民人均消费支出比例计算，中国目前已经是世界最大的网络游戏市场了。随着中国网络游戏市场的迅速成熟，预计中国的网络游戏市场还会进一步扩大，其增长势头将与经济的增长速度相当。《2008 年中国游戏产业调查报告》显示，2008 年，中国网络游戏用户数达到 4936 万，比 2007 年增加 22.9%；同年中国网络游戏产业的实际销售收入达到 183.8 亿元人民币，比 2007 年增长 76.6%。同时中国网络游戏产业的销售收入达到了 17.8 亿元，比上年同期增长了 74.5%。

网络游戏将成千上万的游戏玩家连接在一起，在网上构筑起互动而现实的娱乐世界。在这个世界里，又有棋牌类桌面游戏、社区游戏、角色扮演类游戏(MMORPG: Massive Multiplayer Online Role Playing Game)三种。

网络游戏的玩家大部分是高中生和大学生，因为游戏玩起来可以天马行空，像《传奇》这样的角色扮演游戏，自己和角色融为一体，角色的升级和成长如同自己本领的提高。这与日常严格的学校教育、父母的严厉管制完全不同，就像一个喜爱游戏的学生所说，那里有绝对的自由。

初期，盛大以社区游戏为主，建立了一个虚拟社区——归谷(HomeValley)，并由此获得中华网 300 万美元的风险投资。那时获得风投还是不难的，因为 1999 年仍处于互联网热潮期。但 2000 年底，互联网的冬天就到了。互联网公司一个个地死去，盛大也进入困难时期。2001 年，韩国游戏协会进入中国，首先找到中国的动画协会，动画协会推荐到盛大访问，说盛大喜欢做网络与动画结合的内容。韩国 Actoz 公司的老板揣着一款网络游戏《传奇》，找到了陈天桥。陈天桥由此交上了好运。因为《传奇》，盛大从社区游戏转向 MMORPG：2001 年，盛大以 30 万美元的价格购下《传奇》在中国的独家代理权，开始网络游戏的运营业务。

当时，中国电子游戏业存在极高的政策风险，且盗版软件猖狂。为此，中华网反对盛大走 MMORPG 道路，陈天桥不为所动，遂与中华网结怨。与中华网分手后，盛大进入发展的加速期。资料显示，2008 年盛大网络的净营业收入为 35.69 亿元人民币，较 2007 年增长 44.7%。

《传奇》使盛大日进斗金。2001 年，《传奇》使盛大代理产品的累计注册用户超过 1.7 亿人次，同时在线人数超过 100 万人，拥有分布在全国 24 个省 50 多个中心城市的 800 余组超过 9000 台服务器，所需使用的 Internet 骨干带宽超过 17G，各类销售终端已超过 40 万家，市场份额超过 50%，是全球最大的网络游戏企业，被称为"中国网络游戏之王"(CNN)。

盛大经营的主要是以年轻人为主消费群体的多人在线角色扮演游戏(MMORPG)，而这个市场的竞争最为激烈，掘金的难度日益增加。如何丰富游戏的种类，扩大消费群体，已成了盛大的当务之急。由于电子竞技在近几年日益火爆，各项赛事层出不穷，这自然让盛大心动不已。此外，休闲类游戏(如麻将、桥牌等)不但有着广阔的市场前景，而且在我国有着深厚的群众基础，盛大进入这个市场就可以争取到大批的成年人，甚至老年人消费群。因此，盛大网络计划收购浩方在线和边锋。截至 2004 年 7 月，浩方在线是拥有 4000 万注册用户，超过 40 万同时在线用户的中国最大的竞技游戏平台。而边锋是排在联众、中国游戏中心之后的第三大休闲棋牌类游戏网站，提供超过 50 种不同的游戏，最高同时在线人数超过 20 万人，拥有 3000 万的庞大注册用户群。完成这两家超人气网站的收购，不但为盛大休闲游戏平台增加了新的游戏板块，还进一步扩大了用户群，最主要的是盛大可以整合其技术优势以及运营平台，在竞争惨烈的网游市场进一步奠定霸主地位。

2003 年盛大的现金收入约为 3300 万美元，经营净收入 720 万美元，虽然高达 45% 的利润率可以活得很"滋润"，但是这些收入还不足以完成一系列并购，同时又保证其能够正常运营。因此，上市融资成为盛大 2004 年的首要目标，没有资本，什么"帝国"、"梦想"，统统是天方夜谭。

2004 年 5 月 13 日，盛大网络在美国纳斯达克股票市场成功挂牌。除了利益和战略上的巨大收获，盛大成功上市对国内整个网络游戏产业的影响也是空前的。这不但证明中国的网游产业已得到国际资本的认可，同时也加快了整个民族产业自主开发游戏、进军国际市场的进程。

除了提升网络游戏在社会和政府心目中的形象外，改变游戏在非主流消费群体心目中的形象，也是将来盛大要行进的方向。盛大很早就宣称，它的目标群体的年龄是 7 到 70 岁，这在以前恐怕只会被当作笑谈，但盛大的一系列动作使这个梦想不再遥不可及，上市之后的盛大接连宣布与英特尔、阿尔卡特等公司合作，目标直指家庭用户这一部分，而盛大在四川推出的 paopaotang 用户休闲平台，已经成功地改变了非主流玩家对网络游戏的成见，这正是"家庭数字娱乐概念"的初步体现。2005 年 7 月，盛大推出机顶盒，让网络与电视结合到一起，从而使游戏玩家由网吧回到家，由一个点扩大到整个家庭，让中国庞大的电视迷群体在家里也可以通过电视玩盛大游戏。除了在软件硬件方面的出击，笔者认为，最能拓展"家庭数字娱乐概念"的方式应该是依靠一种文化上的冲击，多举办类似于盛大嘉年华巡游的活动，能够最充分地让用户感受到网络游戏文化的魅力，并且让整个家庭直接参与进来，这样，盛大能很快地以一个崭新的形象再次站立在游戏业界的前沿。盛大在国内的网络游戏市场上"激情地飞舞着"。

（资料来源：http://course.shufe.edu.cn/course/marketing/allanli/shengda.htm）

讨论题：

(1) 盛大成功的契机是什么？

(2) 盛大的目标市场在不断扩大，是否符合营销规律？是否会丧失核心竞争力？

第4章　创业营销组合策略(上)

重点提示 ✍

- 产品的涵义和五个层次。
- 新产品开发过程要经历的八个阶段。
- 品牌决策和包装策略的基本内容。
- 影响定价决策的内部和外部因素。
- 主要的定价方法。
- 新产品价格的制定步骤。

阅读资料 🔍

提价 1 美元的妙效

休布雷公司在美国伏特加酒的市场上属于营销出色的公司，其生产的史密孝夫酒在伏特加酒的市场占有率达 23%。60 年代，另一家公司推出一种新型伏特加酒，其质量不比史密诺夫酒低，每瓶价格却比它低 1 美元。

按照惯例，休布雷公司有三条对策可选择：

(1) 降低 1 美元，以保住市场占有率。

(2) 维持原价，通过增加广告费用和销售支出来与对手竞争。

(3) 维持原价，听任其市场占有率降低。

由此看出，不论该公司采取上述哪种策略，休布雷公司都处于市场的被动地位。但是，该公司的市场营销人员经过深思熟虑后，却采取了对方意想不到的第四种策略。那就是，将史密诺夫酒的价格再提高 1 美元，同时推出一种与竞争对手新伏特加酒价格一样的瑞色加酒和另一种价格更低的波波酒。

这一策略，一方面提高了史密诺夫酒的地位，同时使竞争对手新产品沦为一种普通的品牌。结果，休布雷公司不仅渡过了难关，而且利润大增。实际上，休布雷公司的上述三种产品的味道和成分几乎相同，只是该公司懂得以不同的价格来销售相同的产品策略而已。

(资料来源：http://www.docin.com/p-1090438169.html)

对于一个创业者，有了好的市场定位，接下来的工作就是开发出好的产品。有了相应的产品，随之而来的是怎么进入市场的问题，比如：什么时候进入？采用什么方式进入？是单一产品，还是产品组合？价格如何制定？渠道如何选择？

4.1   创业企业的产品策略

4.1.1   产品和产品开发

1. 产品

产品是能够提供给市场以满足需要和欲望的任何东西。产品在实体上包括实体商品、服务、体验、事件、人物、地点、财产、组织、信息和创意等。

创业者在计划产品时，需要考虑三个产品层次，如图 4.1 所示。每个层次都增加了更多的顾客价值。

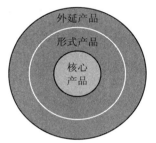

图 4.1   产品层次结构

核心产品——产品提供给消费者的基本效用。

形式产品——是核心产品借以实现的载体，包括材料、商标、声音、式样、外观、包装、色彩、环境等。

外延产品——独立于形式产品之外的价值，包括技术附加、文化附加、心理附加、服务附加等。

2. 新产品开发

根据前文的分析，我们可以得出一个清晰的定位，以及如何进入市场的战略。新产品开发就是实现市场进入最基本和最关键的一步。通常，一个完整的新产品开发过程要经历八个阶段(如图 4.2 所示)：构思形成、构思筛选、概念的形成和测试、市场营销战略设计、商品分析、产品开发、产品试销和正式上市。

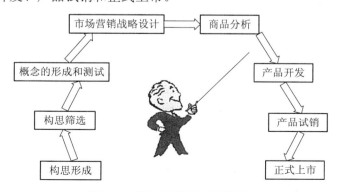

图 4.2   新产品开发的主要阶段

1) 构思形成

构思形成即系统化地搜寻新产品主意。调查发现，在 100 个新产品构思中，有 39 个能开始产品开发程序，17 个能通过开发程序，8 个能真正进入市场，只有 1 个能最终实现商业目标。对新产品构思的搜寻必须系统进行，不能仅凭一个人"拍脑袋"进行。通常，新产品构思的主要来源包括内部人员、顾客、竞争者、销售商和供应商及其他人员。对于创业者来说，内部人员、潜在顾客、竞争者将成为主要的构思来源。当然，行业杂志、展览、研讨会等也可能带来一些新的构思。

2) 构思筛选

构思筛选的目的是尽可能地找到好的构思，放弃坏的构思。创业者应该尽可能地规范构思报告，该报告描述了产品、目标市场、竞争，并对市场规模、产品价格、开发时间和成本、制造成本和回收率作出了一些初步估计。在评估和筛选新产品构思时，一般会涉及以下问题：产品是否可以真正满足消费者需求？是否符合目标和战略？是否能成功实行这个构思所需的人员、技术和资源？它提供给顾客的价值是否具有竞争力？它的买点和卖点分别是什么？

3) 概念的形成和测试

新产品构思是企业考虑提供给市场的一些可能的新产品的设想，一个好的构思必须发展为新产品概念才能真正指导新产品的开发。新产品概念是指用有意义的消费者术语对构思进行详尽描述，即将新产品构思具体化，描述出产品的性能、具体用途、形状、优点、外形、价格、名称、提供给消费者的利益等，让消费者能一目了然地识别出新产品的特征。

例如，通用试验电车的概念之一：不昂贵的超小型汽车，作为在镇上使用的第二类家庭汽车。该车是理想的代步和访友工具。

概念的测试指用几组目标消费者测试新产品概念。许多企业在把新产品概念转变成实际新产品之前总是会用消费者来测试一下新产品概念。

以上述概念为例：一种效率高、开起来有趣、利用电能的 4 座超小型汽车是去商店购物和访友的最佳工具，使用成本仅为汽油汽车的一半，时速达到 80 英里/小时，每次充电可连续行驶 90 英里，总价为 18 000 美元。

在知道产品概念之后，消费者将会被安排回答以下电动汽车概念测试题来帮助企业决定哪个概念有最强的吸引力。

① 你对电动汽车的理解。

② 你相信关于电动汽车性能的说法吗？

③ 与传统汽车相比，电动汽车有哪些好处？

④ 在汽车特色方面你有什么改进建议？

⑤ 你是否更喜欢电动汽车？如果是请说明理由。

⑥ 电动汽车的合理价格应为多少？

⑦ 谁会参与你买这种车的决策？谁会驾驶这种车？

⑧ 你会买这种车吗?(肯定、可能、没有倾向、可能不、肯定不)

4) 市场营销战略设计

市场营销战略设计,即把产品概念推向市场而设计出最初的市场营销战略。市场营销战略设计包括三部分:第一,描述目标市场的规模、结构和消费者行为,新产品在目标市场上的定位、市场占有率及前几年的销售额和利润目标等;第二,对新产品的价格策略、分销策略和第一年的营销预算进行规划;第三,描述预期的长期销售量和利润目标以及不同时期的营销组合。

这里仍以上述电动车为例来说明市场营销战略的设计,假设上述概念就是概念测试中最有吸引力的概念。

第一部分:目标市场是那些需要第二辆车采购、代步或访友的家庭。这种车的市场定位是:比目前市场上的小汽车价格低廉,使用经济,驾驶有趣。第一年,公司预计销售 200 000 辆,亏损不超过 3000 万美元。第二年,公司预计销售 220 000 辆,盈利 5000 万美元。

第二部分:电车有三种颜色,并有空调和动力驱动装置可供选择。零售价为每辆 18 000 美元,经销商可享受 15% 的折扣。经销商月销售量在 10 辆以上者,该月内每销售一辆便可享受 5% 的附加折扣。广告预算为 2000 万美元,其中一半用于全国广告,一半用于地方广告。广告的重点是电动汽车的经济和有趣。第一年用 100 000 美元进行市场调研以确定是谁在买汽车以及测定他们的满意程度。

第三部分:通用汽车公司想取得整个汽车市场 3% 的长期份额,并实现 15% 的税后投资收益率。为了实现这一目标,产品质量起点应高,并且要不断改进。如果竞争允许,第二年和第三年应提高价格。广告总预算每年应提高约 10%。第一年之后市场营销调研费用将减至每年 60 000 美元。

5) 商品分析

商品分析指考察新产品的预计销售、成本和利润,以便查明它们是否满足企业的目标。如果满足,产品就能进入开发阶段。

6) 产品开发

此时,市场研究与开发部门就可以把市场概念发展成为产品实体了。它通常包括对新产品实体的设计、试制、测试和鉴定四个阶段。根据美国科学基金会调查,新产品开发过程中的产品实体开发阶段所需的投资和时间分别占总开发费用的 30%、总时间的 40%,并且技术要求很高,是最具挑战性的一个阶段。

7) 产品试销

新产品市场试销的目的是对新产品正式上市前所做的最后一次测试,且该次测试的评价者是消费者的货币选票。通过市场试销将新产品投放到有代表性地区的小范围的目标市场进行测试,企业才能真正了解该新产品的市场前景。市场试销是对新产品的全面检验,可为新产品是否全面上市提供全面、系统的决策依据,也为新产品的改进和市场营销策略的完善提供参考。

并非所有的新产品都需要试销。当开发和推出产品的成本很低时,或当管理部门对一种新产品很有信心时,也可以少量的或不进行试销。特别是简单的产品系列扩展和成功产品的复制品,一般都不需要试销。但是,当推出一种新产品需要很大的投资时,或者当创业者对产品或营销方案不能确信时,企业可进行大量的试销。例如,联合利华(美国)公司在把它的产品利华 2000 条香皂成功推向全世界之前,首先在亚特兰大试销了两年。

试销的成本可能会很高，但这与错误造成的损失相比算不了什么，创业者在创业初期往往不允许有一点差错，否则损失的可能不仅仅是金钱和时间，还有创业的信心和激情。

8) 正式上市

如果产品通过了试销检验，决定让产品正式上市，则创业者将面临很高的成本。建造或租赁生产设施，包括产品上市可能需要的广告费用，都面临很大的资金风险。所以，创业者在决定让新产品正式上市的时候要慎重考虑一些问题，如：什么时候上市(推出时机)？什么地点上市，是单一地点还是一个区域、全国市场，甚至全球市场？市场扩展的计划如何？特别是小企业会选择有吸引力的城市或地区，一次只进入一个。而大一些的企业则会迅速地把新产品推向几个地区或全国市场。当然，这也和企业拥有的渠道、资金、品牌以及经验有直接的联系。

4.1.2　产品组合策略

公司可能是刚刚创业，产品开发的品种还比较单一，或者是已经有很多的产品研发储备，正在选择上市的品种组合；或者是公司已经有成熟的上市品种，现在要在原有的市场基础上增加上市的品种，去扩大市场占有率，去完善产品线，或者去构筑侧翼防御体系。不同的条件下，产品组合的策略也不一样，以下介绍几种常见的产品组合策略。

1. 产品组合

产品组合(product mix)也称为产品品种搭配(product assorment)，是一个特定销售者售给购买者的一组产品，它包括所有产品线和产品项目。产品项目是产品组合中每一个单独销售的产品；产品线，即产品组合中具有相同制造原理和技术且用途相同或相似的一组产品。

产品组合还具有一定的长度、宽度、深度和黏度(关联性)。

(1) 产品组合长度——产品组合中的产品项目总数。

(2) 产品组合宽度——产品组合中产品线的数量。

(3) 产品组合深度——产品线中每一产品有多少品种。

(4) 产品关联性——产品组合中，产品在生产条件、制造原理、最终用途、销售渠道和市场等方面的相关程度。

上述产品组合的四种尺度使公司可以采用四种方法发展其业务。公司可以增加新的产品线，以扩大产品组合的宽度，也可以延长它现有的产品线。此外，公司可以增加每一种产品的品种，以增加产品组合的深度。最后，公司可以推出有较强黏度的产品线。表4.1所示为宝洁公司的产品组合(部分)。

表 4.1　宝洁公司的产品组合(部分)

洗涤剂	牙膏	肥皂	尿布	咖啡
象牙雪、欢乐、汰渍、奥克雪多、洁拂、德希、小瀑布、杜斯、象牙水、获利黎明、时代、勇敢者3号、独立	佳洁士、登奎尔、克雷丝	象牙、佳美、拉瓦、柯克斯、风趣、维护、海岸	帮宝适、鲁维斯	伏尔高、速溶伏尔高、高速速溶伏尔高、无咖啡因伏尔高

2. 产品组合策略

1) 产品线延伸组合——增加产品线长度

每个企业的产品线只是该行业整个范围的一部分。如果企业超出现有的范围来增加它的产品线长度，这就叫产品线延伸。企业可以向上或向下延伸其产品线，也可以同时朝两个方向延伸。

向上延伸——假设企业处在中端市场，向上延伸就到了高档产品市场。他们也许被高档产品较高的利润和增长率吸引，也许是为了能有机会把自己定位成完整产品线的制造商。

向下延伸——处于中端的企业想要引进低价产品的原因有三个：第一，企业可能注意到低档市场中巨大的成长机会；第二，希望拖住在低档产品市场的竞争者，使其不进入高档市场；第三，发现中档市场处于停滞或衰退状态。

一个企业在决定向低档市场延伸时，会面临着品牌选择问题。

(1) 所有产品都用一个品牌，这样对母品牌的影响最大，特别是企业千辛万苦营造的高档品牌形象，可能被低档品的引入拖垮。

(2) 用次级品牌引入低价产品，这样做的风险在于将损失母品牌的形象。

(3) 用另一个不同的品牌引入低档品，但是由于没有母品牌的支撑，消费者可能很难接受一个新品牌。

双向延伸——定位于中端的企业向上、下两个方向延伸。企业产品线囊括高、中、低三档，最需要注意的是如何进行品牌定位，最好在执行中能做到品牌之间不重叠。

2) 产品线扩张组合——增加产品线数量

例如，生产洗衣机的企业增加了冰箱的生产线，这是由于该企业为了解决洗衣机需求的季节性问题导致的产能过剩采取的办法。夏天的时候，人们对洗衣机的需求就不如冬天的时候高，而冰箱则恰恰相反。对于一个企业来说，增加产品线是需要慎重考虑的，通常增加的产品线应该以原有的产品线为基础，特别注意孤立地增加毫不相关的产品线。

3) 市场专业组合

创业者在进入一个市场时，可以向目标市场提供所需的各种产品的组合。比如提供家政服务的企业，其产品组合就可能包括所有与家庭服务相关的内容，如打扫卫生、接送儿童、看护病人，也可以提供家政相关的人力资源服务，如保姆、专业护理人员的中介服务等，甚至可以提供营养咨询、美容、家教等相关服务。此时，企业进入市场时所提供的产品就不是单一的产品项目，而是一个根据用户需求而设计的专业组合。

通常，一个实力比较弱的创业企业，最好开始用单一品种去占领细分市场。这样做既可以避开正面的竞争，也可以集中资源，使单一品种很快在市场上有所建树。当最初的产品项目站稳了脚跟，有了好的回报，甚至建立了一定的品牌基础后，这时产品线延伸就是增加新品种的最佳途径。同理，当产品线率先打下坚实的基础时，产品线扩张就成了比较好的增加新品种的途径。当然，在企业有实力的情况下，也可以一次推出一组品牌，形成攻打市场的一组兵力，有时候也会达到很好的效果。

4.1.3　品牌策略

1．品牌

美国营销协会对品牌的定义为：品牌是一种名称、术语、标记、符号或设计，或是它们的组合运用，其目的是借以辨认某个销售者或某群销售者的产品或服务，并使之同竞争对手的产品和服务区别开来。从本质上说，通过一个品牌能够辨别出销售者或制造者。

菲利普·科特勒将品牌所表达的含义分为六个层次。

(1) 属性：一个品牌首先给人带来特定的属性，如奔驰代表昂贵、优良制造、工艺精良、耐用、高声誉。

(2) 利益：属性需要转换成功能和情感利益，如"昂贵"可以转换成"对社会地位的肯定"。

(3) 价值：品牌还体现了该制造商的某些价值感，如奔驰体现了高性能、安全和威信。

(4) 文化：品牌象征了一定的文化，如奔驰意味着德国文化，即有组织、有效率、高品质。

(5) 个性：品牌代表了一定的个性，如百事可乐可以使人想起富有朝气的一群年轻人。

(6) 使用者：品牌还体现了购买或使用这种产品的是哪一种消费者，如购买百事可乐的是充满活力的年轻人。

创业者必须决定将品牌定位在哪个识别层次上。斯科特·戴维斯认为，品牌形象可以假设为一个金字塔(如图 4.3 所示)，底层是品牌属性，之上是品牌利益，最顶层是品牌文化价值。强大的品牌提供的不仅仅是对商品的理性追求，更多的是情感上的诉求。马克·戈比说，成功的品牌必须带领顾客进入一个更深层次的、普遍的情感层次。

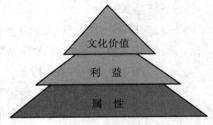

图 4.3　品牌层次图

2．创业企业的品牌设计

1) 品牌设计要求

(1) 简洁醒目，易读易懂，使人在短时间内产生印象，易于理解记忆并产生联想。

"美加净"、"佳洁士"，其品牌易记易理解，被誉为商品品牌的文字佳作。

"M"这个很普通的字母，对其施以不同的艺术加工，就形成表示不同商品的标记或标志：棱角圆润、鲜艳金黄色拱门的"M"是麦当劳的标记，给人以亲切之感，已出现在全世界 73 个国家和地区的数百个城市的闹市区，成为人们喜爱的快餐标志；而棱角分明、双峰突起的"M"是摩托罗拉产品的标志，突出了自己在无线电领域的特殊地位和高科技的形象。

(2) 构思巧妙，暗示属性。品牌应是企业形象的典型概括，反映企业个性和风格，产生信任。

Benz(本茨)先生作为汽车发明人，以其名字命名的奔驰车，100 多年来赢得了顾客的信任，其品牌一直深入人心。那个构思巧妙、简洁明快、特点突出的汽车方向盘似的特殊标志，已经成了豪华优质高档汽车的象征。

　　圣马龙品牌 1968 年创始于意大利，2001 年 5 月进入中国大陆，经过几年的筹备，已经实现产品系列化、市场规模化、生产自动化。圣马龙商标图案是由一个手持利斧的神兽和皇冠组成的，它出自一个神话：一支正义的欧洲某国军队遭到敌军伏击，在突围中遇到一座大山，难以翻越，后有敌军追兵，在危难关头，一位手持利斧的神兽从天而降，用手中的斧头劈开大山，使正义军队得以通过，又将山推拢，一斧挡万军。它象征着"决不放弃、大道光明"的奋斗勇气，而圣马龙品牌将此理念上升为"励精图治、终成大器"的服装内涵。

　　(3) 富蕴内涵，情意浓重。品牌可引起顾客的强烈兴趣，诱发美好联想，产生购买动机。

　　"红豆"是一种植物，是人们常用的镶嵌饰物，是美好情感的象征。同时，"红豆"也是江苏红豆集团的服装品牌和企业名称，其英文是"The seed of love"(爱的种子)。提起它，人们就会想起王维的千古绝句及其牵动的思乡及相思之情。红豆服装正是借助"红豆"这一富蕴中国传统文化内涵、情意浓重的品牌"红"起来的。

　　(4) 避免雷同，超越时空。在我国，由于企业的品牌意识还比较淡薄，品牌运营的经验还比较少，品牌雷同的现象非常严重。据统计，我国以"熊猫"为品牌名称的有 311 家，"海燕"和"天鹅"两个品牌分别由 193 家和 175 家同时使用。除重名以外，还有品名极其相似的品牌。

　　品牌运营的最终目标是通过不断提高品牌竞争力，超越竞争对手。如果品牌的设计与竞争对手雷同将永远居于人后，达不到最终超越的目的。因而，品牌设计的雷同是实施品牌运营的大忌。

　　超越空间的限制是指品牌要超越地理文化边界的限制。由于世界各国的历史文化传统、语言文字、风俗习惯、价值观念和审美情趣不同，对于一个品牌的认知、联想必然会有很大差异。

　　若将"Sprite"直译成"妖精"，又有多少中国人乐于认购呢？而译成符合中国文化特征的"雪碧"，就比较准确地揭示了品牌标定产品的"凉、爽"等属性。再如，"白象"译成英语为"累赘"，"芳芳"译为"毒牙"，"紫罗兰"译为"同性恋"。

　　美国通用汽车公司曾因其一个叫"诺瓦"(Nova)的品牌在西班牙语中含有"不走"或"走不动"的意思而在西班牙语系的国家销售受阻，后改为拉美人比较喜欢的"加勒比"，结果很快打开市场。

　　在营销实践中，许多企业不惜重金设计品牌。

　　美国埃克森(EXXON)公司为了给自己的产品创出一个能够通行于世界，被全世界消费者所接受的名称及标志，曾动用了心理学、社会学、语言学、统计学等各方面的专家，历时 6 年，耗资 1.2 亿美元，先后调查了 55 个国家和地区的风俗习惯，对约 1 万个预选方案几经筛选，最后定名为 EXXON，堪称是世界上最昂贵的品牌设计。1998 年，EXXON 与美孚的合并成为历史上最大的一宗工业收购案和最大的商业合并案，EXXON 市值约 1760 亿美元，美孚市值为 600 亿美元，二者合一总市值为世界之最。

　　2) 品牌命名的主要方法

　　(1) 效用命名。以产品的主要性能和效用命名，使消费者迅速理解商品功效，便于联想和记忆(如感冒清、胃必治、太太口服液等)。

　　(2) 产地命名。用商品的产地命名，可反映商品的传统特色和优越性能(如茅台、鄂尔多斯等)。

(3) 人物命名。以历史人物、传奇人物、制造者以及对产品有特殊偏好的名人姓名命名，衬托和说明产品品质，提高产品身价(如麦当劳、李宁、奔驰、吉列等)。

(4) 制法命名。多用于具有独特制造工艺或有纪念意义的研制过程的商品，表示制作精良以提高产品威望(如北京烤鸭、北京二锅头、傣家干烧牛肉等)。

(5) 好兆命名。以吉利的词句、良好的祝愿命名，既暗示商品优良性能，又迎合消费者美好愿望(如登喜路、草原兴发、红双喜等)。

(6) 译名命名。指国外进口商品的商标译名，以及模仿国外商标译名而制作的中文品牌。有音译、意译和音意兼顾三种。

音译：纯粹音译的品牌有限(如 SONY—索尼、Olympus—奥林巴斯、Lux—力士等)。

意译：意译的外国商标较少(如 Crown—皇冠、GoldQueen—金皇后等)。

音意兼顾：品牌译名中最为常见(如 Pepsi-Cola—百事可乐、Montaqut—梦特娇等)。

(7) 夸张命名。用艺术夸张的词句命名，以显示商品的独特功效(如永久、飞鸽等)。

(8) 企业命名。可直接说明商品的来源，有利于借助企业声誉推出新产品(如伊利、蒙牛等)。

(9) 形象命名。用动物形象或抽象图案为商品命名，以增强感染力(如雪花、天鹅等)。

(10) 数字命名。用阿拉伯数字命名，有两种情况：一是数字本身无任何含义，只是简单易记、活泼(如 555、999 等)；二是数字的谐音暗含一定的意义(如 3388、888、520 等)。

3. 创业企业的品牌决策

1) 品牌建立决策

新产品上市是否使用品牌，是品牌决策要回答的首要问题。

品牌所起的作用在市场经济高度发达的今天体现得十分突出，一切产品几乎都有品牌。一方面，越来越多传统上不用品牌的商品纷纷品牌化(如草原兴发肉鸡)；另一方面，名牌也成为一种无形资产。世界一流企业无不是以名牌打天下，如美国的可口可乐、德国的奔驰、日本的丰田等。海尔品牌价值在 2001 年底为 430 亿，它先后兼并了 18 家企业，盘活了 15 亿资产。目前，海尔已成为中国最有价值品牌的第一位。

但是，并非所有的产品都要使用品牌。例如，市场上很难区分的原料产品，或者消费者不是凭产品品牌决定购买的产品，就可以不使用品牌。

如果新产品上市使用品牌，就应该考虑如何建立一个品牌。建立品牌通常与广告联系在一起。但是除了直接的广告宣传，营销者还可以选择以下方式，进行品牌建立或提升。

(1) 公共关系和媒体宣传。在编排良好的报纸上和杂志故事中，品牌可以得到很多关注，更别说是口碑好的电影里了。

(2) 赞助。比如，在汽车拉力赛和英超联赛中，赞助品牌会吸引很多的眼球。

(3) 俱乐部和消费者社区。品牌可以成为消费者社区的中心，如哈雷—戴维森摩托车俱乐部。

(4) 工厂参观。例如，好时和吉百利在工厂中建立了主题公园，邀请人们在其中游览一天。

(5) 事件营销。事件往往对提升品牌的知名度影响最大，好的事件营销对品牌的美誉度也有很好的提升。

(6) 开创者或名人效应。如李宁牌运动服，李宁的个人品牌为服装品牌创造了很大的正面影响。

(7) 捐赠和社会事业营销。慈善捐助可以获得人们的心理认同，并提升品牌形象。

2) 品牌归属决策

品牌归属决策是指使用哪家品牌。如果创业企业决定使用品牌，则在如何使用品牌方面有以下几种选择。

(1) 使用制造商品牌。如果制造商具有良好的市场信誉，拥有较大的市场份额，则可使用制造商品牌。享有盛誉的著名商标常可租借给别人使用，而收取一定的特许权使用费。如具有良好声誉的永久牌自行车商标已在全国若干家自行车的产品上使用。

(2) 使用中间商品牌。如果中间商在某一市场领域拥有良好的品牌信誉及庞大完善的销售系统，那些新进入市场的中小企业往往借助于中间商商标。西方国家已有越来越多的中间商使用自己的品牌。美国著名的大零售商西尔斯公司已有 90% 以上的产品使用自己的品牌。

(3) 制造商品牌与中间商品牌混合使用。例如：制造商在部分产品上使用自己的品牌，另一部分批量卖给中间商，使用中间商品牌，以求既扩大销路又能保持本企业品牌特色；为进入新市场，可先采用中间商品牌，取得一定市场地位后改用制造商品牌。例如，日本索尼公司的电视机初次进入美国市场时，在美国最大的零售商店西尔斯出售，用的是西尔斯品牌，之后索尼公司发现其产品很受美国人的欢迎，就改用自己的品牌出售了。

(4) 制造商品牌与销售商品牌同时使用，兼收两种品牌单独使用的优点。许多大型零售商店，如上海中百一店、北京王府井百货大楼有不少商品除了使用制造商品牌外，还标明上海中百一店或者北京王府井百货公司监制或经销。

此外，还有一些企业的产品是靠贴牌出售的，包括许多中国的家电企业在进入国外市场的时候都选择贴牌出售的策略。使用别人的品牌，可以借用别人的品牌、渠道等条件迅速获得回报，但却不利于企业的长期发展。

3) 品牌质量决策

决定品牌的最初质量水平时可以选择低质量、一般质量、中上质量或高质量。每一种质量水平都有其市场，都有与之相适应的顾客。决定品牌最初质量水平应该和选择目标市场及产品定位结合进行。例如，欧米茄手表的历史源远流长，它决定品牌的最初质量就是高质量，力求造型高雅、性能精确，在制表业独占鳌头。

管理品牌质量有三种可供选择的策略：一是提高品牌质量，在研究开发上不断投入资金，改进产品质量，以取得最高的投资收益率和市场占有率(如宝洁公司)；二是保持品牌质量；三是逐渐降低品牌质量，如产品进入衰退期，淘汰已成定局时可降低品牌质量。此外，因产品价格下跌或原材料价格上涨而改用廉价材料替代或为多得利润而偷工减料、掺假等也均会降低质量，当然这样做必然要败坏品牌声誉，损害其长期盈利的能力。

4) 品牌统分决策

对于即将推向市场的产品，要赋予它一个品牌，是各产品分别使用不同的品牌还是使用一个统一的品牌或几个品牌呢？可供选择的策略如下：

(1) 个别品牌策略，即企业在不同的产品上使用不同的品牌。采用个别品牌策略的好处是：第一，有利于企业扩充高、中、低档各类产品，以适应市场的不同需求。第二，产品各自发展，在市场竞争中加大了安全感。因为它没有将公司的声誉系在某一品牌的成败上，即使某一品牌的产品失败了或者出现了低质情况，也不会损害制造商的名声。例如，宝洁公司生产的各种日化产品，分别使用汰渍、奥妙、碧浪等不同品牌；并创造了飘柔、海飞丝、潘婷、沙宣、润妍等不同洗发水品牌。从 1988 年进入中国以来，宝洁已成为一个难以企及的神话。

(2) 统一品牌策略，即企业所有产品统一使用一个品牌，也称为整体的家族品牌。其优点是节省品牌设计和广告费用，有利于为新产品打开销路。例如：我国上海益民食品公司的所有产品都是"光明牌"；美国通用电气公司的所有产品都统一使用"GE"这个品牌名称。

(3) 分类品牌策略包括两种情况：一是各产品线分别使用不同品牌，对同一产品线的产品采用同一品牌，不同的产品线品牌不同，以避免发生混淆。例如，希望集团饲料的品牌用"希望"，而火腿肠就用"美好"。二是生产或销售同类型的产品，但质量水平有较大差异也使用不同品牌以便于识别。例如，巴盟河套酒业公司生产的白酒，一等品的品牌名称是河套王，以下依次是河套老窖、河套人家等 300 多个名称。

(4) 企业名称与个别品牌结合策略，即在不同的产品上使用不同的品牌，但每一品牌之前冠以企业的名称，如本田雅阁，通用别克等。这样可以使产品正统化，即享有企业已有的信誉，又可使产品各具特色，这是统一品牌与个别品牌同时并行的一种方式。

5) 品牌重新定位决策

随着时间的推移，品牌在市场上的位置会有所改变，如：竞争者的品牌定位接近本企业，夺走了一部分市场；消费者的偏好发生变化，企业面临良好的经营机会。这时，就有必要对品牌进行重新定位。

品牌重新定位，确定新的市场位置主要考虑两个因素：第一，品牌转移到新市场位置所需要的费用，如改变产品质量、包装、广告等费用。第二，品牌在新位置上所能得到的收入。它受市场范围大小、平均购买频率、竞争者数目及实力、其他品牌价格水平对本企业品牌定价的约束等因素影响。例如，"日本制造"的标志一向是人们心目中可信赖的、微型的、精致的高科技产品形象。但 1999 年以来，日本公司的产品接连发生产品质量问题，使"日本制造"在用户心目中的形象一落千丈，英国人大喊"日本制造不灵了"。可见，日本名牌产品的重新定位已迫在眉睫。

6) 品牌防御决策

商标是企业的无形资产，驰名商标更是企业的巨大财富。因此企业在品牌与商标经营过程中，要及时注册，防止被他人抢注，还要杜绝"近似商标注册"的事件发生。而防止近似商标注册的有效方法就是主动进行防御性注册，实施商标防御性策略。

(1) 在相同或类似的产品上注册或使用一系列互为关联的商标(联合商标)，以保护正在使用的商标或备用商标。

(2) 将同一商标在若干不同种类的产品或行业注册，以防止他人将自己的商标运用到不同种类的产品或不同的行业上(防御性商标)。

4．品牌战略决策

1) 产品线扩展

产品线扩展是公司在同样的品牌名称下面，在相同的产品种类中引进增加的产品项目，大多数新产品上市都是通过产品线扩展进行的。产品线扩展有利有弊，优点是存活率比较高，也有助于市场的进攻和防御；缺点是扩展的产品可能影响原有品牌的形象。

2) 品牌延伸

品牌延伸是企业将某一有影响力的品牌使用到与原来产品不同的产品上。例如，耐克公司的品牌成功地从运动鞋延伸到了服装、运动设备和手表上。品牌延伸有着同产品线扩张同样的优点，利用品牌延伸推出新产品可大大降低广告宣传等促销费用，又可使新产品更容易被消费者接受。同时，品牌延伸也带来很大的风险。如美国 IBM、邦迪等都在品牌延伸中经历过失败。

品牌延伸不当可能会破坏其在消费者头脑中的定位，造成品牌稀释现象，即消费者不再将品牌与特定产品或高度相似的产品联系起来。公司在进行品牌延伸时，必须研究它与新产品的联系程度。只要能使新产品销售良好，且对原有产品没有影响，就是一个成功的品牌延伸。

3) 多品牌

多品牌是指公司在相同产品类目中引进其他品牌。多品牌策略为不同消费者需求提供不同性能或诉求的产品，既可以获得更大的市场占有率，也可以使公司建立起侧翼品牌以保护其主要品牌。当然，多品牌策略也有风险：过多的品牌使每个品牌只占领很小的市场份额；公司的资源也因分配于过多的品牌而相对分散。

4) 合作品牌

现在越来越多的产品使用合作品牌，即两个或两个以上的品牌在一个提供物上联合起来。每个品牌的持有人期望另一个品牌能强化品牌的偏好或购买意愿。如联想公司的笔记本电脑宣称使用"Intel"迅驰技术，而沃尔沃公司的广告称它使用的是米其林轮胎。

5) 新品牌

当企业进入一个新的产品种类，现有品牌没有适合该新产品的时候，公司就可考虑建立一个新的品牌名称。或者原有品牌的影响力在逐渐消失，也可以考虑更换一个新的品牌。另外，企业通过收购也会获取新的品牌。和多品牌类似，太多的新品牌也会导致资源分散。

4.1.4 包装策略

1．包装的含义、种类与作用

1) 包装的含义

包装是指对某一品牌商品设计并制作容器或包扎物的一系列活动。其构成要素如下：

(1) 商标、品牌——是包装中最主要的构成要素，应占据突出位置。

(2) 形状——是包装中必不可少的组合要素，有利于储运、陈列及销售。

(3) 色彩——是包装中最具刺激销售作用的构成要素，对顾客有强烈的感召力。

(4) 图案——在包装中,其作用如同广告中的画面。

(5) 材料——包装材料的选择影响包装成本,也影响市场竞争力。

(6) 标签——含有大量商品信息:印有包装内容和产品所含主要成分、品牌标志、产品质量等级、生产厂家、生产日期、有效期和使用方法等。

2) 包装的种类

(1) 运输包装(外包装或大包装)——主要用于保护产品品质安全和数量完整。

(2) 销售包装(内包装或小包装)——实际上是零售包装,不仅要保护商品,更重要的是要美化和宣传商品,便于陈列,吸引顾客,方便消费者认识、选购、携带和使用。

3) 包装的作用

(1) 保护商品。保证产品从出厂到消费整个过程中不致损坏、散失、溢出或变质。不仅要保护产品本身,还要注意环境安全保护。

(2) 促进销售。包装具有识别和推销功能。美观大方、漂亮得体的包装不仅能够吸引顾客,而且能够刺激消费者的购买欲望。一般的超市中,一位顾客一分钟要途经 300 种商品,并且其中 3%的购买行为是出于一时的冲动。在货架上整齐摆放的包装,已形成了人们购买决策之前接触到的最近的一次广告活动。据美国杜邦公司研究发现,63%的消费者是根据商品包装作出购买决策,因此说,包装是"沉默的推销员"。

(3) 增加盈利。优良、美观的包装往往可抬高商品的身价,使顾客愿意付出较高的价格购买。例如,苏州生产的檀香扇在香港市场上原价是 65 元一把,后来改用成本是 5 元钱的锦盒包装,售价达 165 元一把,结果销量还大幅度提高。

(4) 便于储运。包装便于商品装卸,节约运力,加速流转,保护质量。

2. 包装的要求与设计

1) 包装的要求

在市场营销中,为适应竞争的需要,包装要考虑不同对象的要求。

(1) 消费者的要求。由于社会文化环境不同,不同的国家和地区对产品的包装要求不同,因此,包装的颜色、图案、形状、大小、语言等要考虑不同国家、地区、民族等的消费者的习惯和要求。

(2) 运输商的要求。运输商考虑的主要因素是商品能否以最少的成本安全到达目的地。所以要求包装必须便于装卸、结实、安全,不至于在到达目的地前就损坏。

(3) 分销商的要求。分销商不仅要求外包装便于装卸、结实、防盗,而且内包装的设计要合理、美观,能有效利用货架,容易拿放,同时能吸引顾客。

(4) 政府要求。随着人们绿色环保意识的加强,要求企业包装材料的选择要符合政府的环保标准,节约资源,减少污染,禁止使用有害包装材料,实施绿色包装战略,同时要求商品标签符合政府的有关法律和规定。

2) 包装的设计原则

为新产品制定有效的包装,第一步是建立包装概念,即规定包装基本上应为何物,或起什么作用;接下来是决定包装物的大小、形状、材料、色彩、文字说明以及品牌标记。通常,商品包装设计应注意遵循以下几个原则。

(1) 安全。

(2) 适于运输，便于保管与陈列，也便于携带和使用。

(3) 美观大方。包装的造型要美观大方，图案力求生动形象，不落俗套，避免模仿、雷同，尽量采取新材料、新图案、新形状，引人注目。这是包装的基本要求。

(4) 突出特色。包装要能够显示商品的特点和独特的风格。对于以外形或色彩表现其特点或风格的商品，如服装、装饰品、食品等的包装，应设法使其向购买者直接显示商品本身，以便于顾客选购，如可采用透明包装、开天窗式包装，或在外包装上附有彩色照片等。

(5) 与商品价值和质量水平相匹配。贵重商品和艺术品要烘托出商品的高贵、典雅。对于公司的某个产品系列可以采取高、中、低档包装相配，以满足不同消费者的需求。

(6) 尊重消费者的宗教信仰和风俗习惯。包装装潢的色彩、图案要符合规范，不能与民族习惯、宗教信仰相抵触。同样的色彩和图案对于不同的消费者，可能具有迥然不同的含义。中国人庆祝节日喜欢用红色，而日本人庆祝节日往往互赠白色毛巾；埃及人喜欢绿色忌用蓝色；法国人却讨厌墨绿色(法西斯军服的颜色)，偏爱黄色。有些色彩、图案或符号在特定的地方具有特定的含义。如在前捷克，红三角是毒品的标记；在土耳其，绿三角是免费的标记。不同年龄的消费者也有不同的偏好，如老年人喜欢冷色，稳重沉着；年轻人喜欢暖色，健康活泼。

(7) 包装上的文字设计要能够直接回答顾客最关心的问题。产品的性能、使用方法和效果常常不能直观显示，往往需要用文字来表达。包装上的文字设计应根据顾客心理突出重点。如食品包装上应说明原料、食用方法；药品类应当说明成分、功效、用量、禁忌以及是否有副作用，直接回答购买者的问题，消除其存在的顾虑。

(8) 符合法律规定，兼顾社会效益。

3. 包装策略

具备营销功能的包装已经远远超出只为装载、保护、美观、区别功能的简单设计，包装还有一些重要的策略。

1) 类似包装策略

类似包装策略指企业生产的各种产品在包装上采用相同的图案、相近的颜色，体现出共同的特点，使消费者注意到这是同一家企业的产品，也叫产品线包装。采用该策略，可以使消费者形成对企业产品的深刻印象，也可以降低包装成本。但如果企业各种产品质量过于悬殊，则会形成负面影响，而且一旦某一产品质量下降则会影响到类似包装的其他产品的销路。

2) 差异包装策略

一是不同质量等级的产品分别使用不同包装，表里一致。比如：高价高档商品的包装设计必须讲究装潢，以满足高收入阶层需要或者购买礼品的需要；对于低档低价产品的包装设计，应该尽量给人以物美价廉的印象。即使采用同一商标的同类商品，由于其品种规格不同，在包装设计上也可以采用不同的形式和特点，以提高用户购买的兴趣。

二是对同一商品采用不同等级包装，以适应不同购买力水平或不同消费者的购买心理。若消费者用作礼品的，则需要精致的包装；若是家庭使用的，则需要大容量、实惠；如为差旅使用，则需要方便包装，或一次性包装。如海飞丝的洗发水，就分成家庭装、普通装和一次性方便装(小袋装)三种级别。

3) 配套包装策略

配套包装策略是将不同类型和规格但又相互联系的产品置于同一包装中。如将系列化妆品包装在一起出售，便是典型的配套包装。这种包装策略对于用户来说，不仅便于购买，而且便于携带、使用和保管；对于企业来说，则有利于带动多种产品销售及新产品进入市场，扩大商品的销路。特别是推销新产品时，可以将其与老产品组合出售，创造条件使消费者接触试用。

4) 再使用包装策略

再使用包装策略指消费者将原来的包装商品一次使用之后，其包装容器可以继续使用，它不仅可以用来购买原来的商品，也可以用作其他用途。这种策略有助于提高购买者的购买愿望和购买兴趣，还可以促进消费者重复购买的可能性。对企业来说，还可以利用再使用包装策略充分发挥广告的效果。

5) 附赠包装策略

在包装容器中附赠物品，以吸引消费者进行购买，有时也能造成消费者重复购买的意愿。例如许多儿童食品的包装即采用此种策略。

6) 更新包装策略

更新包装策略，即企业的包装策略随市场需求的变化而改变。这种策略可以改变商品在消费者心目中的地位，进而实现迅速恢复企业声誉的效果。产品包装的更新，如同产品本身改进一样对销售有着重大意义。如果同类产品内在质量近似，而销路不畅，就应注意改进包装设计；一种产品的包装已采用较长时间，也应考虑推出新包装，以达到扩大销售的目的。采用这种策略的条件是产品的内在质量达到了使用要求。如果不具备这个条件，产品的内在质量不好，那么即使包装改头换面也无助于销量的扩大。

【例 4.1】　　改变包装带来的利润。

20 世纪 80 年代初，内地的一些商人将一种粉末用品以大包装卖给沿海人；沿海人将大袋改装成 10 袋装，总价值提高了 3 倍，而后卖给香港人；香港人又把 1 袋装了 10 盒，又以提高了 3 倍的价值卖给日本人；日本商人以精美的小瓶子装，一盒装了 10 瓶，又提高了 6 倍的价值。

我们想想，如果当初就用小瓶子装呢？

包装设计好以后，还要进行一些测试，如下：

① 工程测试：是为了保证包装在正常情况下经得起磨损。

② 视觉测试：是为了保证字迹清楚、色彩协调。

③ 经销商测试：是为了保证经销商发现包装具有的吸引力，并且能够便于处理。

④ 消费者测试：是为了保证赢得有利的消费者反应。

如果通过所有的测试，并获得好的反馈，那么新包装就可以投入使用了。

4.2　创业企业的价格策略

当我们开发出新产品，完成包装、品牌设计之后，就需要给这个产品制定出合适的价格。在营销组合中，价格是唯一能产生收入的因素，价格制定是否合适，直接关系到销售量和利润的多少。

定价策略是指企业根据市场中不同变化因素对商品价格的影响程度而采用不同的定价方法，制定出适合市场变化的商品价格，进而实现定价目标的企业营销战术。

4.2.1　影响定价决策的因素

企业在为其产品制定价格时，必须考虑许多因素。这些因素既有内部的，也有外部的，如图 4.4 所示。影响定价决策的内部因素包括企业营销目标、营销组合战略、成本和组织；外部因素包括市场和需求的性质、竞争及其他环境因素。正是由于内部因素和外部因素的共同作用，才使定价成为一个系统决策。

图 4.4　影响价格决策的因素

企业制定的价格应适中。价格太低，不足以获取利润；价格太高，不能产生足够的需求。在影响价格决策的因素中，成本决定了价格的底线，消费者对产品价值的看法决定了最高价。企业必须考虑到其他的因素，以便找到合理的价格。

4.2.2　创业企业的定价方法

企业在为产品定价时，可选择一种或几种定价方法的组合。

1. 成本导向定价法

1) 成本加成定价法

成本加成定价法是按照单位成本加上一定百分比的加成来制定价格，即

$$P = C(1 + R)$$

其中：P 是单位产品售价；C 是单位产品成本；R 是成本加成率。

例如：某皮鞋公司的单位成本为 15 元，利润加成为 20%，则皮鞋的销售价格为 18 元。成本加成定价忽略了需求和竞争者，得出的价格一般不太准确。一个成本在同行内最低的企业，用成本加成定价就不会造成灾难性的后果，但也应该密切关注竞争者的动向。可以说，成本加成定价并不是一个好的定价方法，但还是有大量的企业在采用。这是因为：第一，在成本和需求两者之间，销售者更容易确定成本。让价格跟着成本走，销售商能简化定价，因为它们不需要针对需求变动频繁地作出价格调整。第二，当同行业中的所有企业都采用此定价方法时，价格会变得很相似，因此价格竞争便会最小化。第三，许多人感到加成定价对购买者和销售者更公平。销售者能取得一个很好的投资收益，但却不会在购买者需求量很大的时候趁机加码。

2) 盈亏平衡定价法

盈亏平衡定价法也叫目标利润定价法，即根据估计的总销售收入(销售额)和估计的产量(销售量)来制定价格。假设企业的生产能力为 100 万件产品，估计未来时期 80%的生产能力能开工生产，即可生产、出售 80 万件产品，而生产 80 万件产品的总成本估计为 1000 万元；若公司想得到 20%的成本利润率，则目标利润为 200 万元，总收入为 1200 万元，目标价格为 15 元。

尽管目标利润定价能够帮助企业找到可以补偿成本和取得目标利润的最低价格，但是它是建立在产量等于销量的基础之上的，并且在未考虑竞争者价格的情况下，仅靠产品的价格需求弹性是不现实的，特别是企业在运用这种方法时，必须考虑在每一可能的价格上实现所需销售量的可能性。

2. 价值导向定价法

1) 认知价值定价法

越来越多的企业正根据消费者所理解的产品价值来对产品进行定价，即认知价值定价法，又称理解价值定价法。企业按照消费者在主观上对该产品所理解的价值，而不是产品的成本费用水平来定价。即企业利用市场营销组合中的非价格变数来影响购买者，在他们的头脑中形成认知价值，然后据此来定价。企业在运用此法时，需要正确估计购买者所承认的价值，但是衡量消费者所理解的价值会很困难。如果销售者的定价高于购买者认知的价值，企业的销售便会受挫；但如果价格定得偏低，企业又会损失利润。

2) 价值定价法

现在有些公司采用了价值定价法，即用相当低的价格出售高质量商品，从而赢得忠诚的顾客。价值定价的一个重要形式是"天天低价"。采用此定价方法的零售商，例如麦德龙，将不实行暂时的短期折扣行为。这种经久不变的价格防止了每周价格的不确定性，并能与采取促销导向竞争者的"高—低"定价法形成对比。在"高—低"定价中，零售商在平时采用较高的售价，但经常临时用比"天天低价"还要低的售价来促销产品，如好又多超市等。

3. 竞争导向定价法

1) 现行费率定价法

现行费率定价法又叫随行就市定价法，即企业按照行业的平均现行价格水平来定价。企业的定价可能与主要竞争者的价格相同也可能高一些或低一些。在寡头垄断行业中，价格一般相同，如化肥、钢铁等。小企业通常采用价格追随战略，如果价格领导者的价格变动了，它们也会跟着变动价格，而不是根据自己产品的需求变化或成本变化来变动价格。有些企业的售价可能会稍高或稍低，但变动不会改变此差额。比如，小企业的产品定价通常比大公司低一点，小公司在追随价格领导企业作出价格变动后，仍然会保持略低的差距。

这种定价法使用得非常普遍，当需求弹性很难衡量时，企业就会觉得现行价格反映了本行业的集体智慧，能够产生合理的报酬。而且，采用现行价格可以防止有害的价格战。

2) 拍卖式定价法

拍卖式定价法包括加价法、减价法和密封投标法。

(1) 加价法：又称英国式拍卖，一个卖方和多个买方。卖方出示一种商品，买方不断加价竞标直到达到最高价格。

(2) 减价法：又称荷兰式拍卖，一个卖方多个买方，或者一个买方多个卖方。拍卖人宣布一个最高的价格，然后逐渐降低价格直到出价人接受为止；或者买方宣布他想买的商品，多个卖方不断压低价格以寻求最后中标。每个卖方都能看到当前最低报价，从而决定是否继续降价。

(3) 密封投标法：买方在报刊上登广告或发出函件，说明采购商品的品种、数量、规格等要求，邀请卖方在规定的期限内投标。买方在规定的时间开标，选择报价最低、最有利的卖方成交，签订采购合同。其定价是以对竞争者定价的预测为基础的，而不是根据企业自己的成本或者需求来定价的。

3) 集团定价法

互联网的兴起促进了集团定价法的发展，买卖双方都可以加入一个集团，从而获得更优惠的价格。许多 B to C 的网站都有团购价，甚至标明还差几份订单就可以再优惠某个百分点，来自世界各地的人都可以加入团购行列，以此来提升作为购买者的议价能力。缺点是组织相对松散，有可能有人等不到集团价格成交就退出了。

4. 差别定价法

所谓差别定价，也叫价格歧视，就是企业按照两种或两种以上不反映成本费用的比例差异的价格销售某种产品或劳务。差别定价有四种形式。

1) 顾客差别定价

顾客差别定价，即企业按照不同的价格把同一种产品或劳务卖给不同的顾客。例如，某汽车经销商按照价目表价格把某种型号汽车卖给顾客 A，同时按照较低价格把同一种型号汽车卖给顾客 B。这种价格其实表明，顾客的需求强度和商品认知有所不同。

2) 产品形式差别定价

产品形式差别定价，即企业对不同型号或形式的产品分别制定不同的价格，但是不同型号或型式产品的价格之间的差额和成本费用之间的差额并不成比例。

3) 产品部位差别定价

产品部位差别定价，即企业对于处在不同位置的产品或服务分别制定不同的价格，即使这些产品或服务的成本费用没有任何差异。例如剧院，虽然不同座位的成本费用都一样，但是不同座位的票价有所不同，这是因为人们对剧院的不同座位的偏好有所不同。

4) 销售时间差别定价

销售时间差别定价，即企业对于不同季节、不同时期甚至不同钟点的产品或服务也分别制定不同的价格。例如，蒙玛公司在意大利以无积压商品而闻名，其秘诀之一就是对时装分多段定价。它规定新时装上市，以 3 天为一轮，凡一套时装以定价卖出，每隔一轮按原价削减 10%，以此类推，那么到 10 轮(一个月)之后，蒙玛公司的时装价就削到了原价的35%左右。这时的时装，蒙玛公司就以成本价售出。因为时装上市仅一个月，价格就已跌到 1/3，谁还不来买？所以一卖即空。蒙玛公司最后结算，赚钱比其他时装公司多，又没有积货的损失。国内也有不少类似范例。杭州一家新开张的商店，挂出日价商场的招牌，对店内出售的时装价格每日递减，直到销完。此招一出，门庭若市。

5．心理营销定价策略

心理营销定价策略是针对消费者的不同消费心理，制定相应的商品价格，以满足不同类型消费者需求的策略。心理营销定价策略一般包括尾数定价、整数定价、习惯定价、声望定价、招徕定价和最小单位定价等具体形式。

1）尾数定价法

尾数定价又称零头定价，是指企业针对的是消费者的求廉心理，在商品定价时有意定一个与整数有一定差额的价格。这是一种具有强烈刺激作用的心理定价策略。

心理学家的研究表明，价格尾数的微小差别，能够明显影响消费者的购买行为。一般认为，五元以下的商品，末位数为 9 最受欢迎；五元以上的商品末位数为 95 效果最佳；百元以上的商品，末位数为 98、99 最为畅销。尾数定价法会给消费者一种经过精确计算的、最低价格的心理感觉；有时也可以给消费者一种原价打了折扣、商品便宜了的感觉；同时，顾客在等候找零期间，也可能会发现和选购其他商品。

如某品牌的彩电标价 998 元，给人以便宜的感觉，顾客认为只要几百元就能买一台彩电，其实它比 1000 元只少了 2 元。尾数定价策略还给人一种定价精确、值得信赖的感觉。

尾数定价法在欧美及我国常以奇数为尾数，如 0.99、9.95 等，这主要是因为消费者对奇数有好感，容易产生一种价格低廉、价格向下的概念。但由于 8 与发谐音，在定价中 8 的采用率也较高。

2）整数定价法

整数定价与尾数定价相反，针对的是消费者的求名、求方便心理，将商品价格有意定为整数。由于同类型产品的生产者众多，花色品种各异，在许多交易中，消费者往往只能将价格作为判别产品质量、性能的指示器。例如，有的商品不定价为 9.8 元，而定为 10 元，往往会使消费者产生一种错觉，迎合消费者"便宜无好货，好货不便宜"的心理。同时，在众多尾数定价的商品中，整数能给人一种方便、简洁的印象。

3）习惯性定价法

某些商品需要经常、重复地购买，因此这类商品的价格在消费者心理上已经定格，成为一种习惯性的价格，个别生产者难于改变。降价易引起消费者对品质的怀疑，涨价则可能受到消费者的抵制。

4）声望性定价法

声望定价法有两个目的：一是提高产品的形象，以价格说明其名贵名优；二是满足购买者的地位欲望，适应购买者的消费心理。

4.2.3　定价步骤

一个新产品的价格制定通常分为六个步骤，如图 4.5 所示。

图 4.5　定价步骤

1．选择定价目标

企业的定价目标是以满足市场需要和实现企业盈利为基础的，它是实现企业经营总目标的保证和手段，同时又是企业定价策略和定价方法的依据。一个公司对一个新产品定价可能有多个目标，如生存、销量、市场、利润、竞争等。通常定价目标的选择遵循以下四个原则：

(1) 利益性原则：能否赚钱。

(2) 安全性原则：能否顺利入市。

(3) 竞争性原则：是否有竞争力。

(4) 持续性原则：是否有持续性。

2．确定需求

价格会影响市场需求。在正常情况下，市场需求会按照与价格相反的方向变动。价格上升，需求减少；价格降低，需求增加。就奢侈品而言，需求可能与价格正向相关。例如，香水提价后，其销售量却有可能增加。

企业定价时必须依据需求的价格弹性，即了解市场需求对价格变动的反应。价格变动对需求影响小，这种情况称为需求无弹性；价格变动对需求影响大，则叫做需求有弹性。

在以下条件下，需求可能缺乏弹性：

(1) 替代品很少或没有，没有竞争者。

(2) 买者对价格不敏感。

(3) 买者改变购买习惯较慢和寻找较低价格时表现迟缓。

(4) 买者认为产品质量有所提高，或认为存在通货膨胀等，价格较高是应该的。

当产品的需求有弹性时，在不考虑竞争者的情况下，新产品入市可以用略低的价格，以刺激需求促进销售，增加销售收入。

3．估计成本

需求在一定程度上为企业确定了一个最高价，而成本则决定着价格的底线。定价中考虑的成本是单位产品的平均成本。

$$平均成本 = 固定成本分摊 + 变动成本$$

固定成本指在短期内不随企业产量和销售收入的变化而变化的生产费用，如厂房设备的折旧费、租金、利息、薪金等，固定成本与企业的生产水平无关。变动成本指随生产水平的变化而直接变化的成本，如原材料费、工资等。如果企业不开工生产，变动成本等于零。

4．分析竞争者的产品和价格

竞争者的产品和价格也影响着定价决策。公司应首先考虑最相近的竞争者的产品和价格。如 4.2.4 节新产品定价战略中所介绍的"价格—质量"战略，公司在有市场竞争的情况下为新产品定价，应尽可能地让消费者感到性价比比竞争对手高。

5．选择定价方法

图 4.6 所示的 3C 模式图归纳出了在制定价格中的三种主要考虑因素。第一，产品成本(Cost)，它确定了价格的底线；第二，竞争者(Competitors)，竞争者的价格和替代产品的价

格提供了公司在制定价格时必须考虑的参照点；第三，顾客(Customers)，顾客对其独特的产品特点产生的价值评估是价格的最高限度。

高价格	顾客评估独特的产品特点	竞争者的价格和替代品价格	成本	低价格
(在这个价格上没有需求)				(在这个价格上没有利润)

图 4.6 制定价格中的 3C 模式

公司可以通过这三种考虑因素中的一个或几个来选定定价方法以解决定价问题。前面介绍了常见的定价方法，公司应根据自身的特点和需求选取其中一种或几种结合来使用。

6．选定最终价格

通过以上步骤，公司可以把产品的定价缩小在一个最终的范围。在选定最终价格时，公司还必须考虑一些附加因素，包括心理定价法、收益—风险分享定价法和其他营销因素对价格的影响、公司定价政策和价格对其他各方的影响等。

(1) 最终价格必须同企业定价政策相符合。企业的定价政策是指明确企业需要的定价形象、对价格折扣的态度以及对竞争者的价格的指导思想。

(2) 最终价格还必须考虑是否符合政府有关部门的政策和法令的规定。

(3) 最终价格还要考虑消费者的心理。利用消费者心理，采取声望定价，把实际上价值不大的商品的价格定得很高，或者采用奇数定价，以促进销售。

(4) 选定最终价格时，还须考虑企业内部有关人员(如推销人员、广告人员等)对定价的意见，考虑经销商、供应商等对所定价格的意见，考虑竞争对手对所定价格的反应。

4.2.4 新产品定价战略

菲利普·科特勒给出了九种价格—质量战略，如图 4.7 所示。企业在价格—质量细分市场上存在着竞争。

		价　格		
		高	中	低
产品质量	高	1. 溢价战略	2. 高价值战略	3. 超值战略
	中	4. 高价战略	5. 普通战略	6. 优良价值战略
	低	7. 骗取战略	8. 虚假经济战略	9. 经济战略

图 4.7 九种价格质量战略

图中对角线上的 1、5、9 战略可以在同一个市场同时存在，即一家公司可以提供优质高价的产品，而另一家公司提供普通价格质量一般的产品，还有一家公司销售低价劣质产品。

图中第 2、3、6 战略定位表明如何在这三种斜线定位方法之间采用竞争的战略，是攻击溢价定价者的一种方法。第 2、3 种战略表示它们的产品与第一家一样好，但售价更低。如果这些竞争者能取得顾客的信任，无疑会很快从第一家公司那里抢到很多市场份额。

图中第 4、7、8 战略定位是指产品定价偏高。当然，作为即将上市的新产品，公司极少可能会作出这样的决策，但不排除公司在制定价格的时候高估了产品价值的可能。另外，公司在定价的时候不仅要考虑产品的实际价值，更主要的是考虑顾客对产品的认知价值，否则就会造成高估或低估产品价值的现象。

价格—质量战略特别适用于仿制品的定价决策，而如果公司开发的新产品受专利保护，或短期内由于进入壁垒，其他竞争者难以仿制，则有三种常见的定价战略可供选择：市场撇脂定价法、市场渗透定价法和满意定价法。

1. 市场撇脂定价法

在产品上市之初，企业利用消费者的求新、求奇心理，抓住激烈竞争尚未出现的有利时机，将价格定得较高，以便在短期内获取尽可能多的利润，尽快收回投资。就像从牛奶中撇取所含的奶油一样，取其精华，称之为"撇脂定价法"。Intel 公司率先研制出新的芯片时，采取的就是撇脂定价，这时的顾客仅仅是专业人士或追赶潮流的电脑发烧友以及商业购买者，在其引入期度过之后，其芯片的价格一般会迅速下降到一般家用电脑购买者所能接受的范围。

市场撇脂定价法只有在一定条件下才具有合理性：第一，产品的质量和形象必须能够支撑产品的高价格，并且在此价格下能有足够数量的购买者；第二，生产较少数量产品的成本不能高到抵消高价格所获取的超额利润；第三，竞争者不能够轻易进入该产品市场。

2. 市场渗透定价法

在新产品投放市场时，企业利用消费者求廉的消费心理，将价格定得很低，使新产品以物美价廉的形象吸引顾客，并占领市场，以获得最高销售量和最大市场占有率，从而谋取远期的稳定利润。较高的销售额能降低成本，从而使企业进一步获得价格优势。例如，苏宁电器公司以低价格来换取高销售量，而高销售量又使其议价能力增加，从而进一步降低了进货价格。

当新产品没有显著特色、竞争激烈、需求弹性较大时宜采用渗透定价法。其优点为：第一，产品能迅速为市场所接受，打开销路，增加产量，使成本随生产发展而下降；第二，低价薄利，使竞争者望而却步、减缓竞争，获得一定市场优势。

成功的渗透定价需要几个前提：第一，市场对价格高度敏感，低价会推动市场的成长；第二，随着生产的积累，产品的生产成本和销售成本下降；第三，低价可以阻止现实的和潜在的竞争。

3. 满意定价法

满意定价法又称平价销售法，是一种介于撇脂和渗透之间的定价策略，其所定的价格比撇脂价格低，而比渗透价格要高，是一种中间价格。撇脂定价法定价过高，对消费者不利，既容易引起竞争，又可能遇到消费者拒绝，具有一定风险；渗透定价法定价过低，对消费者有利，对企业最初收入不利，资金的回收期也较长，若企业实力不强，将很难承受；而满意定价法采取适中价格，基本上能够做到供求双方都比较满意。

4.2.5　产品组合定价战略

1. 产品大类定价策略

产品大类是一组相互关联的产品，产品大类中每个产品都有不同的特色。产品大类定价策略是指对一组相互关联的产品，依照每个产品的不同特色来确定这类商品的价格差额，一般要分析各种产品成本之间的差额、顾客对商品的评价以及竞争者的价格等。如果产品大类中前后两个相联产品的价格差额较小，则顾客就会更多地购买性能较先进的产品。此时，若这两个产品的成本差异小于原价格差额，则企业的利润就会增加。

2. 任选品定价策略

任选品是指那些与主要产品密切关联的可任意选择的产品。例如，顾客去饭店吃饭，除了要饭菜之外，可能还会要点儿酒、饮料、香烟等。在这里饭菜是主要商品，烟酒、饮料等就是任选品。企业为任选品定价有两种策略可供选择：一种是为任选品定高价来盈利；另一种策略是定低价，把它作为招徕顾客的项目之一。例如，有的饭店的饭菜定价较低，可烟酒、饮料等任选品定价很高；而有些饭店，烟酒、饮料等任选品定低价，饭菜却定高价。

3. 附属产品定价

附属产品定价也叫连带产品定价策略。附属产品是指必须与主要产品一同使用的产品，例如，胶卷是照相机的连带产品，剃须刀架是剃须刀的连带产品。大多数企业采用这种策略时，主要产品定价较低，而连带产品定价较高，以高价的连带产品获取高利，补偿主要产品因低价造成的损失。例如，柯达公司给它的照相机定低价，胶卷定高价，既增强了照相机在同行业中的竞争力，又保证了原有的利润水平。

4. 副产品定价策略

在生产加工肉类、石油产品和其他化工产品时，常常产生副产品。如果副产品没有价值，而且事实上在处理它们时花费也很大，这将会影响主产品的定价。制造厂商将为这些副产品寻找市场，并接受比储存和利用这些副产品的费用更高些的任何价格。这样，企业就可以降低主要产品价格，以提高其竞争能力。

5. 产品捆绑定价策略

销售商常常将一些产品组合在一起销售。捆绑式销售的定价比分别购买单件的价格总和要低，这有利于帮助新产品快速推向市场，完成消费者对新产品的尝试性使用。

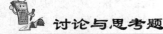 **讨论与思考题**

1. 请运用产品层次结构理论对你身边的产品进行分析。
2. 产品开发包括哪些阶段？各阶段的关键点是什么？
3. 品牌决策主要有哪几种？应如何选择使用？
4. 试在超级市场选取某类商品，对其包装进行比较分析。
5. 常见的定价方法有哪些？运用各种定价方法的前提条件是什么？
6. 如何为新产品进行定价？

 案例分析

1. 三星近几年来已经成为光彩夺目的明星。这个源自韩国的品牌，在全球企业史上几乎创造了一个神话。美国《商业周刊》刊登了世界权威品牌咨询公司 Interbrand 评选的 2007 年度世界品牌价值排名 100 强名单，三星电子成为本次排行中最亮丽的一道风景：自 2000

年以来，三星品牌开始发力，从 2000 年的 43 位(52 亿美元)，2001 年的 42 位(64 亿美元)，2002 年的 34 位(83 亿美元)，到 2003 年的 25 位(108 亿美元)。而 2007 年《商业周刊》的数据显示：三星 2007 年已经上升到 21 位。

此前，三星也曾一度是廉价货的代名词，模仿别人的技术，制造大量缺乏灵感的廉价产品；三星公司也曾采取过分追求规模化的产量以谋求价格制胜的经营方式，在国际市场上没什么地位和影响力。而此种境况，也是中国电子企业过去和现在的生存状态。那么，是什么改变了这一切？

来自《商业周刊》的评论说，三星电子的成功主要来自于三星电子在技术和营销方面所培养出来的核心竞争力。走进幕后，我们会发现，三星电子的认知度与其"一等主义"的营销策略密不可分。"除了妻儿以外改变一切！"这句为了消除三星电子以往形象的口号成为三星电子品牌策略的经典，同时更促使三星电子达成了种种品牌营销策略。

三星电子的所有产品特性都显而易见，那就是集科技化、时尚化、数字化于一身，进而全面领导潮流和把握未来。这个基本点在三星公司得以深入贯彻后，使三星电子遥遥领先于对手，甚至有人认为，领先的不只是两三步，三星电子已经领先对手十步。当然这个策略也是需要支撑点的。

在中国，"三星电子的目的在于创造中国家庭高端数字化生活的未来，帮助中国人民实现生活数字化。"三星电子公司负责人曾表示，"我们希望能把计算机、消费类电子产品和通信产品结合起来，让消费者能把三星电子公司和出色的未来技术联系在一起。"

随着 2002 年世界杯的结束，三星电子公司又取代足球成为了首尔的标志。在世界杯举办期间，从机场到首尔的路上，广告牌上全是三星电子公司的各种产品；在商业区，三星电子商店星罗棋布。首尔人的家中往往都有三星电子公司生产的电脑、电视和手机，可以说是三星电子公司把首尔人的生活数字化了。目前，三星电子公司的目标就是要把在首尔的一幕移植到中国来。

据统计，2002 年三星电子公司所获得的专利数量名列全球第五，仅次于 IBM、NEC、佳能和 Micron 公司，但领先于松下、索尼、日立、三菱电气和富士通公司。

在中国，三星电子也成为高技术的可信赖品牌。三星电子公司的产品在中国一直都被认为是高档货的象征，并且能吸引到大量购买者。在没有获准与本地企业合资生产手机以前，中国市场上甚至出现了大量走私的三星手机。

作为 2002 年全球彩电销量第一的行业老大，2003 年三星电子公司更是集结"数字化力量"，创造出"自然"色彩。其法宝就是采用了最新的 DNIe(数码自然影像技术)，配备了代表未来数字化传输趋势的 DVI 数字视频接口，采用 CDi 的尖端技术等。而"DNIe"技术全面装备三星电子的各种类型的电视，从超薄的液晶电视、世界上最大的等离子电视到现在已经越来越普遍的背投彩电以及纯平电视，总计数十款型号电视，全面登陆中国的各大中城市，全面展示三星电子的技术优势。

当快速增长的中国经济使富裕起来的城市年轻一代有条件购买时髦的电器时，三星电子公司很快抓住了这个机遇。它意识到不能再把中国作为过时产品的倾销市场，并及时地调整了在中国的销售战略，把重点放在几种核心产品上，如时尚的移动电话、高档的电视等。2001 年，三星电子公司花了 7 亿美元打造自己的品牌，如做电视广告、零售促销等；2002 年，它在这方面花了 9 亿美元。它的努力没有白费，树立起一个三星品牌形象，即三星产品代表着欢乐和新潮。市场研究表明，三星品牌的追随者大都是 20～30 岁的年轻人。2002 年，它在中国的销售额为 18 亿美元。

三星电子公司在 1998 年提出了宣传口号 "Samsung Digital Everyone's invited"，即 "三星数字世界欢迎您"。该口号代表了三星公司对广大客户和消费者的承诺，其中 "三星数字世界" 代表了所有时代、所有顾客和所有产品。同时，三星电子公司还期望通过这个口号传达出这样的含义：三星电子公司是一家充满开放意识并让人感觉亲切的高端数字企业，通过开发新型、多功能产品，让每个人的生活变得更舒适便利、丰富多彩。

据透露，三星电子公司一次更大规模的变革于 2004 年 3 月开幕。原先韩国三星公司不同的产品建立了各自生产分厂及各自的销售网络，这些网络相互之间不通用。2004 年 3 月开始，三星电子公司将设立投资管理公司下的分公司制，在北京、上海、广州设有 3 家分公司，分区管理。今后，每个分公司都有三星在中国的所有产品。其目的是要优化公司的资源，服务于公司整体战略。

三星公司在大型城市建有精品店，用以展示三星电子的科技产品，像北京的海龙体验中心、天津的数码展示店都具有很大的规模和特色。另外，像电视机产品，在全国重点商场都有相当规模的展示场地。

近年来，三星电子公司不仅对重大体育赛事的赞助活动热衷异常，还积极推进一些以区域为主的体育活动。如 2000 年 6 月 10 日由三星电子公司独家赞助的 "三星电子百日迎奥运万人长跑" 活动在天津组织举行。同时，著名乒乓球运动员、国手刘国梁被邀请出任三星电子公司的奥运代言人。长跑活动后，三星电子公司的最新形象代言人陈慧琳小姐还现场主持抽奖活动，幸运者获得了赴悉尼感受奥运的机会。活动在天津民园体育场举行，一万余名体育爱好者，八千多名观众参加。前奥运会长跑冠军王军霞亲临体育场，并担任领跑嘉宾。这一系列活动为三星电子公司掀起一波又一波奥运激情。

针对 2008 年的北京奥运会，三星公司制订了详尽的营销战略，不仅在原有的传统宣传活动中加入中国色彩予以创新，更制订出了富有创意的新计划。奥运火炬接力计划、三星奥运会宣传馆以及无线奥运工程作为三星奥运营销的主要载体，均被赋予了更多的中国元素，以达到让更多的中国公众感受奥运、分享奥运的目的。此外，三星公司还专门针对北京奥运会制订了更为 "本土" 的营销活动，包括邀请中国奥运冠军刘璇作为三星奥运形象大使；在北京、上海等城市举行 "三星系列奥运盛典" 巡回活动，在北京奥运会上首次采用三星奥运标识等。在 2008 年 5 月 20 日至 21 日火炬传递上海站期间，三星公司带领精心选拔的约 30 名奥运火炬手参与到火炬接力活动中，并随之开展了一系列奥运推广与公益活动。

除此之外，三星电子公司针对各个目标地区开展的以普及数码应用为核心的全民数码活动也十分频繁地进行。比如在中国，已经举办了两届的三星电子 "Digital Man" 选拔赛和 2003 年的 "三星电子杯美丽新视界 2003 DV/数码知识电视大赛"。三星电子公司将该活动推广的核心定为 "数字创造未来，数码改变生活"，旨在掀起普及数码应用知识，促进数字化工作的深入开展。

在 "2007 年度世界 100 大品牌" 的评选中，韩国三星电子的品牌价值上升为 168.5 亿美元，居世界 100 大品牌的第 21 位。显然，这与三星公司的营销策略是紧密相连的。三星公司敞开宽广的胸怀欢迎您进入缤纷多彩的数字世界。

（资料来源：http://www.doc88.com/p-3147948420681.html）

讨论题:
(1) 三星公司摆脱经营危机的口号给我们最大的启示是什么?
(2) 数字世界的提法对三星公司的营销战略有什么样的影响?

2. 携程网(简称携程) 是一家吸纳海外风险投资组建的旅行服务公司, 创立于 1999 年初, 主要的投资者有美国 Carlyle Group(凯雷集团)、日本 Softbank(软银)、美国 IDG(国际数据集团)、上海实业、美国 Orchid(兰花基金) 及香港 Morningside(晨兴集团)等, 是国内最大的旅游电子商务网站, 最大的商务及度假旅行服务公司, 提供酒店、机票、度假产品的预订服务, 以及国内、国际旅游实用信息的查询。

携程网于 1999 年 10 月接受 IDG 的第一轮投资; 次年 3 月接受以软银集团为首的第二轮投资; 2000 年 11 月收购国内最早、最大的传统订房中心——现代运通, 成为中国最大的宾馆分销商, 并在同月接受以凯雷集团为首的第三轮投资, 三次共计吸纳海外风险投资近 1800 万美金; 2001 年 10 月携程实现盈利; 2002 年 4 月收购了北京最大的散客票务公司——北京海岸航空服务公司, 并建立了全国统一的机票预订服务中心, 在十大商旅城市提供送票上门服务。

携程网的交易额、毛利、会员数以及宾馆业务连年呈直线快速上升。公司在 30 个月内实现了盈利, 2002 年 10 月的交易额突破 1 亿元人民币, 其中酒店预订量达到了 18 万间夜。2002 年携程网全年的交易额超过 10 亿元人民币, 其中网上交易额达到 40%。到 2002 年 12 月止, 携程网拥有注册会员超过 500 万人, 其中使用过携程网服务及产品的常用客户约 50 万人。

携程网的发展证明了高科技和传统产业的结合是大有作为的: 不仅在存活率不到 1% 的网络公司中成为盈利规模最大、稳定性最好的互联网创业公司, 并且在短短的 3 年时间内逼近了传统公司几十年的发展规模, 使宾馆分销成为重要的旅游服务领域。携程网以高科技的运作手段、精细化的管理模式和先进的服务理念为旅游服务企业的超常规发展拓展了新路子。

互联网时代, 每个公司都是以同样屏界面的方式展现在消费者面前。这一点非常容易引起人们的错觉, 前台看来好像每个公司都差不多, 实际上这里相互间的差距可是山高水远, 网站之间真正比拼的是其后台。尽管任意一个人都可以建立一个网站, 号称可以提供相关服务, 但最后决定胜负的还是企业的整体实力。

携程网创业就像小时候做数学题一样, 从最简单的入手。携程网先从酒店订房开始, 这是携程网的"初级版本"。相对订票而言, 订房是更为简单直接的切入点。只要顾客在网上拿到订房号, 自己带着行李入住即可。所以第一年携程网集中全力打通酒店订房环节。这种"帮人订房"的"简单工作", 或许是很多海归所不屑的。但是"不要忘了, 你是在中国, 要服务的是中国大众。"

"上市公司的股价你无法控制, 但是你可以不断地把公司的核心竞争力加强再加强。只要是金子总会发光。"给核心竞争力加分的秘诀都取决于"细节"。

比如说, 携程网从三年前开始了"预留房"服务。目前有 800 个酒店为携程网协议保留一定数量的预留房。在洽谈这个条款时, 携程并没有期望能马上得到回报。但是其意义却非同一般。它保证了携程网的酒店订房业务在旅游旺季依然能够游刃有余。更是为携程网的长期竞争力或者说携程股票的长期不俗表现加分。

2004 年 10 月 19 日携程旅行网和携程翠明国旅在上海召开新闻发布会，正式对外宣布推出全新 360° 度假超市，超市"产品"涵盖海内外各大旅游风景点，旅游者可以根据自己的出游喜好自由选择搭配酒店、航班等组合套餐。面对国内发展迅猛的旅游市场，度假超市的推出对整个国内旅游业的发展将起到积极深远的影响。

随着国内旅游者出游频率的逐年增加，旅游者的旅游经验日趋丰富，旅游者的旅游需求也在不断提高，传统旅行社组团在个性化、自由度方面已无法满足现代游客的出游需求。在此背景下，以"机票＋酒店"套餐为主的自助游产品应运而生，即旅游网站等给游客提供机票和酒店等旅游产品，由旅游者自行安排自己的行程，自由行的出游模式已逐渐成为人们出行的一个热门选择。

面对旅游市场这一新的变化，国内许多旅游企业开始新一轮排兵布阵，携程网也将度假业务的重点放在自助游上。携程网执行副总裁范敏介绍，针对市场上自助游产品线路少、产品单一的状况，此次推出的 360°度假超市主要是由携程翠明提供的自助旅游产品和携程网自行开发的"机票＋酒店"套餐产品构成，携程网依托与酒店、航空公司以及中国香港、新加坡、马来西亚等当地旅游局的合作伙伴关系，通过强大的技术力量搭建了度假产品查询、预订界面的度假超市。整个"超市"包括香港、马尔代夫、普吉岛、巴厘岛、三亚、广西、云南、滨海假期等几十个自由行精品店，每个"精品店"内所拥有的不同产品组合线路至少 5 条以上。另外，度假超市为旅游者同时提供了景点门票等增值服务以及众多的可选项服务，旅游者可以根据时间、兴趣和经济情况自由选择希望游览的景点、入住的酒店以及出行的日期。

目前携程网已把酒店、机票预订拓展到境外，可预订的海外酒店就超过 500 家。这比一般旅行社的数字都要大。由于携程网保持了电子商务公司的性质，在未来发展中，其酒店预订、机票预订以及旅游项目三块主业，无一不促使其和相应传统渠道存在特殊的关系：既竞争抢食，又合作发展。为此，携程开始在度假旅行方面下工夫，并推出一些组合性的套餐产品。预先帮客户设计了一些可供选择的方案，客户可以据此安排自己的行程。度假旅行属于自助游的范畴，我国自助游的发展空间很大。在未来，自助游将会成为主流。相比传统旅行社，携程的优势很明显。首先携程网的成本比它们低得多，另外自助游的选择很多，按传统方式操作，客户很难在短时间内全面了解清楚，而在网上一切就方便多了。还有携程网的散客量很大，一年有 50 万人订房，100 万人订票，没有一间传统旅行社能达到这样的规模。同时，携程对传统旅行社还是充满兴趣的。

在美国纳斯达克成功上市后，携程网目前已经发展成为国内最大的旅游电子商务网站和最大的商务及休闲度假旅行服务公司。在酒店预订和机票预订获得双丰收后，2004 年 2 月，携程网与上海翠明国旅合作并将其正式更名为携程翠明国际旅行社，全力进军度假市场领域。类似的例子还有很多。

携程网永远都记得自己在卖什么，携程网本身是一个旅游服务企业，互联网只是载体！

(资料来源：http://course.shufe.edu.cn/course/marketing/allanli/xiecheng.html)

讨论题：

(1) 携程网卖的主要是什么产品？为何成功？

(2) 携程网是如何发现客户的需要，开发有针对性的产品的？

第5章 创业营销组合策略(下)

重点提示

- 分销渠道的概念和类型。
- 渠道设计决策的基本内容。
- 促销组合战略的类型和影响因素。
- 创业企业不同阶段的营销组合策略。

阅读资料

由联想看营销策略的分阶段使用

联想公司自成立以来便以其飞速的发展不断震惊着世人，2013年，联想电脑销售量升居世界第一，成为全球最大的 PC 生产厂商，其市值已由成立之初的 20 万元发展至现在的数百亿元。联想的成功与其合理的自身定位和有效的营销模式密不可分。联想公司在成立之后，不断转变其营销策略，在不同的时期使用了不同的营销方式，从而实现了企业的高速发展。

1. 代理分销阶段(1994—1997 年)

这个阶段是联想公司自建渠道、奋发图强的阶段。联想公司放弃其不成熟的直销模式而采用分销模式，建立起了中国 PC 业第一个成型的分销体系，不断优化渠道结构，致力于渠道扁平化，并密切公司与经销商之间的业务纽带和互利关系，避免恶性渠道冲突。

2. 紧密分销阶段(1998—2001 年)

此阶段联想公司营销渠道进入了深耕细作阶段，建立了遍布全国的网络，提出了大联想的概念，其核心是把联想公司的营销渠道法定为长期的商业伙伴，以其圈经销商的营销模式建立了稳定的分销体系，同时，联想公司开始广泛地为各级经销商直接提供技术、培训和市场推广等方面的支持，并实施了 ERP，从而大大降低了渠道成本，提升了渠道成员之间信息交换的数量和质量。

3. 整合分销阶段(2002—2005 年)

此阶段伴随着联想公司与分销商合作的继续深化，面对戴尔公司在中国市场的强势崛起，联想公司提出了整合分销的渠道策略。整合分销有两大核心要点：第一，把以前联想公司的渠道优势整合在一起，为不同的客户提供产品和服务；第二，联想公司和渠道之间要合理分工，各自培养自己的能力，发挥自己的优势，进行一体化的合作。

4. 集成分销阶段(2005 年以后)

联想公司并购 IBM 的 PC 业务后，引起了电脑行业的巨大震动，尤其是戴尔和惠普两大 IT 巨头感受到了极大的威胁，趁着联想公司整合 IBM 的 PC 渠道的同时开展了反击。面对来自行业、用户、终端、竞争和自身的挑战，联想公司选择主动变革、积极突破，进行一次新的理念飞跃，实现联想体系的改革和升华，打造一个基于联想体系的、增值、高效、强有力的集成分销链。

(资料来源：百度文库，http://wenku.baidu.com/view/3e5730f3fd0a79563c1e72d8.html)

5.1　创业企业的渠道策略

5.1.1　分销渠道的概念和分类

1. 分销渠道的概念

在现代商品经济条件下，大部分生产企业并不直接把产品销售给最终用户或消费者，而要借助于一系列中间商的转卖活动。商品在流通领域内的转移，包括由商品交易活动完成的商品所有权转移过程和由储存、运输等完成的商品实体转移过程两个方面。分销渠道的含义，一般仅指由参与了商品所有权转移或商品买卖交易活动的中间商组成的流通渠道。分销渠道的起点是生产者，终点是消费者或用户，中间环节包括各种参与了商品交易活动的批发商、零售商、代理商和经纪人。

2. 分销渠道的类型

根据有无中间商参与交换活动，可以将图 5.1 所示的所有通道归纳为两种最基本的销售渠道类型：直接分销渠道和间接分销渠道。

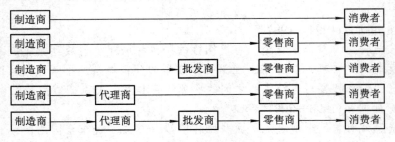

图 5.1　消费者市场营销渠道

1) 直接分销渠道

直接分销渠道是指生产者将产品直接供应给消费者或用户，没有中间商介入。直接分销渠道是工业品分销的主要类型。例如，大型设备、专用工具及技术复杂的装置等需要提供专门服务的产品，都采用直接分销，消费品中有一部分也采用直接分销类型，如安利等。

2) 间接分销渠道

间接分销渠道是指生产者利用中间商将商品供应给消费者或用户，中间商介入交换活动。随着市场的开放和流通领域的搞活，我国间接分销的商品比重增大。企业在市场中通过中间商销售的方式很多，如厂店挂钩、特约经销、零售商或批发商直接从工厂进货等。

分销渠道按通过流通环节的多少可分为长渠道和短渠道，按渠道的每个环节中使用同类型中间商数目的多少来划分宽窄，还可以根据选择渠道的结构分为单渠道和多渠道等。

3. 网络销售在创业企业实现销售的过程中异军突起

2006 年，全国网络购物交易总额 266.5 亿元人民币，占全国消费品销售总额的 0.85%，而 2002 年仅占 0.04%，这足以见证网络贸易发展的迅猛性。其中淘宝网交易总额 169 亿元，比 2005 年同期增长了 110%，这一数字超过卜蜂莲花(100 亿元)、沃尔玛(99.3 亿元)在华的全年营业额，更是北京王府井百货集团全年销售额的 2.6 倍。2007 年一季度末，中国知名 C2C 网站淘宝网发布的"2007 年 1 季度淘宝网购物报告"表示，2007 年第一季度的淘宝网总成交额突破 70 亿，截至 3 月 31 日，其累计注册会员数达到 3510 万。

目前创业企业可操作的网络销售模式有以下三种。

1) 借助专业销售平台分销

红孩子等类型的网站利用购物平台上自己的物流机制实现配送。其优点是：

(1) 开发虚拟的经销商，减少了经销环节。

(2) 这类平台一般还配有实体的店铺和电话订购系统，可以消除消费者对付款安全的顾虑。

(3) 企业对通过此平台购买的消费者的服务成本较小。

(4) 这种代理销售平台一般有自己的配送体系和配送范围。

其缺点是：

(1) 无法获得消费者资料，对于这个平台有很强的依赖性。

(2) 由于减少经销环节，让利给消费者的同时，低供货价也会产生倒货窜货风险。

(3) 第三方平台的逐利性会使它的营销资源放在利润空间更大的竞争品牌上，从而使现有消费者转牌，客户流失。

2) 通过淘宝、易趣等知名C2C平台发布销售信息

通过淘宝、易趣等知名 C2C 平台发布销售信息，借助快递、邮局或者企业驻全国各地的办事处、经销商来实现物流环节。其优点是：

(1) 平台管理、订单管理不需要很多的人力资源。

(2) 可以有稳定的客户来源和确切的消费者资料，容易通过服务提升忠诚度。在线支付可以加快企业资金周转。

(3) 企业有完全自主的定价权，同时也可以更精确地了解在线活动的促销效果。

(4) 可以获得客观及时的销售数据及更简洁的库存管理。

其缺点是：

(1) 通过这个平台实现的销售将远小于传统渠道。

(2) 不便于企业信息化管理，订单处理和财务流程处理有风险。

(3) 对经销商的物流不容易监管，通过经销商直送解决物流可能使企业对销售平台的掌控力减弱。

3) 企业自己建设网上销售平台

企业自己建设网上销售平台，自己推广运营，利用全国的营销网络实现配送或者将配

送业务外包给第三方平台。其优点是：

(1) 较少经销环节，获得更多利润空间。

(2) 对渠道和经销商的依赖程度将降低，或者说在与通路的谈判中更有优势，市场人员更轻松。

(3) 营销费用(如促销品采购费用、库存费用、运输费用)降低。

(4) 加快资金周转，减少财务流程。

(5) 充分利用数据挖掘技术，获取准确的市场数据和客户信息辅助决策。

(6) 促销信息和美誉传播更快、更广。

其缺点是：

(1) 搭建自营平台投入较大，而且维护不善极易遭受损失。

(2) 容易引起实体分销渠道价格体系混乱。

(3) 存在自营网站的推广和配送规划难题。

(4) 如果消费者投诉问题解决不当，那么负面信息对品牌的影响将是巨大的。

网络销售、电话订购和电视购物频道等模式的成熟必然给渠道变革带来新的启示。同时，消费者的行为习惯也在发生改变，若创业企业能抓住新的机遇，及时调整营销渠道、战略方向，与时俱进、不断创新，就一定能在新的竞争中取得胜利。

5.1.2　渠道设计决策

一个新产品推向市场能否获得成功，分销渠道设计是至关重要的一环。试想如果你的产品质优价廉，广告宣传也非常有效，消费者们很想买来试试，结果却不知道去哪里能买到它，那一定是分销渠道出了问题。要设计一个好的渠道系统，需要分析消费者的服务需要、建立渠道目标和分析限制因素，确定主要渠道选择方案，并对它们进行评估。

1．分析消费者对服务的需求

渠道的产生正是由于给顾客提供了时间、地点、服务等附加价值，减少了交易成本，所以，营销渠道可以看做是每个渠道为顾客增加价值的顾客价值支付系统。因此，设计销售渠道必须先找出各目标市场中的消费者想从该渠道中获得什么价值。渠道越分散，交货越迅速，产品种类越多，附加服务越多，则该渠道的服务水平就越高。

但是，提供最快的交货速度、最多的种类和最多的服务只是一种理想状态。一般来说，企业和它的销售渠道没有足够的资源或技术来达到服务的最大化。另外，渠道的服务水平越高，成本就越大，价格就越高。企业衡量消费者服务需要时，不仅要比较满足这些需要的可行性，还要衡量为满足这些需要所增加的成本以及消费者是否愿意为增加的成本埋单。

2．分析渠道选择影响因素

通常，企业可能有多个服务水平，要求不同的细分市场，进入这些细分市场可能采用不同的销售渠道。渠道设计的目的是使企业在满足目标顾客服务需求的情况下使渠道总成本最低。

影响分销渠道选择的因素有很多。企业在选择分销渠道时，必须对下列几方面的因素进行系统的分析和判断，才能作出合理的选择。表 5.1 列出了影响渠道选择的三种主要因素。

表 5.1　影响渠道选择的主要因素

因　　素	选择直接渠道的原因	选择间接渠道的原因
产品特点	特殊商品 技术复杂 易腐 时新商品 单位价值高 笨重 附加服务多	便利商品 技术简单 耐久 大宗、常用商品 单位价值低 轻便 附加服务少
企业状况	具有营销经验 具有营销能力 企业规模大 财力雄厚 声誉高 需要高度控制渠道	缺乏营销能力 缺乏营销经验 企业规模小 资金紧缺 知名度低 对控制渠道要求低
市场因素	购买批量大 消费者集中	购买批量小 消费者分散

除产品特点、企业状况和市场因素这三种主要影响因素外，企业在设计和选择渠道时还应考虑中间商特性、竞争者的渠道和环境因素的影响。

1) 中间商特性

由于各类中间商实力、特点不同，如广告、运输、储存、信用、训练人员、送货频率等方面具有不同的特点，从而影响生产企业对分销渠道的选择。例如，一个同时经销数家产品的经销商的费用就比较低，因为全部费用由几个委托制造商共同分担，但他们对企业产品的销售努力程度远远不如企业自己的销售力量。

2) 竞争者的渠道

在一些情况下，企业可能希望只在经营竞争者产品的商店内或附近与之展开竞争。例如，统一和康师傅的方便面总是陈列在相同的地方。在其他情况下，生产商会选择避开竞争者使用的渠道，如薇姿化妆品决定不与其他竞争品牌争夺竞争激烈的商场，而选择了药店经销。

3) 环境因素

经济条件和法律因素也影响渠道设计决策。例如，在经济萧条时期，生产者希望以最经济的方式销售产品，即用较短的渠道或取消增加最终产品价格的非必要服务项目。另外，法律对一些专控商品的销售也有规定。

3. 确定主要渠道选择方案

当企业已经明确其渠道目标时，接下来就应该确定主要渠道选择方案。主要渠道选择方案由三部分构成：中间商类型、中间商数目和每个渠道成员的责任。

1）中间商类型

企业应该识别适合其渠道业务的中间商类型。代理商、经销商和销售代表在渠道中的作用是不同的。

销售代表是指企业派驻在各地的，令其负责联系该地区所有潜在顾客的代表或针对不同行业分别设置的专职销售人员。

经销商是在不同地区或行业内，购买和经营企业产品的销售商，公司给予其区域独家销售权、培训和促销支持。

代理商是指经销来自同一或不同企业的相关产品的独立公司。

2）中间商数目

企业还要决定在每层渠道上使用的渠道成员的数目。按渠道成员数目的多少，可分为密集式分销、选择性分销和独家分销。

密集式分销是指生产企业同时选择较多的中间商销售产品。一般来说，日用品和一般原料生产商多采用这种分销形式。例如，牙膏、糖果等产品在数百万家商店销售，提供最大的品牌种类和消费者便利。

选择性分销是指在同一目标市场上，选择一个以上的中间商销售企业产品，而不是选择愿意经销本企业产品的所有中间商。这有利于提高企业经营效益。一般来说，消费品中的小家电、日化用品等和工业品中的零配件宜采用此分销形式。

独家分销是指企业在某一目标市场，在一定时间内，只选择一个中间商销售本企业的产品，双方签订合同，规定中间商不得经营竞争者的产品，制造商则只对选定的经销商供货。一般来说，此分销形式适用于消费品中的新汽车和名牌服装以及工业品中的专用机械设备等，这种形式有利于双方协作，以便更好地控制市场。

3）渠道成员的责任

生产商和中间商需要在每个渠道成员的条件和责任上达成协议。他们应该在价格政策、销售条件、区域权利和每一方应执行的具体服务方面取得一致。生产商必须划定每个渠道成员的销售区域，并且应该审慎安排新成员的位置。在制定相互服务与责任条款时必须谨慎行事，在特许经销和独家代理方面尤应如此。

4. 评估主要渠道方案

企业在评估渠道选择时需比较不同渠道选择的可能盈利能力，估计每个渠道的销售量和销售成本；企业还必须考虑控制因素，使用中间商意味着给中间商一些产品营销控制权，在其他条件一致的情况下，企业应尽可能多地保留控制权；另外，企业应衡量一种渠道选择方式是否有利于为日后适应不断变化的市场营销环境作出调整。

总之，公司在选择具体的分销渠道模式时，一般都要遵循以下原则。

（1）畅通高效的原则。任何正确的渠道决策都应符合物畅其流、经济高效的要求。畅通的分销渠道应以消费者需求为导向，将产品尽快、尽好、尽早地通过最短的路线，以尽可能优惠的价格送达消费者方便购买的地点。

（2）覆盖适度的原则。企业在选择分销渠道模式时，仅仅考虑加快速度、降低费用是不够的，还应考虑是否有较高的铺货率足以覆盖目标市场。

（3）稳定可控的原则。企业一般不会轻易更换渠道成员，更不会随意转换渠道模式。

只有保持渠道的相对稳定，才能进一步提高渠道的效益。另外，还需要分销渠道具有一定的调整功能，以适应市场的新情况、新变化，从而保持渠道的适应力和生命力。企业在选择和设计分销渠道时，应未雨绸缪，综合考虑各个环节，使渠道将来始终都在可控制的范围内。

(4) 协调平衡的原则。企业在选择、管理分销渠道时，不能只追求自身的效益最大化而忽略其他渠道成员的局部利益，应合理分配各个成员间的利益。组织动力学派认为，渠道成员之间是一种合作、冲突、竞争的关系，这就要求渠道的领导者对此有一定的控制能力——统一、协调、有效地引导渠道成员充分合作，鼓励渠道成员之间有益的竞争，减少冲突发生的可能性，解决矛盾，确保总体目标的实现。

(5) 发挥优势的原则。企业在选择分销渠道模式时，为了争取在竞争中处于优势地位，要注意发挥自己各个方面的优势，将分销渠道模式的设计与企业的产品策略、价格策略、促销策略结合起来，以增强营销组合的整体优势。

5.2　创业企业的促销策略

现代营销不仅仅局限于开发一个好的产品，把价格定得很诱人，并把它摆满大街小巷。企业还必须把它告知目标客户，甚至在与目标客户的沟通中去教育、吸引和诱导他们。对于大多数企业而言，问题不在于是否需要与目标客户沟通，而是在于花费多少财力物力和采取什么方式沟通才能取得预期的效果，这种沟通就是促销。促销指企业通过人员推销或非人员推销的方式，向目标顾客传递商品或服务的存在及其性能、特征等信息，帮助消费者认识商品或服务所带给购买者的利益，从而引起消费者的兴趣，激发消费者的购买欲望及购买行为的活动集合。

威廉·斯坦顿的研究认为：在不完全竞争的条件下，"一个公司利用促销来帮助区别其产品、说服其购买者，并把更多的信息引入购买决策过程。"用经济学术语来说，促销的基本目的是改变一个公司的产品的需求(收入)曲线的形状。通过促销活动，一个公司希望在任何一定价格的条件下，增加某种产品的销售量。它还希望促销影响产品的需求弹性。其目的在于：当价格提高时使需求无弹性，当价格降低时使需求有弹性。换言之，企业管理当局希望当价格上升时，需求数量下降很少，而当价格下降时，销售却大大增加。一个公司总的促销活动称为促销组合——由广告、人员推销、销售促进、公共关系与宣传、直接营销和互动营销混合组成。

(1) 广告是由明确的主办人以付款方式进行的创意、商品和服务的非人员展示和推广活动。

(2) 人员推销是与一个或多个预期购买者面对面接触以进行介绍、回答问题和取得订单的营销活动。

(3) 销售促进是指各种鼓励购买或试用产品和服务的短期刺激行为。

(4) 公共关系与宣传是指设计各种方案以促进或保护公司形象或推广个别产品的活动。

(5) 直接营销和互动营销是使用邮寄、电话、传真、电子信箱或互联网以直接传播，或征求特定顾客和预期顾客的回复。

表 5.2 列出了通用的促销工具。由于技术的突破，企业的促销方法可以是传统的媒体，如报纸、杂志、收音机、电视、电话、公告牌，也可以通过较新的媒体，如因特网、传真、移动电话和各种无限设备等。为了减少促销成本，新技术鼓励更多的企业从大众化促销方法走向目标促销和一对一的交流。

表 5.2　通用的促销工具

广　告	销售促进	公共关系	人员推销	直接营销
印刷和广播广告	竞赛、游戏	报刊稿子	推销展示	目录销售
外包装广告	兑奖、彩票	演讲	销售会议	邮购服务
包装中插任务	奖励和赠品	研讨会	激励方案	电话营销
电影画册	样品	年度报告	样品	电子购买
宣传小册子	商品、贸易展销会	慈善捐款	商品、贸易展销会	电视购买
海报和传单	展览会	捐赠		传真信箱
工商名录	示范表演	出版物		电子信箱
广告复制品	赠券	关系		语音信箱
广告牌	回扣	游说		
陈列广告牌	低息融资	确认媒体		
销售点陈列	招待会	公司杂志		
视听材料	折让交易	公司事件		
标记和标示	节目活动			
录像带	商品搭配			

组合是企业与目标顾客沟通的首要活动，但是企业还必须协调整个营销促销组合，即促销的产品、价格和地点等，争取最佳的沟通效果。下面将讨论一个新产品推向市场的时候，如何与目标顾客构建有效的促销组合。

5.2.1　促销组合战略

常见的促销组合包括推动和拉动促销。图 5.2 所示对两种不同的促销战略作了对比。在这两种战略中，对于各个不同的促销工具的重视程度也不相同。

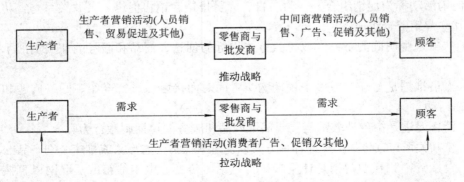

图 5.2　推动与拉动促销战略

推动战略是把产品通过销售渠道"推动"到消费者手中，其目的是说服中间商与消费者购买企业产品，并层层渗透，最后到达消费者手中。推动战略主要以人员推销为主，辅之以中间商销售促进，兼顾消费者的销售促进。拉动战略以广告和消费者促销为主，通过新创意、高投入、大规模的广告轰炸，直接诱发消费者的购买欲望，由消费者向零售商、零售商向批发商、批发商向制造商求购，由下至上，层层拉动购买。

有些小型的工业公司只使用推动战略，而有些公司只使用拉动战略，大多数公司是把两种战略结合使用。企业在决定使用什么促销战略的时候，往往要受许多因素影响，包括产品及市场类型、顾客购买阶段和产品生命周期阶段等。

1．产品及市场类型

不同的促销工具在消费品市场和商业市场的意义不一样，如图 5.3 所示。消费品公司通常更多地使用拉销方式，将资金更多地投入广告，其次是使用销售促进、人员销售和公共关系。工业公司则喜欢推销方式，将资金更多地用在人员销售方面，其次是使用促销、广告和公共关系。一般来说，人员销售更多地用于价格昂贵、有风险的商品，以及买主偏少偏大的市场中。当然，广告对于工业品销售同样重要，企业间的广告有助于加深消费者对产品的知晓和了解，引发销售并促进招商活动。人员销售对于消费品销售也很有帮助，训练有素的销售人员可以让更多的中间商接受某一品牌，并且协助他们开展展示和促销活动。

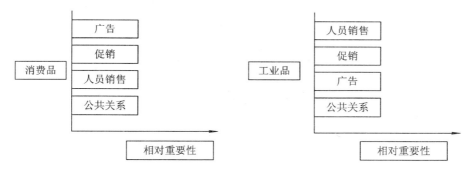

图 5.3　促销工具在消费品与工业品市场中的相对重要性

2．顾客购买阶段

促销工具的使用效果在不同的买主准备阶段也不一样。广告和公共关系在知晓和了解阶段起主要作用，顾客的喜欢、偏好和信任则更多地受人员销售的影响，而交易很多是由销售电话和营业推广完成的。人员销售由于成本较高，应该集中在顾客购买过程的后期使用。

3．产品生命周期阶段

促销工具的效果在不同的产品生命周期也不相同。在市场引入阶段，广告和公共关系适合建立较高的知晓度，销售促进则对促进顾客的尝试购买有很好的作用；在成长期，广告和公共关系仍然很有效，但由于所需的刺激较少，销售促进可以减少；在成熟期，相对于广告而言，销售促进又变得重要起来，买主已经对产品有所了解，广告只需要提醒买主记住产品；在衰退期，广告保持在提醒水平，只有销售促进才可能持续有效。

5.2.2　整合促销流程

营销人员需要了解他们的目标客户，并善于发掘广告信息，同时把这些信息通过媒体发布出去，并搜集反馈，估计目标顾客对信息的反应，以便评估促销效果。概括来讲，有效促销的步骤包括：确定目标受众、确定促销目标、设计信息、选择促销渠道、评估预算、确定促销组合。

1．确定目标受众

营销人员一开始在心目中就必须有明确的目标受众——公司产品的潜在购买者、目前使用者、决策者或影响者。受众可能是个人、小组、特殊公众或一般公众。目标受众将会极大地影响信息传播者的下列决策：准备说什么，打算如何说，什么时候说，在什么地方说，向谁说等。

2．确定促销目标

营销人员可能需要寻求目标受众的认知、情感和行为反应。换言之，营销人员要向消费者头脑里灌输某些东西来改变消费者的态度，或者使消费者行动。图 5.4 列出了四种最著名的反应层次模式。

模式

阶段	AIDA模式	层次效果模式	创新采用模式	沟通模式
认知阶段	注意	知晓 认识	知晓	接触 接收 认知反应
情感阶段	兴趣 欲望	喜爱 偏好 信任	兴趣 评估	态度 意图
行为阶段	行动	购买	试用 采用	行动

图 5.4　反应层次模式

所有这些模式都假设购买者经过认知、情感和行为这三个阶段。这个连续的过程是"学习—感觉—动作"的过程，它适用于目标受众高度参与该产品项目并在认识上有很大的差异性的情形，如购买汽车。另一个次序是"动作—感觉—学习"，它适用于目标受众对该产品项目高度参与但认识上很少或没有差异的情形，如购买铝制框架。第三个次序是"学习—动作—感觉"，它适用于目标受众对该产品项目低度参与和认识上很少有差异的情形，如购买食盐。了解目标受众属于哪个模式，有利于营销人员更好地完成促销计划工作。

例如层次效果模式，购买者高度参与且认识有高度的差异性，其购买过程经历了知晓、认识、喜爱、偏好、信任、购买六个阶段。

(1) 知晓：如果大多数的受众不知道目标产品或公司，营销人员的首要任务就是促使人们知晓，一般来说就是认识名称，这可以通过重复这一名称来达到目的。

(2) 认识：目标受众可能对公司或产品有所知晓，但知晓的并不多。那么营销人员的目标就是建立产品知晓，使受众了解得更多。

(3) 喜爱：如果目标受众知晓一项产品，那么他们对它的感觉如何？如果大多数人不喜欢，那么营销人员就要找出原因，改进或弥补不足，并把好的信息传递出去。

(4) 偏好：目标受众可能喜爱这个产品，但并不比其他产品更偏好。在此情况下，营销人员可以通过宣传产品的质量、性能、价值和其他特征，设法建立消费者偏好。

(5) 信任：某一目标受众可能偏好此产品，但尚未发展到要购买它的信任程度。营销人员的工作就是要帮助目标受众建立这样一种信念，购买这个产品是最好的选择。

(6) 购买：最后，有些目标受众已经处于信任的阶段，但尚未达到作出购买的决定。他们可能在等待下一步信息，计划下一步行动。营销人员必须引导他们迈出最后一步，这包括在提供的产品中给予较低定价、给予补贴、在有限的范围内提供试用的机会等。

3．设计信息

营销人员在明确了受众的期望之后，就要着手开发一个有效的信息。理想的信息能引起注意、提起兴趣、唤起欲望和导致行动。要整理出一条广告信息，营销人员要解决四个问题：说什么(信息内容)，如何合乎逻辑的叙述(信息结构)，以什么符号进行叙述(信息格式)和谁来说(信息源)，即传播人员需发掘一种可以产生预想反应的主题或吸引力，并建立一套完整的结构和格式。对于报刊广告，传播人员需明确标题、文字说明、插图和色彩；广播广告需选择措辞、声调和嗓音等内容；如果信息需要上电视，则所有这些因素外加人体语言都必须明确。

4．选择促销渠道

营销人员必须选择促销渠道，促销渠道分为人员和非人员两大类型。人员促销渠道指人与人直接交流，如面对面、打电话，甚至邮件交流。无论是销售人员还是导购和其他人员，都可以通过这种直接交流影响消费者。非人员促销渠道是指不通过个人联系和反馈来传播信息的媒体。这种媒体包括报刊媒体、广播电视、展示、销售氛围，以及一些安排好的活动等。无论选择什么促销渠道，营销人员的目的都是要把有关的信息传达给目标受众，从而影响他或其他人的购买决策。

5．评估预算

营销中最难的决策之一就是企业该花多少钱来进行促销活动。百货巨子约翰·沃纳梅克曾经说过："我知道我的广告费有一半浪费了，可我不知道是哪一半。我花两百万美元做广告，但是我不知道这刚够一半还是多一倍。"对于化妆品企业来说，促销费用可能是销售额的 20%～30%，而工业机械行业可能只有 2%～3%。下面介绍常用的四种促销预算制订方法，分别是量入为出法、销售百分比法、竞争对等法和目标任务法。

1）量入为出法

公司根据财力所能承受的水平来制订促销预算。小公司常用这种办法，原因是它们不能花费承受不起的费用去做广告。它们首先算出总收入，减去运作费用和资本支出，然后将剩余资金中的一部分用来做广告。这种制订预算的方法完全忽略了促销活动可能给销售带来的效益。结果是年度促销预算不稳定，也很难制订出长期的企划。

2）销售百分比法

销售百分比法即以目前的或预测的销售额的百分比来制订促销预算，或者按照单位售价的百分比来确定预算。此方法使用简单，可以帮助管理层了解促销开支、销售价格和单位产品利润之间的关系。但是，这种方法也有很大问题，它错误地把促销视为销售额的结果而不是原因。这种方法是主要依据过去的习惯和可用资金的情况作出决策，往往会导致在需要增加促销预算的时候错失良机。

3) 竞争对等法

竞争对等法即根据竞争对手或本行业的平均促销费用水平制订本公司的促销预算。显然这种办法也有失偏颇，每个公司情况不同，竞争对手或行业平均促销费用水平并不能完全符合本公司的实际需求。

4) 目标任务法

这是最合乎逻辑的预算制订方法，即公司根据它运用促销想达到的目标制订促销预算，具体包括明确具体的促销目标，确定要达到目标所需要的任务，估计完成任务所需要的成本，这些成本之和就是促销预算。但是这一方法的难度在于，人们很难弄清楚要达到预期的促销目标需要执行哪些具体任务。

例如，某公司推出一个新的××洗发水。

① 确定市场份额目标：这家公司预计市场有 5000 万潜在使用者，并且确定了吸引其中的8%，即 400 万使用者的目标。

② 决定广告应达到市场的百分率：广告商希望广告触及率达到 80%(4000 万预期顾客)。

③ 决定已知其名的预期顾客中，有多少百分比能被说服试用该品牌：如果 25%或者说 1000 万预期顾客试用××牌洗发水，广告商就会很高兴，因为他估计试用者中的 40%或者 400 万人将会成为忠诚的使用者，这就是市场目标。

④ 决定每 1%试用率的广告印象数字：广告商估计目标总体中每 1%有 40 次广告印象(显露数)，就会带来 25%的试用率。

⑤ 决定要购买的毛评点的数目：一个毛评点就是向目标总体的 1%的一次显示。因为这家公司的广告覆盖率达 80%，获得 40 次显示，它就要花费 3200 个毛评点的费用。

⑥ 根据购买每个毛评点的平均成本，决定必要的广告预算：向目标总体的 1%展示一次广告印象的平均成本为 3277 美元，所以 3200 个毛评点在这引入年内需要消费 10 486 400(3277 × 3200)美元。

最后，在营销工作执行过程中，就必须开始搜集反馈信息。营销人员在发出广告信息后，要对目标受众的影响进行研究，包括调查目标受众的成员是否记得有关信息，看到多少次，记得多少，对信息的感觉如何，以及他们对公司或产品以前和现在的态度。营销人员还要注意衡量促销引起的行为变化，即多少人购买了产品，或同别人谈论，是否去过卖场等。营销人员通过对反馈信息的搜集来评估促销活动的效果，以及决定是否对促销活动进行调整和深入。

6. 确定促销组合

促销的具体方式包括广告、人员推销、公共关系和营业推广四种。企业把这四种促销方式有机结合起来，综合运用，形成一种组合策略或技巧，即为促销组合。企业在确定了促销总费用后，面临的重要问题就是如何将促销费用合理地分配于四种促销方式的促销活动。四种促销方式各有优势和不足，既可以相互替代，又可以相互促进，相互补充。所以，许多企业都综合运用这四种促销方式达到既定目标。这使企业的促销活动更具有生动性和艺术性，当然也增加了企业设计营销组合的难度。企业在这四种促销方式的选择上各有侧重。因此，在设计促销组合时，应该考虑以下因素：

(1) 各种促销方式的特点。不同的促销方式在具体应用上均有其实用性、优势与不足。因此，了解各种促销方式的特点是选择促销方式的前提和基础。

① 广告。这一促销方式的传播面广，形象生动，比较节省资源，但只能对一般消费者进行促销，针对性不足，也难以立即促成交易。

② 人员推销。这一促销方式能够直接和目标对象沟通信息，建立感情，及时反馈，并可当面促成交易，但其占用人员多，费用大，而且接触面比较窄。

③ 公共关系。这一促销方式的影响面广，信任度高，对提高企业的知名度和美誉度具有重要作用，但其花费力量较大，效果难以控制。

④ 营业推广。这一促销方式吸引力大，容易激发消费者的购买欲望，并能促成立即购买，但其接触面窄，效果短暂，特别不利于树立品牌。

(2) 影响促销组合的因素。

① 产品的类型。对于消费品而言，促销效果由高到低的促销方式依次为广告、营业推广、人员推销和公共关系；而对于产业用品而言则依次为人员推销、营业推广、广告和公共关系。

② 促销总策略。促销总策略包括推动策略和拉引策略。推动策略是指企业把商品由生产者"推"到批发商，由批发商再"推"到零售商，然后再由零售商"推"到消费者。显然，在这一策略中，人员推销的作用最大。拉引策略则是以最终消费者为主要促销对象，首先设法引起购买者对产品的需求和兴趣，由购买者对中间商产生购买需求，中间商受利润驱动再向厂商进货。因此，在这一策略中，广告是最重要的促销手段。

③ 产品所处的生命周期阶段。一般来说，当产品处于投放期，促销的主要目标是提高产品的知名度，因而广告和公共关系的效果最好，营业推广也可鼓励顾客试用；在成长期，促销的任务是增进受众对产品的认识和好感，广告和公共关系需加强，营业推广可相对减少；到成熟期，企业可适度削减广告，应增加营业推广，以巩固消费者对产品的忠诚度；到衰退期，企业的促销任务是使一些老用户继续信任本企业的产品，因此促销应以营业推广为主，辅以公共关系和人员推销。

④ 促销费用。一般而言，四种促销方式的费用各不相同，从高到低依次为广告宣传、人员推销、营业推广和公共关系。在选择促销方式时，要根据经济效益原则，综合考虑促销目标、各种促销方式的适应性和企业的资金状况进行合理的选择。

5.3　创业企业不同阶段的营销组合策略

营销组合策略包含产品策略、价格策略、渠道策略和促销策略四个策略，如何巧妙地将这四个策略密切地组合，以树立企业品牌、达成销售是制订营销组合策略的目的。

营销是一门动态的科学，由于它有太多的变数影响着营销的成效，因此营销组合策略没有既定的最佳方案，最佳的组合方案要视市场现状自己去制订。企业在其不同成长阶段有各自的成长特点，应采取不同的营销组合策略，以适应企业成长各阶段的不同要求，达到企业营销战略的目标。

5.3.1 创业期的营销组合策略

创业期如果企业选择建立自己的品牌，在创业一开始就要树立极强的品牌意识，对品牌进行全面的规划，在企业的经营、管理、销售、服务、维护等多方面都以创立品牌为目标，不仅仅依赖传统的战术性的方法，如标志设计和传播、媒体广告、促销等，而且更要侧重于品牌的长远发展。因此，企业在创业期除了要尽快打响品牌的知名度以外，关键的问题是要确立品牌的核心价值，给顾客提供一个独特的购买理由，并力争通过有效的传播与沟通让顾客知晓。

尽管品牌化是商品市场发展的大趋向，但对于单个企业而言，是否要使用品牌还必须考虑产品的情况和顾客的实际需要，尤其对实力较弱的创业型企业来说，由于受企业规模、人员、资金、时间的制约，对于在生产过程中无法形成一定特色的产品，或由于产品同质性很高，顾客在购买时不会过多地注意品牌的产品，无品牌化策略不失为一个可选的方法，这样可以节省费用，扩大销售。

5.3.2 成长期的营销组合策略

当创业企业步入成长期时，提高品牌的认知度、强化顾客对品牌核心价值和品牌个性的理解是企业营销努力的重点。其中最重要的途径是加强与顾客的沟通。顾客是通过各种接触方式获得信息的，既有各种媒体的广告、产品的包装、商店内的推销活动，也有产品接触、售后服务和邻居朋友的口碑，因此企业要综合协调地运用各种形式的传播手段，来建立品牌认知，为今后步入成熟期打下良好基础。建立、提高和维护品牌认知是企业争取潜在顾客、提高市场占有率的重要步骤。

成长期的企业由于资源相对于消费需求的多样性和可变性总是有限的，不可能去满足市场上的所有需求，因此企业必须针对某些自己拥有竞争优势的目标市场进行营销。品牌定位是企业为满足特定目标顾客群，并以与产品有关联的独特心理需求为目的，在同类品牌中建立具有比较优势的品牌策略。通过锁定目标顾客，并在目标顾客心目中确立一个与众不同的差异化竞争优势和位置，连接品牌自身的优势特征与目标顾客的心理需求。在当今这个信息过度膨胀的社会里，只有有效地运用定位这种传播方式和营销策略，才能使品牌在激烈的竞争中脱颖而出。这样，一旦顾客有了相关需求，就会开启大脑的记忆和联想之门，自然而然地想到该品牌，并实施相应的购买行为。

5.3.3 成熟期的营销组合策略

企业进入成熟期，在市场已经站稳了脚跟，但由于竞争者的大量加入和产品的普及，竞争变得尤为激烈。因此，企业应该根据成熟期的市场、产品、竞争特点，提高企业品牌的忠诚度，进行适当的品牌延伸。

企业在成熟期通过建立品牌组合，实施多品牌战略，能尽可能多地抢占市场，避免风险。实行多品牌策略，可以使每个品牌在顾客心里占据独特的、适当的位置，迎合不同顾客的口味，吸引更多的顾客，能使企业有机会最大限度地覆盖市场，使竞争者感到在每一个细分市场的现有品牌都是进入的障碍，从而限制竞争者的扩展机会，有效地保证企业维持较高的市场占有率。但是企业实施多品牌，有可能会面临跟自己竞争的危险，抢自己原有品牌所占的市场份额，因此最有成效的多品牌策略是使新品牌打入市场细分后的各个细分市场中。这种策略的前提是市场是可以细分的，一个成功的企业往往会利用市场细分，去为重要的新品牌创造机会。

5.3.4　衰退期(二次创业期)的营销组合策略

在这个阶段，企业应着眼未来，退出衰退期产品的竞争，把精力投入到二次创业上。企业可实施品牌重新定位、品牌创新等策略重新进入市场。

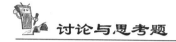

讨论与思考题

1. 分销渠道的基本类型是什么？
2. 影响渠道选择的主要因素有哪些？
3. 运用层次效果传播模式进行促销的前提条件是什么？
4. 创业企业不同阶段的营销组合策略有什么不同？
5. 根据下述营销策划书撰写的步骤和方法，为自己的创业企业撰写一份营销策划书。

营销策划书内容包括封面、目录、策划目的、营销环境状况分析、市场机会与问题分析、营销目标、营销战略、行动方案与机会等。

(1) 封面包括策划书名称、被策划的客户、策划人名称、策划完成日期及本策划适用时间段。

(2) 营销环境状况分析包括市场环境和宏观环境两部分。

当前市场状况及市场前景分析包括：产品的市场性、现实市场及潜在市场状况；市场成长状况，产品目前处于市场生命周期的哪一阶段，对于不同市场阶段上的产品公司营销侧重点如何，相应营销策略效果怎样，需求变化对产品市场的影响；消费者的接受性，要凭借已掌握的资料分析产品市场发展前景。

产品市场影响因素分析主要是对影响产品的不可控因素进行分析，如宏观环境、政治环境、消费者收入水平、消费结构的变化、消费心理等。对一些受科技发展影响较大的产品，如计算机、家用电器等产品的营销策划中还需要考虑技术发展趋势方向的影响。

(3) 市场机会与问题分析，首先要对产品目前营销现状进行问题分析。一般营销中存在的具体问题表现为多方面，如企业知名度不高，形象不佳影响产品销售；产品质量不过关，功能不全，被消费者冷落；产品包装太差，提不起消费者的购买兴趣；产品价格定位不当；销售渠道不畅，或渠道选择有误，使销售受阻；促销方式不对，消费者不了解企业产品；服务质量太差，令消费者不满；售后保证缺乏，消费者购后顾虑多等。

在此基础上，还要针对产品特点分析优劣势。从问题中找劣势，予以克服，从优势中找机会，发掘其市场潜力。通过分析各目标市场或消费群特点进行市场细分，抓住主要消费群作为营销重点，找出与竞争对手的差距，把握利用好市场机会。

(4) 营销目标是在前面目的任务基础上所要实现的具体目标，即营销策划方案执行期间，经济效益目标达到总销售量为×××万件，预计毛利×××万元，市场占有率实现××。

(5) 营销战略包括营销宗旨、产品策略、价格策略和销售渠道几方面。

营销宗旨，一般企业可以注重这样几方面：以强有力的广告宣传攻势顺利拓展市场，为产品准确定位，突出产品特色，采取差异化营销策略；以产品主要消费群体为产品的营销重点；建立起点广面宽的销售渠道，不断拓宽销售区域等。

产品策略，通过前面产品市场机会与问题分析，提出合理的产品策略建议，达到最佳效果，具体包括产品定位、产品质量功能方案、产品品牌、产品包装和产品服务。

价格策略，如拉大批零差价，调动批发商、中间商积极性；给予适当数量折扣，鼓励多购；以成本为基础，以同类产品价格为参考，使产品价格更具竞争力。

销售渠道，包括产品目前销售渠道状况如何，对销售渠道的拓展有何计划，采取一些实惠政策鼓励中间商、代理商的销售积极性或制定适当的奖励政策。

(6) 行动方案与机会。

 案例分析

1. 华为技术有限公司是一家生产销售通信设备的民营通信科技公司，总部位于中国广东省深圳市龙岗区坂田华为基地。华为公司的产品主要涉及通信网络中的交换网络、传输网络、无线及有线固定接入网络和数据通信网络及无线终端产品，为世界各地通信运营商及专业网络拥有者提供硬件设备、软件、服务和解决方案。华为公司于1987年在中国深圳正式注册成立。

2007年，合同销售额160亿美元，其中海外销售额115亿美元，并且是当年中国国内电子行业营利和纳税第一。2008年年底，华为在国际市场上覆盖100多个国家和地区，全球排名前50名的电信运营商中，已有45家使用华为的产品和服务。2014年，《财富》世界500强中华为公司排行全球第285位，与上年相比上升30位。2014年上半年，华为公司实现销售收入1358亿元人民币，同比增长19%，营业利润率18.3%。2015年，被评为新浪科技2014年度风云榜年度杰出企业。

华为手机营销渠道可以分两大类：分销渠道和直销渠道。

分销渠道主要包括全国总代理商、区域代理商、网上代理商三类，概述如下：

(1) 全国总代理商。全国总代理商指由产品厂家授权、能够直接从产品厂家批发获得大批产品，并通过其分销网络向全国各地批发销售产品的代理商。全国总代理拥有遍及全国、成熟的销售网点，资金实力较强，能有效降低厂商资金风险、保证供货。根据手机市场中销售渠道格局的变化，总代理不断强化渠道渗透力和覆盖面，仍能发挥较好的产品铺货和销售能力。

(2) 区域代理商。省级、市级等区域代理商从上级代理商或厂商处批发采购产品，但是只能在规定的区域内进行分销。区域代理商包括手机连锁销售商，例如中复、迪信通、中域，他们既进行手机分销，同时自身也有一定规模和数量的零售卖场，可以零售手机。区域代理商利用在当地更细致的销售网络，能够更有效开拓和扩大手机在地区市场上的铺货率，提高市场份额。

（3）网上代理销售商。随着电子商务的兴起和发展，网上营销手机的方式也开始在市场中出现。到目前为止，比较成熟、具备一定规模的网上代理销售商有北斗手机网、太平洋手机网等。

直销渠道主要包括自建销售网络、家电连锁商场（国美、苏宁、永乐、大中等）、手机连锁销售店（中复、迪信通、中域等）、电子商城（赛博、太平洋等）、大型超市（家乐福、沃尔玛、华联、物美或当地大超市等）、移动运营商营业厅、手机商城、手机一条街或通信专卖街、小型手机专卖店（只卖手机的小店，主要在县城、集镇）等。

（1）自建销售网络。手机生产厂商或运营商根据自身制订的营销策略有重点、逐步地在各地市建立其直接管理的销售网络。如波导在全国拥有了 28 家分公司和 300 多个办事处，形成了遍布全国的营销网络。2004 年 7 月，中国移动联合中兴、华为、东信、波导以及神州数码等生产商成立中移鼎讯，专门根据推出的移动通信服务定制生产手机并负责进行销售。中国联通也计划在 2005 年成立一家名为“联通华胜”的公司，承担起类似于“中国联通通信终端销售公司”的任务，负责联通终端方面的管理和营销。

（2）家电连锁商场。国美、苏宁、大中等大型家电连锁商场，凭借雄厚资金实力、规模化销售效益、强大分销网络，以终端零售商的角色进入手机销售市场。这些家电连锁商场主要采用由厂商“直供”的供货模式。

（3）手机连锁销售店。手机连锁销售店也是手机销售的主要渠道，中域、中复、协亨、迪信通、广州龙粤、北京天宇朗通、北京金飞鸿等都形成了品牌化的连锁渠道资源，是专业经营手机销售的大型连锁店，在行业的地位非常高，为厂家进入市场提供了良好通路。

2015 年，华为渠道政策保持稳定，渠道架构维持不变，但加大了对合作伙伴的激励，提升针对合作伙伴激励计划的速度与力度，注重合作伙伴的能力提升，及时有效地牵引合作伙伴在能力提升、重点产品上的投入和目标市场上的进一步突破，主要措施有：加大对合作伙伴让利，实现差异化、精准化、多样化激励；主力合作伙伴售前售后能力提升，与华为共同成长；持续构建阳光透明、公平公正的合作环境。

与此同时，华为公司强化了渠道秩序的管理，具体措施有：完善代理体系，平稳构建产品经销渠道。经过几年的努力，华为公司在全国建立了 35 个区域代理商，他们代表华为以及应用方案合作伙伴为用户提供从方案设计、采购、实施到维修的一揽子服务；扩大代理后，慎重选择了操作的难度。要成为华为特约经销商，首先要满足两个条件：第一，一定的技术基础，良好的发展前景，较强的合作意识；第二，良好的市场推广力，合理规划渠道服务网，完善保障体系。为保证经销商的服务和市场推广能力，华为公司在技术培训、服务支持等方面出台了一系列新办法。大规模发展经销商势必会引起竞争，这是每个厂商都会面临的问题。为此，根据“利益共同体，华为是核心”的原则，在渠道管理方面将加大对价格监控。

（资料来源：http://network.chinabyte.com/418/13281918.shtml;https://wenku.baidu.com/view/10949094168884868662d67e.html）

讨论题:

(1) 分析华为手机的渠道策略。

(2) 分销渠道的选择应该注意哪些问题?

(3) 试评价华为手机营销的主要渠道方案。

2. 宝马汽车公司位于德国南部的巴伐利亚州。宝马公司拥有 16 座制造工厂,10 万余名员工,公司汽车年产量约 100 万辆,并且生产飞机引擎和摩托车。宝马集团(宝马汽车和宝马机车加上宝马控股的路华与越野路华公司,以及从事飞机引擎制造的宝马—劳斯莱斯公司)1994 年的总产值在全欧洲排第七,营业额排第五,是全球十大交通运输工具生产厂商之一。

汽车工业自形成以来,一直稳定发展,现已成为全球最重要、规模最大的工业部门之一。但是,20 世纪 80 年代中期,美国国内汽车市场趋于饱和,竞争非常激烈,汽车行业出现不景气的现象;90 年代之后,日本、欧洲等国家的汽车制造业都发展缓慢,全球汽车行业进入了调整阶段,汽车行业需要新的经济增长点。而此时亚洲经济正以惊人的速度发展,被喻为“亚洲四小龙”的新加坡、中国香港、中国台湾和韩国的人均收入水平已接近中等发达国家水平,此外中国、泰国和印尼等国的具有汽车购买能力的中产阶级的数量正飞速增长。世界汽车巨头都虎视着亚洲,尤其是东亚这块世界汽车业最后争夺的市场。宝马公司也将目标定向了亚洲。

1) 产品策略

宝马公司试图吸引新一代寻求经济和社会地位成功的亚洲商人。宝马的产品定位是:最完美的驾驶工具。宝马要传递给顾客创新、动力、美感的品牌魅力。这个诉求的三大支持是:设计、动力和科技。公司的所有促销活动都以这个定位为主题,并在上述三者中选取至少一项作为支持。每个要素的宣传都要考虑到宝马的顾客群,要使顾客感觉到宝马是“成功的新象征”。为实现这一目标,宝马公司欲采取两种手段,一是区别旧与新,使宝马从其他品牌中脱颖而出;二是明确那些期望宝马成为自己成功和地位象征的车主的需求,并去满足它。

宝马汽车种类繁多,分别以不同系列来设定。在亚洲地区,宝马公司根据亚洲顾客的需求,着重推销宝马三系列、宝马五系列、宝马七系列和宝马八系列。这几个车型的共同特点是节能。

(1) 宝马三系列。三系列原为中高级小型车,新三系列有多种车体变化:四门房车、双座跑车、敞篷车和三门小型车。新三系列共有七种引擎,车内空间宽敞舒适。

(2) 宝马五系列。备有强力引擎的中型房车五系列是宝马的新发明。宝马五系列除了在外形上比三系列大,它们的灵敏度是相似的。拥有两种车体设计的五系列配有从 1800 马力到 4000 马力的引擎,四个、六个或八个汽缸。五系列提供多样化的车型,足以满足人们对各类大小汽车的所有需求。

(3) 宝马七系列。七系列于 1994 年 9 月进军亚洲,无论从外观或内部看都属于宝马大型车等级。七系列房车的特点包括优良品质、舒适与创新设计,已成为宝马汽车的象征。七系列除了有基本车体以外,还有加长车型可供选择。

(4) 宝马八系列。八系列延续了宝马优质跑车的传统,造型独特优雅。

2) 定价策略

宝马的目标在于追求成功的高价政策，以高于其他大众车的价格出现。宝马制订高价策略是因为：高价意味着宝马汽车的高品质，也意味着宝马品牌的地位和声望，高价表示了宝马品牌与竞争品牌相比具有的专用性和独特性，高价更显示出车主的社会成就。总之，宝马的高价策略是以公司拥有的优于其他厂商品牌的优质产品和完善的服务特性，以及宝马品牌象征的价值为基础的。因此，宝马汽车的价格比同类汽车一般要高出 10%～20%。

3) 渠道策略

宝马公司早在 1985 年就在新加坡成立了亚太地区分公司，负责新加坡、中国香港、中国台湾、韩国等分支机构的销售事务。

在销售方式上，宝马公司采取直销的方式。宝马是独特、个性化且技术领先的品牌，宝马锁定的市场并非是大众化汽车市场，因此必须采用细致的和个性化的手段，用直接和有效的方式把信息传递给顾客。直销是最能符合这种需要的销售方式。宝马公司在亚洲共有 3000 多名直销人员，由他们直接创造宝马的销售奇迹。

宝马公司在亚洲直销的两个主要目标：一是要有能力面对不确定的目标市场，二是要能把信息成功地传递给目标顾客。这些目标单靠传统的广告方式难以奏效。直销要实现的其他目标还有：加强宝马与顾客的沟通，使宝马成为和顾客距离最近的一个成功企业；利用与顾客的交谈和顾客建立长期稳定的关系；公司的财务状况、销售状况、售后服务和零件配备情况都要与顾客及其他企业外部相通者沟通；利用已有的宝马顾客的口碑，传递宝马的信息，树立宝马的品牌形象；利用现有的顾客信息资料，建立起公司内部营销信息系统。宝马公司还把销售重点放在提供良好服务和保证零配件供应上。对新开辟的营销区域，在没开展销售活动之前，便先设立服务机构，以建立起一支可靠的销售支持渠道。

4) 促销策略

宝马公司的促销策略并不急功近利地以销售量的提高为目的，而是考虑到促销活动一定要达到如下目标：成功地把宝马的品位融入潜在顾客中；加强顾客与宝马之间的感情连接；在宝马的整体形象的基础上，完善宝马产品与服务的组合；向顾客提供详尽的产品信息。最终，通过各种促销方式使宝马能够有和顾客直接接触的机会，相互沟通信息，树立起良好的品牌形象。

宝马公司考虑到当今的消费者面对着无数的广告和商业信息，为了有效地使信息传递给目标顾客，公司采用了多种促销方式，如广告、公关活动等。

(1) 广告。宝马公司认为：当今社会越来越多的媒体具备超越国际的影响力，因而要使广告所传达的信息能够一致是绝对必要的。宝马为亚洲地区制订了一套广告计划，保证在亚洲各国通过广告宣传的宝马品牌形象是统一的。同时，这套广告计划要通过集团总部的审查，以保证与公司在欧美地区的广告宣传没有冲突。宝马公司借助了香港和新加坡等地的电视、报纸、杂志等多种广告媒体开展广告宣传活动。这些活动主要分为两个阶段：第一阶段是告知消费者宝马是第一高级豪华车品牌，同时介绍宝马公司的成就和成功经验；第二阶段宝马用七系列作为主要的宣传产品，强调宝马的设计、安全、舒适和全方位的售后服务。

(2) 公关活动。广告的一大缺陷是不能与目标顾客进行直接的接触，而公关活动能够弥补这一缺陷。宝马公司在亚洲主要举行宝马国际高尔夫金杯赛和宝马汽车鉴赏巡礼两个公关活动。宝马国际高尔夫金杯赛是当时全球业余高尔夫球赛中规模最大的。这项赛事的目的是促使宝马汽车与自己的目标市场进行沟通，这是因为高尔夫球历来被认为是绅士运动，即喜欢高尔夫球的人，尤其是业余爱好者多数是较高收入和较高社会地位的人士，而这些人正是宝马汽车的目标客户。宝马汽车鉴赏巡礼活动的目的是在特定的环境里，即在高级的展览中心陈列展示宝马汽车，把宝马的基本特性、动力、创新和美感以及它的高贵优雅的品牌形象展示给消费者，并强化这种印象。此外，宝马公司还定期举行新闻记者招待会，在电视和电台的节目中与顾客代表和汽车专家共同探讨宝马车的功能，让潜在顾客试开宝马车，这些活动也加强了宝马与顾客的沟通。

(资料来源：https://wenku.baidu.com/view/cdedcd19fc4ffe473368ab88.html)

讨论题：

(1) 你认为企业设计营销组合策略的步骤是什么？

(2) 宝马公司的营销组合策略是如何组织成一个有机统一整体的？

(3) 在激烈的市场竞争中，宝马公司之所以能成为世界汽车工业的佼佼者，根本原因在于优质、创新和服务。除以上分析外，你还能指出宝马公司成功的关键吗？

第6章　市场调查概述

重点提示

- 市场调查的基本问题。
- 市场调查的基本内容和类型。
- 市场调查的程序。
- 市场调查方案策划的概念和基本内容。

阅读资料

吉列公司的市场调查

男人长胡子，因而要刮胡子；女人不长胡子，自然也就不必刮胡子。然而，美国的吉列公司却把"刮胡刀"推销给女人，居然大获成功。

吉列公司创建于1901年，其产品因使男人刮胡子变得方便、舒适、安全而大受欢迎。进入20世纪70年代，吉列公司的销售额已达20亿美元，成为世界著名的跨国公司。然而吉列公司的领导者并不因此满足，而是想方设法继续拓展市场，争取更多用户。就在1974年，公司提出了面向妇女的专用"刮毛刀"。这一决策看似荒谬，却是建立在坚实可靠的基础之上的。

吉列公司先用一年的时间进行了周密的市场调查，发现在美国30岁以上的妇女中，有65%的人为保持美好形象，要定期刮除腿毛和腋毛。这些妇女之中，除使用电动刮胡刀和脱毛剂之外，主要靠购买各种男用刮胡刀来满足此项需要，一年在这方面的花费高达7500万美元。相比之下，美国妇女一年花在眉笔和眼影上的钱仅有6300万美元，染发剂上为5500万美元。毫无疑问，这是一个极有潜力的市场。根据结果，吉列公司精心设计了新产品，它的刀头部分和男用刮胡刀并无两样，采用一次性使用的双层刀片，但是刀架则选用了色彩鲜艳的塑料，并将握柄改为弧形以利于妇女使用，握柄上还印压了一朵雏菊图案。这样一来，新产品立即显示了女性的特点。为了使雏菊刮毛刀迅速占领市场，吉列公司还拟定几种不同的"定位观念"到消费者之中征求意见。这些定位观念包括：突出刮毛刀的"双刀刮毛"，突出其创造性的"完全适合女性需求"，强调价格的"不到50美分"，以及表明产品使用安全的"不伤玉腿"，等等。最后，公司根据多数妇女的意见，选择了"不伤玉腿"作为推销时突出的重点，刊登广告进行刻意宣传。结果，雏菊刮毛刀一炮打响，迅速畅销全球。

这个案例说明，市场调查研究是经营决策的前提，只有充分认识市场，了解市场需求，对市场作出科学的分析判断，决策才具有针对性，从而拓展市场，使企业兴旺发达。

（资料来源：https://zhidao.baidu.com/question/485976710.html）

6.1 市场调查的特征与功能

6.1.1 市场调查的概念

市场调查的概念，国内外有不同的解释，一般有狭义与广义两种理解。

狭义的市场调查是从市场营销的角度定义市场调查的，认为市场调查就是对消费者进行调查研究，是运用科学的方法和手段收集消费者对产品购买及其使用的数据、意见、动机等有关资料，通过分析研究，以识别、定义市场机会和可能出现的问题，制订和优化市场营销组合策略，并评估其效果。狭义的市场调查将市场调查看做是市场营销整个领域中的一个重要元素，它把消费者、客户、公众和营销者通过信息联系起来，为市场营销决策提供信息支持。

广义的市场调查是从整个市场的角度定义市场调查，认为市场调查是运用科学的方法和手段，收集产品从生产者转移到消费者手中的一切与市场活动有关的数据和资料，并进行分析研究的过程。广义的市场调查将调查范围从消费和流通领域扩展到生产领域，包括产前调查、产中调查、产后和售后调查。根据美国市场营销协会的解释，广义的市场调查不仅包括消费者调查，还包括市场分析、销售分析、广告研究和营销环境等多方面的调查研究。广义的市场调查认为市场调查是生产经营管理的一个重要元素，它通过广泛搜集企业内外的有关信息，满足管理决策的信息需求。

市场组织的复杂性、市场活动的频繁性、市场变化的不确定性及管理决策信息需求的多样性，决定了市场调查活动的领域具有广泛性。无论是微观市场调查，还是宏观市场调查，都需要调查研究市场环境、调查课题的主体内容和相关因素两大方面的情况。因此，本书以广义市场调查为范畴，对市场调查概念作以下界定：市场调查是运用科学的调查方式与方法，对特定时空范围内的市场调查对象的各种信息进行系统的搜集、整理和分析的过程。

6.1.2 市场调查的特征

1．目的性

市场调查总是在一定的目的前提下来研究特定的市场问题，具有明显的目的性或针对性。进行市场调查的部门可以是企业、公司、团体及任何企业事业单位的管理决策层，市场调查的目的是为管理部门制订长远性的战略规划和阶段性的具体政策或策略，作出营销决策或为经营管理决策提供信息支持和参考依据。

2．全程性

市场调查不能只停留在生产或营销活动前的市场研究，而要对生产经营活动的市场状况进行整体的全程性的市场研究，包括事前、事中和事后阶段都需要进行市场调查研究。市场调查也不是单纯的市场信息资料搜集过程，而是一个包括调查设计、搜集资料、整理资料、分析资料和发布与运用资料在内的一个完整的过程。

3. 社会性

市场调查的对象主要是消费者和用户，市场调查的内容和应用范围涉及社会经济生活的各个领域，市场调查活动本身是面向社会的一种社会实践活动。因此，市场调查具有社会性，市场调查就是要了解社会，认识社会，掌握市场环境的变化，使企业的生产经营活动或营销活动不断适应外部环境的变化。

4. 广泛性

市场调查的内容涉及企业生产经营活动的各个方面和各种要素，可以用于测量较为简单的调查项目，如被调查者的性别、支出、对某一事件的态度、个人爱好、参与某种活动的动机等。由于调查内容具有广泛性并且复杂程度不同，有些问题可能被调查者回答，有些问题可能不回答，也可能是不知道这个问题该如何回答，或者是问题太敏感而不愿回答，因此调查内容的界定应考虑被调查者回答的可能性。

5. 多样性

市场调查的组织方式是多样的，搜集资料的具体方法也是多样的。同样的调查课题，有多种调查方式方法可供选择，因而调查研究的方案设计也是多样的。例如，收集消费者对某电视广告收视效果的数据资料，可以采用面访、电话访问或邮寄问卷，调查的地点可以在被访者家中、工作单位、购物场所和娱乐场所等地方，被访者可能只需花几分钟，也可能花上一个小时。

6. 约束性

市场调查通常要受调查经费、调查时间或空间范围、信息项目等因素的约束。市场调查只能按客户的要求和约束条件"量体裁衣"，应使调查方案设计尽可能满足客户的信息要求和经费预算。一个调查课题可以只花几千元，也可花几十万、几百万；可以只提供小范围的数据，也可以提供覆盖大范围的信息，收集数据的多少和复杂程度是有伸缩性的。总之，市场调查方案策划应考虑各种条件的约束，市场调查方案要与客户的需要和经费相适应。

7. 科学性

市场调查搜集、整理和分析资料的方法都是在一定的科学原理指导下形成的，并被实践证明是行之有效的，具有科学性和可行性。市场调查通过对调查对象的大量观察(样本)和精心的设计和安排，可以消除偶然因素的影响，从而揭示出研究现象的必然性和本质特征。因而，市场调查的结果是有效的。

8. 局限性

市场调查通常可以得到比投入费用高几倍价值的信息，但由于影响市场变化的因素是众多的，并具有不确定性，加之市场调查受时空范围和调查经费的约束，致使获取的信息是不完全的，市场调查也就不可避免地会有误差和疏忽。因此，市场调查是有局限性的，这种局限性只要对调查信息的价值没有严重的损害，就应当是允许的，必要时可以在解释调查结果时作些修正。此外，市场调查的结果是决策的重要参考依据，但不等于准确地给出了决策的答案。

6.2　市场调查的基本问题

市场调查的目的在于搜集、整理和分析市场信息，为认识市场、掌握规律、预测决策提供信息支持。因此，信息是市场调查的核心问题，一切市场调查活动都是围绕信息展开的。市场调查活动的过程实质上是市场信息获取、加工、传递、分析和利用的过程。围绕市场信息展开的市场调查活动必须回答和解决以下基本问题。

1．为何调查

为何进行市场调查(调查目的)，即向谁提供调查信息服务的问题。为何调查是由管理的信息需求决定的，如市场营销策略的制订、市场竞争策略的制订、重大投资项目的决策、企业生产经营结构调整的决策、新产品开发的决策，等等，往往需要市场调查提供大量的信息支持，市场调查的目的是为管理决策提供信息支持。市场调查的任务是获取客观的、准确的、及时的、系统的市场信息，以满足市场预测与决策的信息需求。

2．由谁调查

由谁负责市场调查的问题(调查主体)实质上是市场调查主体如何界定及怎样建立相应的市场调查组织体系的问题，并明确调查主体的权力、活动范围、分工协作关系等。一般来说，应本着谁需要市场信息，谁进行市场调查的原则来界定市场调查的主体和构建市场调查组织体系。市场调查主体应具备两个基本条件：一是必须具有相对独立的行使市场调查的权力；二是具有一定的市场调查能力。工商企业市场调查的主体可以是企业内部的市场调查部门或者营销部门、统计部门、信息管理中心等。一些专题性的调查课题，可以由企业内部的市场调查部或者相应的职能部门充当市场调查的主体，但是对于一些综合性的、复杂的、涵盖范围较大的市场调查课题，可选择合适的市场调查公司或统计部门承担调查的任务。

3．向谁调查

向谁调查回答市场调查对象是谁的问题(调查客体)。市场调查客体是市场调查的研究对象，是市场信息的承担者和信源地。市场调查对象是人群和用户，可以是广泛的民众，也可以是具有某些特征的民众群体；可以是购买或使用本企业产品的工商企业，也可以是事业单位和社会团体。调查对象的界定必须考虑市场调查的目的和管理的信息需求。

4．调查什么

调查什么回答市场调查的内容。市场调查的内容可以是涉及民众的基本情况、收入、支出、需求意向、意见、观念、习惯、行为和态度等任何问题；可以是具体的习惯或行为，如人们接触媒介的习惯、对商品品牌的爱好、购物的习惯和行为等；可以是抽象的概念，如人们的理想、信念、价值观、人生观、心理因素等；也可以是商业性的问题，或其他实用性问题，还可以是纯学术性的问题。

5．如何调查

如何调查回答怎样调查的问题(调查的方式方法)。如何调查的问题涉及市场调查主体采用什么样的调查方式方法、技术手段、分类标准、信息处理手段等从调查客体那里获取市场信息的技术性问题。为此，在市场调查中，要重视市场调查组织体系的建设，重视市场调查方式和方法的应用研究，规范市场信息加工、处理、传输和分析利用的标准和程序，重视多种调查方法、处理与分析方法的综合应用，以提高市场调查的工作效率和市场信息的质量及其利用率。

6．何时何地调查

何时调查包括获取调查对象何时的信息和调查工作的起止时间两个方面的涵义。前者是信息度量的时间范围，时点数据应界定调查的标准时点，时期数据应界定数据的时间距离；后者是调查工作从策划准备到调查结束的工作长度及其进度安排。何地调查包括获取信息的空间范围和调查的具体地点选择。

任何市场调查，都必须对上述市场调查如何进行的基本问题及其相互关系作出回答，必须正确处理它们之间的相互关系。

6.3　市场调查的内容

创业企业的营销决策(策划)和管理工作需要市场调查提供以下几个方面的信息：市场需求信息、市场竞争信息、消费者或用户购买行为信息、企业内外部环境信息、企业营销因素影响情况等信息。

6.3.1　市场需求的调查

创业企业的营销活动要始终围绕着企业的目标市场进行——了解目标市场需求是企业营销活动的起点，满足目标市场的需求是企业营销活动的结果，企业的整个营销活动都要紧紧地围绕着目标市场需求进行。图 6.1 直观地表明了这一点。

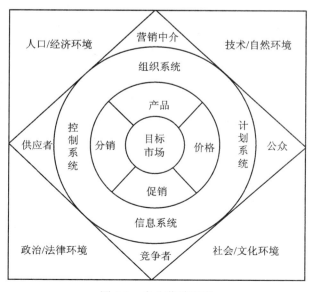

图 6.1　企业营销因素

在图 6.1 中，目标市场指企业欲提供产品或服务并从中获利的顾客或用户，它位于图的中央，是企业营销活动的中心。围绕着目标市场的是产品、价格、分销、促销等四个营销战术要素(即 4P)。实际上，现代营销还需要考虑关系因素。在图 6.1 中，从内向外数第三个圆是企业的管理系统，包括信息系统、组织系统、控制系统和计划系统。在整个营销战略和战术(STP + 4P)的策划与执行过程中，它们为企业的营销管理提供信息、组织和控制等方面的支持。再向外，就是企业营销的外部环境，包括政治、经济、法律、社会文化、技术、生态等宏观环境和营销中介、公众、竞争者和供应者等经营环境。

为了提供市场需求方面的信息，市场调查需要做以下工作：第一，了解和把握某一类或某一种商品或服务的市场需求总体情况和未来发展趋势；第二，在对市场进行细分的基础上，了解和把握各细分市场的需求状况和未来发展趋势；第三，在选择了目标市场以后，了解和把握目标市场的需求状况和未来发展趋势。

6.3.2　市场竞争情况的调查

企业进行市场营销活动需要一只眼睛盯着市场(消费者或用户)，另一只眼睛盯着竞争者。为什么？因为眼睛只盯着市场是不够的。企业通过创业营销活动，不仅要满足市场需求，还要比竞争对手更好地满足市场需求。只有这样，企业才具有竞争优势，才可能在激烈的市场竞争中生存下来。因此，现代营销理念强调企业、市场(顾客)和竞争者"三 C"(Company，Customer，Competitor)之间的互动。

企业的营销战略策划(STP)，实际上就是要综合考虑市场因素、市场竞争因素以及其他的企业内外部环境因素，为企业的市场营销活动选择一个方向。这个方向以目标市场和市场定位的形式表现出来。企业所选择的目标市场，应该是企业相对具有竞争优势的领域。为了找到这样一个领域，除了要了解和把握某一类或某一种商品或服务的市场需求情况及未来发展趋势以外，还要了解和把握竞争者的情况。

市场竞争情况的调查包括以下主要内容：

第一，关于行业结构的调查和分析，即采用五力模型分析和识别(如图 6.2 所示)，在影响行业结构的五种力量(新的进入者、供应者、购买者、替代者、业内竞争者)中，哪一种力量对行业盈利能力的影响最大，企业需要怎样去应对。

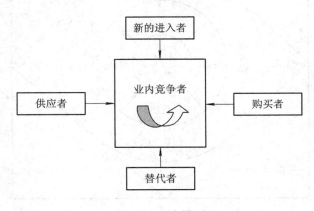

图 6.2　五力模型

第二，分析业内竞争结构可以从行业集中度、规模经济、产品差异化程度等几个方面分析。行业集中度显示一个行业被几家大型企业垄断的程度。规模经济是决定一个行业竞争强度的重要因素。一般而言，规模经济越大的行业，越吸引业内竞争者抢占市场，以求扩大自己的规模，竞争也就越激烈。产品差异化程度也称为产品特色化程度，由顾客认知的产品的差异化或特色化测量。一般而言，产品差异化程度会在一定程度上缓解行业内竞争的激烈程度。通过这样的分析，营销策划者将能够对一个行业的竞争强度、竞争对手及其地位有一个清晰的认识，从而正确地认识本企业在市场竞争中的地位。

第三，业内竞争者优劣势分析。确定现有和潜在的竞争者，弄清楚他们的优势和劣势所在，寻找企业与竞争者的竞合(竞争与合作)点。需要回答下述问题：其他企业怎样界定他们的市场？消费者从其他企业产品或服务中所得的利益是否与我们提供的利益相同？其他企业进入本行业的程度如何？竞争者未来可能会采取什么竞争行为？为什么？本企业与哪些竞争者在哪些方面可以合作？

6.3.3 消费者或用户购买行为的调查

创业企业营销的战术组合以营销战略策划中所选定目标市场的特点为依据。因此，在确定了目标市场之后，企业需要市场调查提供关于目标市场行为特色的信息。这就要求市场调研部门对目标市场进行深入的调查和分析，了解消费者或用户的购买行为特点。

第一，关于购买对象和利益的调查与分析。比如，商品可以给消费者或用户带来的核心利益和附加利益是什么？消费者或用户真的很看重这些利益吗？消费者或用户需要什么利益？市场上有哪些企业能够提供这些利益？我们能够比其他企业更好地提供这些利益吗？

第二，关于购买组织与特点的调查与分析。比如，谁是购买者或使用者？他们有什么人口统计特征(年龄、性别、教育程度、居住地和民族等)？在组织购买中，哪些人是采购中心成员？他们有什么人口统计特征？有哪些人可以影响他们的决定？

第三，关于购买目的和动机的调查与分析。比如，消费者或用户出于什么目的或动机购买我们的产品或服务？我们的产品或服务能够满足他们的要求吗？有什么目的或动机他们没有意识到？市场上其他企业如何认识消费者或用户关于某种产品或服务的购买动机？有什么新的市场定位机会吗？

第四，关于购买方式和习惯的调查与分析。比如，消费者或用户习惯于在什么时间、什么地点购买这一类产品？为什么有这种习惯？这些习惯容易改变吗？我们或市场上其他企业的营销活动针对这些习惯了吗？

6.3.4 企业内外部环境的调查

创业企业的市场营销活动受内外环境的影响。环境因素是企业不能控制的，企业只能认识和适应它们，并在此基础上利用它们，而很难改变它们。

内部环境是营销决策和管理者不能随意改变的企业内部因素，如企业的使命、目标、组织结构、营销资源和能力等。这些因素既可能促进，也可能限制企业的营销活动。企业需要把这些因素作为背景进行自己的营销活动。对于企业内部环境的调查与分析，包括调查和了解企业的公司战略、使命、资源状况、产品和服务的特性、公司以前的业绩、业务关系、成功的关键要素等内容，见表 6.1。

表 6.1　创业企业内部环境分析要点

公司战略 · 公司都有哪些业务 · 各项业务的情况如何 · 公司的组织结构如何 · 权力结构如何 · 对企业营销策划有什么影响
公司使命 · 公司的终极目标是什么 · 公司的愿景是什么 · 公司的主营业务是什么 · 公司怎样为顾客和其他利益相关者创造价值 · 对企业营销策划有什么影响
资源 · 企业员工和管理人员的技术、才能和道德状况怎样 · 公司的财务状况如何?有哪些优劣势 · 公司拥有或需要哪些营销信息 · 公司会为营销活动提供怎样的支持 · 企业资源会怎样影响企业的营销活动
产品和服务 · 企业的产品组合是什么 · 什么产品、以什么价格、提供给谁 · 产品所处生命周期的阶段、销售与利润趋势，以及对公司的贡献如何 · 产品组合与公司的使命和资源有怎样的关系 · 对营销策划有什么意义和启示
以前的业绩 · 上一年的销售额和利润额与以前相比如何 · 以前哪一个营销活动是有效的 · 客户关系有怎样的发展趋势 · 对本次营销策划有什么意义和启示
业务关系 · 与供应商、中间商和战略伙伴的关系成本如何 · 供应商、中间商和战略伙伴有足够的能力吗 · 业务关系是怎样变化的 · 公司是否过分依赖于某一个供应商、中间商或战略伙伴 · 对营销策划有什么意义和启示
成功的关键要素 · 在本行业中，什么因素能把好的企业与差的企业区别开 · 当什么症状出现时，表示企业有潜在的问题阻止其走向成功 · 这些成功的关键要素会怎样影响企业的营销策划

(资料来源：庄贵军. 市场调查与预测[M]. 北京：北京大学出版社，2007.)

外部环境是营销决策和管理者不能随意改变的企业外部因素，如经济、人口、社会、科技、政治、自然和文化以及包括消费者和竞争者在内的经营因素等。这些因素决定着企业的营销机会和威胁，可以分为宏观环境、行业环境和经营环境三个层次；越靠近企业的因素，对企业营销活动的影响越直接，如图 6.3 所示。对于企业外部环境的调查和分析，也可以按照这三个层次进行。

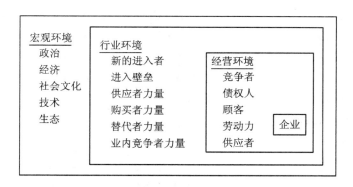

图 6.3　企业外部环境的三个层次

宏观环境包括政治、经济、社会文化、技术和生态等因素。在进行宏观环境调查与分析时，需要回答这样一些问题：某一环境因素的现状与未来发展趋势如何？对企业以及企业的营销活动有怎样的影响？会给企业带来哪些机会和威胁？

行业环境包括新的进入者及进入壁垒、供应者力量、购买者力量、替代者力量、业内竞争者力量等因素。对行业结构进行调查，就是了解影响行业结构的五种力量的现状与未来发展变化趋势。

经营环境包括竞争者、债权人、顾客、劳动力和供应者等因素。它们对企业营销活动的影响最直接，因此企业对环境因素的调查与分析要把主要精力放在这里。其中，对于市场和竞争者的调查与分析最为重要，这也是把它们单独列出来的原因。对经营环境的调查与分析包括：

• 供应链调查与分析。在企业某一个产品的链条上都有哪些参与者？他们都扮演什么角色？哪些力量会影响到整个链条的运作效率？企业处于供应链的什么位置？

• 业内竞争者优劣势的调查与分析。即上面对竞争者的调查与分析。

• 消费者特点的调查与分析。即上面对消费者或用户购买行为的调查。

• 供应商分析。供应商的价格有竞争力吗？他们提供数量折扣吗？吸引力大吗？他们在质量、能力、声誉和服务方面的竞争力如何？他们与公司是一种相互依赖的关系吗？依赖程度和结构如何？

• 债权人分析。债权人对公司价值的认知如何？他们愿意持有公司的股票吗？他们是否认为公司以往给予他们的回报是可以接受的？他们出资的条件是否与企业的盈利目标相匹配？

• 人力资源市场分析。公司能否招募到需要的人员？公司的声誉与吸引力如何？招募地的就业率和所需人员的供求状况如何？

6.3.5　企业营销因素影响情况的调查

　　企业的营销因素指企业用以实现其营销战略的可控要素，也即所谓的营销战术因素。企业的营销战略能够实现，需要将其转变为能够操作的营销战术。对于企业营销因素影响情况的调查与预测，主要是对企业采取的产品策略、定价策略、分销策略、促销策略、关系营销以及不同营销组合策略实施状况与效果的调查。

　　下面显示的是中国内地几家市场调研公司的简介与业务范围。例如，南京远景的市场调查的业务范围非常广泛，既包括对市场基本情况的调查与预测，也包括各种各样的专题调查，如包装及名称测试、广告测试、消费行为研究、品牌研究等。

　　【例 6.1】　　市场调研公司的业务范围举例。

　　➤ **蓝田公司的研究内容**

　　蓝田市场研究公司的主要业务是进行行业市场调查和预测，主要目的是了解行业发展现状以及预测行业发展趋势，从而帮助企业或投资机构在进行项目投资时对项目的发展前景作出准确的判断。行业研究的主要课题包括行业发展现状、行业竞争分析、行业发展趋势预测、项目投资可行性分析和项目投资风险分析等。

　　➤ **南京远景的研究内容**

　　南京远景市场研究公司的主要业务是为企业提供市场调查服务。其业务范围包括以下七大块：

　　(1) 基本市场情况研究，分为消费习惯研究、知名度与态度研究、市场区隔研究、市场区隔之需求研究。

　　(2) 包装及名称测试，分为包装测试、名称测试。

　　(3) 概念和产品发展研究，分为概念测试、概念及产品使用研究、产品测试、消费日记研究。

　　(4) 广告测试，分为故事板测试、文案效果测试、广告战役评估。

　　(5) 产品上市后市场研究，分为使用习惯和态度研究、品牌形象研究、品牌定位及重新定位研究。

　　(6) 消费行为研究、消费心理和动机、消费模式/形态研究、消费行为/习惯研究。

　　(7) 品牌研究，分为品牌知名度研究、品牌美誉/忠诚度研究、品牌评价。

　　➤ **上海中则思达的研究内容**

　　中则思达是中国市场调查行业协会理事单位，拥有全国性的数据网络和成熟的市场分析技术与经验，提供营销环节相关的研究，在消费者和新产品的研究领域拥有丰富的经验。调查和服务的内容包括品牌策略研究、广告策略研究、产品策略研究、渠道策略研究、消费者满意度研究、新项目可行性研究、媒体策略研究以及房地产研究。

　　➤ **上海蓝睿商务信息咨询有限公司的业务**

　　上海蓝睿商务信息咨询有限公司拥有多年的市场调查和营销咨询经验，面向全国从事市场调查和营销咨询业务，为不同的客户提供个性化的市场分析。调查和服务内容包括市场分析、行业研究、营销策划、品牌推广、品牌研究、产品测试和整合营销服务等。

(资料来源：庄贵军. 市场调查与预测[M]. 北京：北京大学出版社，2007.)

6.4 市场调查的类型

1. 按调查目的的要求分类

通常根据调查目的的要求将市场调查分为下述四种类型：探测性调研、描述性调研、因果关系调研和预测性调研。表 6.2 从特点、目的和资料来源等方面比较了四种调研的异同。

表 6.2 市场调查的分类

类 型	特 点	目 的	资料来源
探测性调研	初始阶段，情况不明，灵活，省时、省费用，非正式调研	问题的表现与问题的根源，明确进一步调查的重点	第二手资料，观察，访问有识之士
描述性调研	对情况或事件进行描述，事物发展的过程及可能的原因，正式调研	事情是怎样发生的？历史与现状，可能的原因	第一与第二手资料，定性研究
因果关系调研	两个或多个变量之间的量化因果关系，正式调研	一个因素会以怎样的方式影响另一个变量，以及影响的程度	第一与第二手资料，逻辑推理(三种证据：伴随变化、相继变化、没有其他可能因素的干扰)，统计分析
预测性调研	应用理论模型，根据一个或几个变量的变化预测另一个变量的变化，正式调研	如果一个变量改变到某一定程度，另一个变量变化的程度	第一与第二手资料，理论模型

(1) 探测性调研。探测性调研就是花费尽量少的时间和成本，对市场环境或其他相关因素进行初始调查与分析，以便确定营销中存在问题的表现和可能的原因。它具有灵活、省时和省费用的特点，虽然有时也规定大致的调研方向和步骤，但是一般没有一个固定的计划。这种调研不排斥任何收集和分析资料的方法，但是它倾向于应用第二手资料，采用任意或主观抽样，进行小范围的调查或简单的实验。此外，案例分析和主观估计也是常用的方法。

探测性调研适用于以下几种情况：第一，探寻潜在的问题或机会；第二，寻找有关的新观念或新假设；第三，确定企业所面临问题的表现与可能的影响因素。另外，在确定可行性方案时也可能使用探测性调研对某些方案进行小规模测试。

(2) 描述性调研。描述性调研的目的在于准确地描述企业营销问题中的各变量及其相互关系。如市场潜量的调查与分析、产品使用情况调查与分析、态度调查与分析、销售调查与分析、媒体研究、价格研究等都属于描述性调研。

在描述性调研中，一般假设在所考察的各变量之间存在着或暗含着一种函数或因果关系。随着我们对这种函数关系确信程度的降低，描述性调研的价值也就降低了。比如，如果一个地区的社会地理概况与零售商店的成功没有关系，那么提供给一个零售商有关这方面的描述性信息就没有太大的意义。

(3) 因果关系调研。因果关系调研的目的是要深入了解两个或多个营销变量之间的因果关系。比如，广告效果研究就是要搞清楚一条广告对销售额或消费者态度的改变有无显著影响以及影响程度如何。进行因果关系调研实际上暗含着一个假设，即所考察的变量中一些变量的变化导致或影响了其他变量的变化。虽然在社会科学和行为科学中并不存在严格意义上的一一对应的函数关系，但是只要满足一定的条件，我们就可以确信在事物之间存在着一定的因果关系。我们可以使用三种证据来作出事物之间存在因果关系的推论，即伴随变化、相继发生和没有其他可能的因素的干扰。

伴随变化是因果关系的基本特征。假定一个企业在几个地区投放不同的广告费用，然后测量每一个地区的销售额情况。如果广告费用支出多的地区销售额大，广告费用支出少的地区销售额小，我们就可以推断：广告是影响销售额大小的一个重要原因。不过，这仅仅是一个推论，并不能证明广告费用支出的增加一定会导致销售额的增加。

相继发生也是确定因果关系的一个证据。一个事件导致另一个事件的发生，那么它必定是在后者出现之前就已经存在，在后的事件不可能导致在前的事件发生。事件发生次序的重要性，也可以在上面广告影响销售的例子中得到说明。假定进一步的调查显示，广告费用是根据前一个时期各地区销售额的大小分配的，那么二者的因果关系就应该倒过来，即销售额水平决定着广告费用的高低。

第三种确定因果关系的证据是没有其他可能的因素的干扰。如果能够想办法把导致一个结果出现的其他可能的影响因素排除掉，那么就能找到这个结果的一个或多个原因(或导致这个结果出现的变量)。不过，这非常困难，因为在日常环境下，很难完全控制影响某一事件发生或变化的所有因素。

因果关系调研是营销理论研究的一种最常用的方法。它被用于检验或确定不同营销因素之间的内在联系，构建理论模型和理论体系。在营销实践中，它也常常被用于确定企业营销因素与营销目标的关系，回答为什么企业的营销目标没有实现的问题。进行这类研究，实际上就是一个由大到小、不断聚焦或缩小范围的过程。

首先，进行初始调查，以便找出所有可能的原因。

其次，用伴随变化和相继发生作为标准，对每一个可能的原因进行考察，减少可能原因的数目。先应用第二手资料、已知事实和逻辑推理删除一些因素；然后，收集和分析数据，在剩余的因素中删除那些影响不显著的因素。

最后，在剩下的因素中，通过实验将因果关系的范围进一步缩小。实验虽然不是确定因果关系的唯一方法，但它却是有效控制干扰因素的唯一方法。

经过这样的分析过程，我们就能够比较有把握地确定哪些因素影响了哪一个因素或哪一些因素发生了怎样的变化。

(4) 预测性调研。预测性调研的主要目的是为了预测未来一定时期内某一环境因素的变动趋势及其对创业企业市场营销活动的影响，如某某产品市场需求预测、消费者对某种产品需求变化趋势预测、某产品供给量的变化趋势预测等。

一般而言，预测性调研以因果关系调研的结果为基础。通过因果关系调研，可以建立起事物之间的因果关系或数学模型。预测性调研则是利用事物之间已知的因果关系或数学模型，用一个或数个事物的变化趋势推断另一个或几个事物的变化趋势。

预测性调研是最受企业欢迎的。企业在制订营销战略时，需要了解某一市场的总体以及各细分市场的发展变化趋势。没有这种关于市场未来变化的信息作依据，企业制订的营销战略就失去了科学的基础。例如，一个企业需要投资进入一个新的行业，那么进入哪个行业呢？这就需要企业了解各个行业未来发展变化的趋势。又如，一个企业通过市场调研得知自己所处的市场可以被分为五个细分市场，那么选择哪一个或几个细分市场作为自己的目标市场呢？这就需要企业了解这五个细分市场未来发展变化的趋势。

可以说，预测性调研所得到的结果是创业企业制订营销战略的前提。创业企业进入这个市场而不进入那个市场，选择这个细分市场而不选择那个细分市场，进行这种定位而不进行那种定位，都是有根据的。这些根据如果不是通过预测性调研得来，那就是通过别的方法得来，如决策者自己的主观判断。但是相比较而言，预测性调研所提供的依据是相对全面、客观的，也是比较科学的。

预测性调研是一种应用型研究，对于企业营销实践极为重要。因此，通常也把以应用性为导向的“市场调研”或“市场研究”称为“市场调查与预测”，目的在于突出预测性调研的重要性。其实，市场调研与市场预测并不是并列的。市场预测也是一种调研，只不过它是一种以探讨某事物未来发展变化趋势为目的的调研。

2．按研究手段的量化程度分类

另外，按照研究手段的量化程度，市场调查与预测可以分为定量研究与定性研究。

定量研究又称为量化研究，是一种对事物特性以及事物特性之间的关系通过定量测量收集数据，并应用数理统计方法进行数据分析的调查研究方法。定量研究有一套比较完备的操作程序和方法，比如各种不同的随机抽样方法、数据资料的收集方法、数理统计方法以及定量预测方法等。研究基本步骤为：第一，事先确定各种变量所具有的因果关系并建立假设；第二，通过一定的原则(如随机原则)选择样本，并使用标准化的测量工具和程序采集数据；第三，用数理统计工具对数据进行定量分析，建立不同变量之间的相关关系或因果关系，必要时使用实验干预手段对实验组和对照组进行对比，检验事前建立的理论假设。

定性研究又称为“质的研究”，它“以研究者本人作为研究工具，在自然情境下采用多种资料收集方法对社会现象进行整体性探究，使用归纳法分析资料和形成理论，通过与研究对象互动对其行为和意义建构获得解释性理解。”它具有以下几个方面的特点：第一，定性研究是在自然环境而非人工控制环境下进行的；第二，研究者本人是定性研究的工具，通过长期深入实地体验生活从事研究，因此研究者本人的素质对研究结果的真实性十分重要；第三，在定性研究中，收集资料采用多种不同的方法，如开放式访谈、参与型和非参与型观察以及实物分析等，一般不使用定量的测量工具；第四，定性研究使用归纳法，在资料的基础上自下而上地归纳出分析类别或理论假设；第五，定性研究通过研究者与被研究者之间的互动而理解后者的行为及其意义；第六，在定性研究中，研究者与被研究者之间是互动的关系，研究者在研究中要考虑研究者个人及其与被研究者的关系可能对研究产生的影响。

定量研究和定性研究各有其优势和弱点。一般而言，定量研究比较适合就社会现象的平均状况进行探索，得出的结论也具有普遍意义；而定性研究比较适合对个别事物进行细致、动态的描述和分析，得出的结论只是个案但比较深入。定量研究一般要求研究对象具有代表性，因此对样本的选择比较重视；而定性研究主要探讨特殊现象，以求发现问题或提出新的看问题的视角，因此研究对象的代表性并不是最重要的。定量研究将事物在某一时刻凝固起来，多采用截面数据，然后进行数量上的计算；而定性研究则在时间的流动中追踪事件的变化过程，使用语言和图像进行表述。定量研究要求研究者尽量做到价值中立，不要影响研究结果；而定性研究则要求研究者对自己的行为进行反思，思考自己对于研究过程和结果的影响及其意义。

实际上，定量研究和定性研究并非截然对立的，二者可以混用，相互验证。一般而言，企业可以在研究的初期采用定性研究，确定问题的表现和初步探讨问题产生的根源；而在正式研究阶段，通过定量研究，并根据此前定性研究提供的研究线索，作出更加令人信服的结论。

3. 其他分类方法

市场调查还可以按产品层次、空间层次和时间层次以及抽样的方式来分类。

按产品的大类、小类、细目等不同层次可以将市场调查分为许多不同的类型。例如：按产品大类可将其分为农产品市场调查、轻工产品市场调查、家用电器产品市场调查等；按产品小类或细目可将家用电器产品市场调查分为彩电市场调查、空调市场调查、冰箱市场调查、录音机市场调查等。

按地域范围不同，市场调查可分为国际市场调查、全国性市场调查、大经济区市场调查和地区性(省内、县内)市场调查。此外，还可以分为城市市场调查和农村市场调查。

按时间层次的不同，市场调查可分为经常性调查、定期性调查和临时性专题调查等。

按样本确定的方式不同，市场调查可分为普查和抽样调查，抽样调查又分为随机抽样调查和非随机抽样调查，随机抽样调查和非随机抽样调查再分为若干类。

从不同的角度、用不同的标志划分市场调查的类型，目的是为了便于针对不同类型调查的特点，提出不同的要求和选择适当的方式和方法。上述各种类型的调查在实际工作中往往是交叉使用的。

6.5　市场调查的程序

开展一项具体的市场调查工作之前，必须事先拟订工作流程，作为控制调查活动整个过程的蓝图。市场调查工作一般分四个阶段进行，即非正式调查阶段、调查方案设计阶段、调查实施阶段和调查结果获取阶段(如图 6.4 所示)。

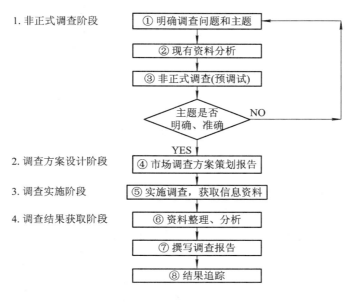

图 6.4　市场调查的程序

1．非正式调查阶段

调查公司接受客户委托的某一调查任务都是为了解决客户企业在经营管理中面临的某一特定问题。因此，调查公司首先要与客户企业进行充分的沟通和交流，以准确把握客户企业希望从调查中获得什么，即明确调查问题的内容、范围，做到主题明确。在此基础上，通过广泛的收集与调查问题相关的二手资料，向行业专家咨询等方式，以加深对某些问题的了解，进一步把握调查问题的重点，并通过小范围的预调查和小组访谈，检查对调查重点的把握是否明确和准确。

2．调查方案设计阶段

在明确了调查问题的基础上，拟订调查方案。调查方案是调查工作的总的实施指导。在调查方案中，要对调查的目的、主要内容、调查对象、样本大小、抽样方法及误差、问卷设计及内容、访员的选择及培训、访问方式、统计分析方法、调查的地点、时间安排、经费预算等方面作具体的说明。

3．调查实施阶段

(1) 访问人员培训。调查前对调查访问人员的培训是实施调查的重要环节。应从调查涉及的专业知识、调查的方法和技巧等方面对访问人员进行系统培训，并通过模拟调查选拔合格的调查访问人员，以保证调查访问质量。

(2) 正式调查。将访问人员分成若干小组，由访问人员对被调查者进行访问调查，详细记录所需信息资料，每组指定一名监督员，对访问人员的工作进行监督。在问卷结束后通过复核调查了解和评估问卷的质量、访问人员的工作效果。

4．调查结果获取阶段

(1) 资料的整理、分析。将回收的有效问卷编码、录入，进行数据的统计分析。

(2) 撰写调查报告。根据数据分析寻找相关变量之间的关系，分析原因，并提出相应的对策建议，形成文字分析报告。

(3) 结果的通报、沟通和跟踪。将调查分析结果通报委托企业，并就有关原因和对策与客户企业进行积极沟通，形成解决问题的方案。如有可能，应对方案的实施效果进行追踪，以评估调查工作的得失。

6.6　市场调查的方案策划

策划是一套为了提高做事成功的可能性而针对未来要发生的事情所作出的当前决策及其规划。它是一个人或一个组织为了达到自己的目标而进行构想—计划—执行—控制的过程。市场调查的方案策划是指企业根据营销决策与管理活动的需要，精心设计和构思市场调查与预测行动方案的活动，也称为市场调查策划或市场调查的方案设计。

1. 方案总体设计

市场调查方案的总体设计，就是根据所需要的信息考虑进行哪种类型的市场调查。探测性调研属于非正式调查或预测，其他几种都属于正式的市场调查或预测。

探测性调研比较灵活。一般来说，在设计探测性调研时，只规定大致方向和步骤，而不作详细计划。调查者搜集各种有助于决策的信息，以花尽量少的时间和费用为原则。探测性调研的信息主要来源于第二手数据、询问有识之士和案例分析，有时也进行小规模的便利抽样调查或简单实验。由于探测性调研有省时间、省费用、灵活多变的特点，所以探测性调研能解决的问题，就不需要进行正式调查。探测性调研往往是正式调查的序幕。在调查与预测的初始阶段，常常采用探测性调研以明确问题和与之相关变量的总特性，并帮助判断是否应该进行正式的调查与预测。

探测性调研的设计比较简单，一般不需要表现为书面形式，做到心中大致有数就行。市场调查策划不包括这种类型的方案设计，而专指正式调研的设计。

如果探测性调研不能满足决策者对决策信息的要求，就需要考虑是否进行正式的市场调查。虽然正式的市场调查根据收集和分析数据的侧重点不同，分为描述性调研、因果关系调研和预测性调研三种类型，但方案的设计步骤、需要考虑的因素是基本相同的。当决定了要进行正式的市场调查以后，就要进行市场调查的方案策划。

2. 方案策划

市场调查的方案策划实际上是一系列判断与选择的过程。为了解决某一特定的决策问题，它需要按照市场调查的程序，一步一步地对收集和分析数据的方法加以选择和限定，大致如下：

(1) 尽量详细、全面地说明决策与调研问题以及二者之间的关系；

(2) 估计信息的成本和价值，说明进行市场调查的必要性；

(3) 选择适宜的方法收集数据或资料；

(4) 选择适宜的测量工具和测量方法；

(5) 选择适宜的抽样方法；

(6) 选择适宜的数据分析方法；

(7) 以书面的形式提出市场调查计划。

市场调查的计划书是市场调查策划的一个阶段性成果，先于任何具体的调查实施工作。

不过，这里的"先于"是相对意义上的。实际上，在进行调查设计时，研究人员往往需要做一些预调研工作。美国的一些专家估计，在市场调查的设计阶段，大约需要花费调研总费用的 5%～10%。

市场调查策划能够帮助决策者和研究者在一些基本的问题上达成共识，如决策问题和研究问题的限定、所要求的信息和调研方法的选择等。如果调查是企业所属部门进行的，研究计划可以用于劝说上级主管部门作出调查的决定。如果调查是委托企业外部市场调研机构进行的，那么研究计划则是这些机构出售其产品(即信息服务)的促销手段。对于大多数企业来说，调查的经费是相对稀缺的，所以研究人员必须设法证明花钱从事某一项调查要比把钱用到其他地方的收益更大。只有这样，才能说服有关人员作出进行某一项调查的决定。

当然，这并不意味着调查人员应该夸大市场调查的作用，或为那些意义不大的调查争取经费。这里要强调的是：一旦研究人员认为从事某一项调查可以为企业带来更大的利益，他们就应该尽量清楚、有力地说明这一点。

3．计划书的基本内容

一般而言，调查计划书应该包括以下基本内容：

(1) 简要说明。简单说明每一个部分的要点，目的在于使有关人员不阅读全文，就能对调查计划有一个基本的了解。

(2) 背景。说明决策问题和影响它的因素。

(3) 目的和意义。描述调查所得信息的类型、这些信息与决策问题的关系以及进行此项调查的必要性和可行性。

(4) 调查方法。描述调查所要采用的数据收集方法、测量工具、抽样方法。

(5) 分析与预测技巧。描述分析和预测要使用的数据分析技巧和数学工具。

(6) 时间和费用。说明调查需要花费的时间和费用。

(7) 用途。基于决策问题，说明所得信息可能的用途。

(8) 附录。为了满足部分专业人员的需要，可以在附录中用技术性语言详细地描述调查所要采用的方法和模型。

4．确定研究预算的方法

确定研究预算的方法有规范方法和描述方法两种。规范方法试图回答应该花多少钱的问题，而描述方法试图回答实际上需要花多少钱的问题。规范方法只是从理论上说明了企业决定是否给某项研究提供资金以及提供多少等问题的思路或理论依据。描述方法根据企业的需要或某一项研究的具体情况确定研究经费。根据企业的需要确定研究预算，详细地说明下一财政年度企业需要从事的市场调查活动(一般在市场调研部门的年度计划中)以及每一项活动需要的资金。预算一旦确定，它就成为市场调研部门的行动指南。

在企业所编制的各种预算中，研究预算最需要灵活掌握。因为市场情况千变万化，有时企业必须在很短的时间内作出是否进行市场调查的决策，以便应付已经发生的不测事件。比如，竞争者的一种新型化妆品问世，引起了化妆品行业的震动。这时，作为化妆品生产者的某公司，需要立刻对产品市场测试的情况进行调查，了解该产品成功与否对它的影响并对它的影响程度进行评估。进行这一调查的费用，可能在制订企业的研究预算时并没有考虑。因此，分配给市场调研部门的研究预算应该留有一定的余地，以保证企业市场调查的灵活性。

研究预算通常由三种类型的成本构成：固定成本、半固定成本和变动成本。

· 固定成本主要包括研究人员的工资、仪器和设备等，它们在一定的时期内是基本固定的。

· 半固定成本虽然是正常情况下企业需要花费的，但是却可以变动而不影响整个部门的运作。比如，一个企业可能会认为某一大商店的年度会计报表是企业一个重要的信息来源，因此花钱预订了这个商店的年度会计报表，那么花在这上面的费用就与固定成本没有什么区别。当然，企业也可以根据研究项目的要求，临时决定是否购买这个商店某一年度的会计报表。如果这样做，它又成为变动成本了。所以，半固定成本是介于固定成本和变动成本之间的一种成本。

· 变动成本随着企业对市场调研部门的信息要求而变动。需要市场调研部门提供大量信息的企业，比那些只需要市场调研部门提供少量信息的企业会花费更多的变动成本。

在确定研究预算之前，首先，要对上一年度的预算和成本进行分析。这个分析是确定预算(特别是固定成本和半固定成本)的重要参考。然后，估计预算中各部分的变动情况，计算计划项目所要求的各种经费。最后，确定研究预算。如果研究预算比上一年度有较大的增加，预算编制人员需要解释原因或证明这样做是必要的。

当然，研究预算还可以根据某一项研究的具体情况和要求确定。其中，要详细说明每一项经费预算的计算依据。

例如："关系营销导向对于营销渠道行为的影响"项目的经费预算见表 6.3。

表 6.3　经 费 预 算

支出科目	金额/万元	计算根据及理由
合　计	17.5	
1. 科研业务费	14.5	
(1) 国内调研费	6.0	拟分别在西安、北京、上海、广州、青岛等地进行调研。外地调研费用 3000 元/人次，计划约 20 人次。每地收 120 份问卷，每份问卷的平均费用按 100 元计算
(2) 业务资料费	1.0	购买、复印资料，上网费
(3) 会务费	3.0	参加国内学术会议 2500 元/人次，计划约 4 人次；参加国际学术会议，10 000 元/人次，计划约 2 人次
(4) 计算机使用费	1.0	1.0 元/机时，约需 10 000 机时
(5) 打印费	1.0	论文、报告等打印
(6) 版面费	0.5	700 元/篇，共 7 篇
(7) 专著出版费	2.0	20 000 元/本，计划出 1 本
2. 实验材料费	1.0	计算机耗材(打印纸、软盘等)及有关软件
3. 仪器设备费	0.3	计算机、打印机等设备维修费 1000 元/年，共 3 年
4. 实验室改装费		
5. 协作费	0.5	请求有关单位予以协助的相关费用
6. 项目组织实施费	1.2	校方管理费、项目的评审及鉴定等费用

(资料来源：摘录庄贵军 2004 年国家自然基金委资助项目申请书《关系营销导向对于营销渠道行为的影响》，资助号：70372051)

讨论与思考题

1. 市场调查的内容主要有哪些？
2. 根据目的要求，可以把市场调查分为哪几种类型？它们各有什么特点？
3. 市场调查还可以根据什么分类？
4. 是否调查的规模越大，获得的信息越准确？为什么？
5. 简述市场调查的程序。
6. 正式的调查方案都包括哪些内容？
7. 请自己动手，为一家企业设计一个市场调研项目。

 案例分析

采乐市场调查计划书

1. 调研背景

近年来，宝洁公司凭借其强大的品牌运作能力以及资金实力，在洗发水市场牢牢地坐稳了第一把交椅。但是随着竞争加剧，局势慢慢起了变化，联合利华强势跟进，夏士莲、力士等多个洗发水品牌从宝洁手中夺走了不少消费者。花王旗下品牌奥妮和舒蕾占据了中端市场，而低端的市场则归属了拉芳、亮庄、蒂花之秀、好迪等后起之秀。至此，中国洗发水行业呈现了一个典型的金字塔型品牌格局。通过市场细分，西安杨森于2002年推出了采乐，在药品和洗发水两个行业找到了一个交叉点。为了提高其在全国重点城市中的占有率，并为其今后的营销发展计划提供科学的依据，六人行市场调查公司将在全国范围的重点城市进行一次专项市场营销调查。

2. 调研目的

本次市场调研工作的主要目标是：

(1) 分析采乐洗发水的前期营销计划（包括其销售渠道、媒体投放、产品终端和产品情况）以及消费者的产品期望，明确其自身的优势和劣势，以及面临的机会和威胁。

(2) 了解消费者对去屑洗发药的认知，探察对去屑洗发药的接受程度。

(3) 了解产品的知名度以及美誉度，确定今后营销计划的重点。

3. 调研内容

根据上述调研目的，我们确定本次调研的内容主要包括：

(1) 针对其营销计划进行全面的分析，从而为其今后的营销计划提供科学的依据。本部分所需要的主要信息点是：

① 消费者对于采乐洗发药的使用情况——是否用过，满意度，以及认为产品的哪方面更加吸引消费者。

② 对采乐在前期营销计划情况的了解——怎样知道采乐的，通过什么渠道购买到采乐的，是否遇到买不到采乐的情况，使用采乐过后的感觉，以及认为可以在产品上改进的地方。

③ 消费者对于去头屑这方面的认知。

(2) 了解消费者的观念，以及对采乐前期推广的深入程度作一个调查。

（3）对产品前期的销售宣传作一个调查，须主要掌握的信息点有：

① 对于采乐的了解程度——是否知道以及是否使用过。

② 对于采乐印象的评价（五分法）。

此外，我们还将收集包括消费者的年龄、性别、收入、职业，以及包括消费者的发质在内的背景资料以备统计分析之用。

4. 调查对象

本次调查是针对其前期的营销计划实施情况的一个效果回馈，在样本定义时遵循以下原则：一是样本要有广泛的代表性，以期能够基本反映消费者对采乐洗发药的看法，以及能反映采乐前期营销计划的实施情况。二是样本要有针对性。由于采乐属于日用品，而且它主要是针对有头屑的人，还有它的价格也较高，所以就需要有一定的购买和支付能力。因此，此次调查主要是针对有使用经验的人，主要在全国的重点城市作调查。

基于以上原则，建议采用以下标准甄选目标被访者：

（1）20～45 周岁的城市居民。

（2）本人及亲属不在相应的单位工作（如市场调查公司、广告公司以及洗发水行业等）。

（3）在过去的六个月内未接受或参加过任何形式的相关市场营销调研。

5. 数据收集方法

本项目的资料收集方法：问卷长度控制在半个小时左右，问卷经双方商讨确定之后正式启用。问卷抽样方法：在北京、哈尔滨、上海、广州、长沙、成都、西安 7 个城市中各选择 400 人作为调查对象，在每个城市的电话簿中随机选择 400 个号码，打电话核实受访者。在不断淘汰受访者的情况下，多次随机选择，直到选够 400 人为止。采用结构性问卷进行入户调查。

6. 样本量

根据以往经验，最大允许误差应控制在小于 ±2%，考虑到统计分析对样本量的要求和成本方面的经济性，本次研究所需要的样本量为每个城市 400 个。

7. 质量控制与复核

（1）访问复核率为 30%，其中 15% 电话复核，15% 实地复核。

（2）实行一票否决权，即发现访问员一份问卷作弊，该访问员的所有问卷作废。

8. 数据录入与处理

参与此项目的所有数据录入及编码人员将参与问卷的制作与调查培训；在录入过程中需抽取 10% 的样本进行录入复核，以保证录入质量；数据处理采用 SPSS 软件进行。

9. 研究时间安排见表 6.4

表 6.4　时 间 安 排
（自项目确定之日起）

	一周	二周	三周	四周	五周	六周	七周	八周
方案与问卷设计								
问卷试访								
调查实施								
数据处理								
报告撰写与发布								

10. 费用预算

项目费用预算约为（6.7 万元），其用途见表 6.5。

表 6.5　费用预算表

单位：万元

1	问卷设计，问卷印刷	2.0
2	调查与复核费用	1.0
3	数据处理（编码，录入，处理，分析）	1.5
4	地区市调公司代理费用	1.4
5	差旅及其他杂费 0.8	0.8
合计		6.7

(资料来源：豆丁网，商业案例库(略有修改))

讨论题：

(1) 该市场调查计划书中的调查目的是否清楚，并说明理由。

(2) 该方案中调查内容是否围绕调查目的展开，并请说明理由。

第 7 章　市场调查方法

重点提示

- 文案调查法中二手数据的来源。
- 访问调查法的优缺点和基本类型。
- 观察调查法的基本类型。
- 实验调查法的种类。

阅读资料 📖

日本东芝的市场调查

观察调查法在日本深受重视。例如，东芝在推广家电产品给日本国内的消费者时，就曾经使用观察法来观察市场变化。东芝新产品的设计者在观察中发现，越来越多的日本家庭主妇进入就业大军，洗衣机不得不在早上或晚上进行，这样噪音就成为一个问题。为此，东芝设计出一种低噪音的洗衣机进入市场。在开发这种低噪音产品时，他们还在观察中发现，当时的衣服已经不像以前那么脏了，许多日本人洗衣的观念也改变了。以前是衣服脏了才洗，而后来是衣服穿过了就要洗，以获得新鲜的感觉。由于洗得勤，衣服有时难以晾干。由于他们在观察中认识到妇女生活风格的这种转变，便推出烘干机，后来又发现大多数消费者的生活空间有限，继而发明了洗衣烘干二合一的洗衣机，结果产品销量大增。这就是一个典型的直接观察法的应用。

(资料来源：https://wenku.baidu.com/view/5099715a3b3567ec102d8adf.html)

市场调查是收集营销数据的行为和过程。市场调查的方法根据数据来源可以分为两大类：一类是收集二手数据的文案调查方法，另一类是收集一手数据的调查方法。文案调查法比较简单，而收集一手数据的调查方法比较复杂。后者又可分为三种：访问调查法、实验调查法和观察调查法。

7.1　文案调查法

文案调查法是指利用已有的各种文献档案资料等二手数据进行市场调查的方法。二手数据也叫现成数据，它不是因为要解决在研问题而收集的，而是为了其他目的而被开发出来并可以被在研项目使用的数据或资料。因为与收集原始数据相比，收集二手数据具有既快又省的优点，所以文案调查法在市场调查中得到了广泛的应用。一般而言，只要文案调查法能够解决的问题，就不再去进行实地调查。不过，文案调查法也有很多缺点，在二手数据不适用时，就必须进行实地调查，收集原始数据。对于一些决策问题，根本没有适用的二手数据；对于另外一些决策问题，虽然有适用的二手数据，但严重不足。在这两种情况下，都需要进行实地调查。

7.1.1　二手数据的相关性和准确性

在应用二手数据之前，需要先判断它们是否相关(或适用)和准确。二手数据的相关性是指二手数据与市场调查和预测所需要信息的关联程度。可以从以下四个方面来判断或评估二手数据的相关性。

(1) 测量单位是否相同，即考虑二手数据与市场调查和预测所需要的数据之间在测量单位上的一致程度，一致程度越高，二手数据的相关性就越好。比如，一个零售商在作出某一项决策之前，需要了解交易区域内居民的特点。虽然关于一个市或一个县的类似数据可以找到，但数据所涉及的范围或单位与这个零售商所要求的不同，因此这样的二手数据缺乏相关性。

(2) 是否替代数据。替代数据经常被用来代替市场调查与预测所需要的数据。比如，一家手表厂为了推出一款新型电子表，需要有关西安市前一年电子表销售量的信息。这时，如果该厂得到了西安市十家最大零售商(按销售额计算)前一年电子表的销售数据，并用这个数据进行推测，那么它就使用了替代数据。因为西安市出售电子表的绝非只有这几家商店，所以用这一替代数据推断或预测西安市电子表的销售量缺乏相关性。

(3) 分类是否相同，即考虑二手数据与市场调查和预测所需要数据之间在分类方面的一致程度，一致程度越高，二手数据的相关性就越好。比如，一家企业想专门为 8～12 岁的儿童生产一种新产品，因此需要了解他们的偏好，而这时却没有 8～12 岁儿童偏好的数据，只有 5～9 岁和 10～14 岁的数据。如果这家企业应用这些数据来进行推断或预测，则相关性就存在问题。在市场调查与预测中，二手数据经常会在社会阶层、年龄、收入、公司大小等分类方面与要求不一致。

(4) 时间是否合适。一般而言，市场调查与预测使用的数据越靠近当前越好，而绝大部分二手数据都是过去的，有时甚至是过去好几年的。这时即使其他方面在相关性方面问题不大，但是在时间上也有问题。比如，几年以前关于中国零售业态的调查数据就无法用来描述中国目前的零售业态状况，因为从 2000 年到 2008 年中国零售业态的变化非常大，也非常快。

二手数据如果存在以上四个方面的问题，就会降低其相关性。这是在应用二手数据时需要特别注意的。

在应用二手数据之前，还要考虑数据的准确性。使用二手数据的一条基本原则是：如有可能，尽量使用最初报道的数据。这样做的道理有两个：第一，通常最初报道的数据比转引的数据更全面，它常常包括转引省略掉的警告、缺点和方法的详细说明。比如，国家统计局发布的数据都有关于误差的说明，而在这些数据被引用时一般都不提误差。第二，使用最初报道的数据时，使用者可以根据要求重新考察它们，从而能够更好地判断数据的相关性或适用性。

7.1.2　二手数据的来源

收集二手数据是文案调查的重要环节，因此二手数据的来源及其检索方法是文案调查成败的关键。文案调查的二手数据来源主要有两个：企业内部数据和企业外部数据。

1．企业内部数据

企业内部数据是由企业内部有关部门提供的。一般来说，为市场调查与预测提供数据的部门主要有企业的数据库、会计部门、统计部门和情报部门。企业的数据库存储着大量的二手数据，通常存放在电脑中，因此使用很方便。会计部门、统计部门和情报部门的许多数据以及以前市场调查和预测所得到的许多数据、情报或资料都储存在数据库中，所以可以从数据库中得到的数据一般就不必再麻烦其他部门。市场调查与预测需要而数据库中没有的数据或资料，只能从其他有关部门得到。企业内部相关部门提供的主要是涉及企业内部事务的数据或资料，比如企业的会计和统计数据以及市场调查部门掌握的企业经营数据。当然，也有部分数据或资料涉及企业外部事务，比如情报部门提供的一些数据或资料。

会计数据和统计数据详细记录了企业各项营销活动的成果和耗费，如果使用得当，则可以帮助研究者确定盈利或不盈利的细分市场、市场区域以及产品线，明确企业在市场中的竞争地位和企业的营销战略方向，并帮助测定营销组合的效果。

2．企业外部数据

企业外部数据是从企业外部获得的二手数据。各种数据的来源很多，主要有五类：政府机构、行业团体、专业调研机构、出版物和互联网。

1) 政府机构

政府机构包括中央和地方的各级政府机构。中央政府机构包括国家统计局、科技部、教育部、公安部等。地方各级政府机构包括地方各级统计机构、各级经济管理部门、各地区公安局、派出所等。政府机构提供的数据主要有两类：一是人口统计数据，包括人口的总数、人口的年龄构成、人口的地区分布等；二是经济活动数据，包括工业、农业、商业、金融、运输等行业数据。

2) 行业团体

各行业团体经常公布一些行业销售情况、发展趋势和存在问题的分析报告。其中，提供的数据或分析结果有助于研究者弄清企业所属行业的特征、结构和竞争状况。有时研究者还需要从所属行业团体中购买一些关于这个行业总体情况的数据。

3) 专业调研机构

专业调研机构有华南国际市场研究有限公司、思纬市场信息有限公司、益普索(中国)市场研究公司、新华信市场研究咨询有限公司和零点研究咨询集团公司等。这些专业调研机构不仅根据需要承担企业的市场调查与预测项目，也经常发布或有偿提供一些一般性的市场信息。

4) 出版物

各类出版物如报纸、杂志和专著中有很多数据和资料可以利用。在中国，《经济日报》、《中国商业报》、《市场报》、《经济参考报》以及各地的经济、生活报刊都经常公布一些宏观经济数据或行业数据。只要带着问题去阅读和收集，研究者经常可以获得很多有用的数据和资料。

5) 互联网

随着互联网在全球的普及和广泛应用，互联网成为越来越重要的一个信息来源。网上信息具有省时、省钱和快速便捷的特点，所以是研究者在收集二手信息时需要优先考虑的一个来源。下面是使用关键词"康佳"通过搜狐的搜索引擎对与康佳有关的网站和新闻进行的搜索，与康佳有关的网站共得到了 23 个查询结果，与康佳有关的新闻共得到了 5349 个查询结果。

(1) 关键词：康佳，网站搜索中共有 23 个查询结果。

• <u>(000016，深康佳 A)康佳集团股份有限公司</u>——(200016，深康佳 B)主要生产电视机、视盘机、音响、冰箱、洗衣机等。

　　更多同类网站：<u>公司企业</u> ＞ <u>家用电器</u>

• <u>康佳手机铃声下载</u>——提供康佳手机报价、康佳手机铃声下载、康佳手机图片下载。

　　更多同类网站：<u>生活服务</u> ＞ <u>手机信息服务</u> ＞ <u>手机铃声</u>

• <u>深圳康佳通信科技有限公司太原分公司</u>——提供各种型号的康佳品牌移动电话。

　　更多同类网站：<u>公司企业</u> ＞ <u>电子与通讯</u> ＞ <u>通讯设备与器材</u>＞ <u>无线/移动通信设备</u>

• <u>康佳手机价格</u>——提供康佳手机价格查询及比较。

　　……

(2) 关键词：康佳，新闻搜索中共有 5 349 个查询结果(用时 0.069 秒)。

<u>康佳无限高清定位数字家庭</u>　　2004-03-04 16：46

……公布了其"无线高清"的彩电新战略。康佳多媒体事业部总经理匡宇斌在会上宣称，2004 年康佳将全面导向数字电视和数字娱乐，高清数字战略将以数字电视接收机为基础，向上下游大幅度扩张。以"无线高清"整合产业链，2003 年被称为"数字电视发展年"。康佳是……(2 832 比特)

<u>分级代理模式渐退去　面对直供国产收集三心二意</u>　　2004-03-04 13：30

……，争夺市场的一年。手机生产厂商的渠道也好，经销商的渠道也罢，在所进行的几起引人注目的变革中大致上也是围绕"扩张"来进行的。2003 年 8 月，康佳启动"千县千店"计划，耗资数亿元在县级市场进行渠道扩张，"培育核心零售，打造县城形象"，在全……(6 141 比特)

　　……

　　　　　　　　　　(资料来源：庄贵军. 市场调查与预测[M]. 北京：北京大学出版社，2007.)

进入这些网站搜寻相关资料或进入这些新闻网页阅读新闻，就可以获得关于康佳股份有限公司的很多信息。当然，也可以搜索相关网页，这样将会得到更多关于康佳股份有限公司的信息。

7.2　访问调查法

如果二手数据不能为决策提供足够的信息，那么就需要收集原始数据。相对应于二手数据，原始数据也叫一手数据。访问调查法又称采访调查法或询问调查法，是收集原始数据最常用的方法。访问调查法是指调查人员通过口头、书面或电话等方法向被调查者了解和获取市场信息资料的一种实地调查方法。

访问调查法的优点是可以通过直接或间接的回答方式了解被调查者的看法和意见。例如，通过对消费者进行访问调查可以了解消费者的消费需求、消费心理、消费态度、消费习惯，以及被调查者对产品的质量、价格、性能、服务等方面的意见和改进建议。

采用访问调查法进行调查，一般都要事先把所需要了解的问题制成调查表，而调查表设计的质量将直接影响到调查的结果和结果的准确性。

根据调查者与被调查者(也称应答者)接触的方式，访问调查法可以分成四种：人员访问调查、电话调查、邮寄调查和网上调查。

7.2.1　人员访问调查

人员访问调查是最古老的一种调查方法。它是调查者在面对面的情况下，向被调查者提出问题，然后根据被调查者的回答当场记录获得数据的方法。人员访问调查通常按照一套事先设计好的问卷询问，但也有采取自由交谈的形式询问的。具体采取什么方式，应根据调查目的而定。询问既可以在被调查者家中进行，也可以在调查者事先准备好的询问中进行。调查人员可以使用图片、产品样品以提高被调查者的参与程度和合作意愿。当需要大量信息以及所调查的问题比较复杂，还想获得顾客对某种产品的设计或广告样本的看法、态度时，面谈访问最为合适。

一般来说，人员访问调查法有以下几个优点：

(1) 富有灵活性。在所有调查方法中，人员访问调查法最灵活。它可以采用任何一种问卷询问。如果应答者同意，则还可以利用录音机记录应答者的意见。当发现应答者不符合样本条件时，可以立刻终止询问。

(2) 具有激励效果。因为人员访问是在面对面的情况下进行的，所以如果询问得当，则往往会提高应答者回答问题的兴趣，使应答者更愿意合作，从而提高回答率。

(3) 可获得较多的数据。人员访问调查一般所费时间较长，因此对某些问题可以作深入询问。有些问题需要调查者进行解释才能明白，这样就可以减少答案不完整或答案欠缺的现象。另外，在询问中可能会得到一些意想不到的数据，使调查者产生新的想法。邮寄调查询问的问题固定，电话调查所费时间又不能过长，所以这两种方法都不如人员访问调查法获得的数据多。

(4) 可保持较为完整的样本。邮寄调查回收率较低，而电话调查样本又只限于那些有电话的人，所以只有人员访问调查既能够选择欲选的人进行调查，又能提高回收率，保持一个较为完整的样本。

(5) 能控制问题的顺序。问题的顺序往往会影响应答者的答案，人员访问调查能够根据情况按不同的顺序询问。

(6) 有观察的机会。在人员访问时，询问者可以观察应答者回答的一些问题是否正确，比如关于年龄、种族、职业等。

人员访问调查也有一些缺点：

(1) 费用高。一般来说，人员访问调查所需费用远远高于其他方法。比如，需要动用较多的人力，需要训练调查员，这些费用都很高。

(2) 控制较难。一旦调查开始，调查员就有了很大的独立性，因而对调查员的监督和控制就很困难，有时不免会产生某些不负责任甚至欺骗的行为。

(3) 容易产生询问偏见。因为是面对面的询问，所以调查员的询问态度或语气有时不免会对应答者产生一定的影响，从而产生询问偏见。

7.2.2　电话调查

电话调查是调查者通过电话向应答者提出问题、汇集答案的数据收集方法。随着经济的发展，私人电话和移动电话日渐普及，这种方法可以用来作一些内容简单的调查。与其他几种调查法相比，电话调查具有以下优点：

(1) 经济。在我们所介绍的几种方法中，电话调查所需费用可能只比网上调查大。

(2) 省时。由于使用了现代化的通信设备，因此电话调查能够以最快的速度收集信息。

(3) 易于被不易接触的应答者接受。有些应答者工作繁忙或不愿与人接触，如果对其进行电话访问，则他们比较容易接受。

(4) 易控制。因为可以将调查员安置在同一间办公室内，所以研究的组织者可以比较容易监督和控制电话调查员的工作。

电话调查的缺点主要是：总体不完整，研究者只能选择那些有电话的家庭或个人进行调查；问题难以深入，只能作内容简单的调查。

小资料：电话调查中如何进行抽样设计。

常见的住宅电话号码的抽取方式有三种方式。每种方式的限制条件不同，各有利弊。

(1) 利用电话号码本抽样。电话号码本抽样(Sampling Telephone Directory)是指获得合适的、完整的住宅电话名录作为抽样框，从而采用随机抽样或系统抽样的方式获得住宅电话号码。

利用电话号码本抽样不会发生所拨号码为空号或所打电话为非住宅电话的情形。要注意的是，我国住宅电话的普及率正处于增加比较快的阶段，如果利用电话号码本进行抽样，则要及时更新作为抽样框的电话号码目录。

另外值得注意的是，公开发行的住宅电话号码簿有遗漏，即不是所有的住宅电话号码都登记在住宅电话号码簿上，当这种情况过多的时候，抽取的样本的代表性就会受到影响。有资料表明，在美国的中小城市，有 10%左右的住宅电话号码没有登记在住宅电话号码簿上；在大城市，如纽约、芝加哥以及华盛顿等，未将电话号码登记在电话号码簿上的用户占一半左右。在中国大陆，虽然没有确切的数字来说明公开发行的住宅电话号码簿中刊登的比例是多少，但相信未登记的比例会更高。所以，实际中很少采用这种方法。

(2) 随机拨号法。电话号码是由区号、局号(四位或三位数字)和后四位数字构成的。例如，北京、上海、广州等中心城市，区号为三位，局号为四位，后四位是局号下数字，如北京广播学院调查统计研究所的电话是 010(区号)6577(局号)9296(后四位数字)。还有一些城市区号是四位，如长春的区号是 0431，则城市内电话号码为七位，局号为三位，后四位是局号下数字。

就每个地区而言，区号是唯一的、固定的，局号的数目不是很多，大多在几十到几百之间，通过与电信部门联系或查找有关公开资料是可以找到局号的抽样框的。

局号下可排列出来的四位数字并不都是电话号码，电信部门在发放电话号码时不会一次把所有电话号码都分配出去，通常考虑到未来的发展会预留一定的号码。另外，由于所处地理位置的不同，每个局号下的住宅电话的数目也不同，如商业区局号下办公电话多，住宅电话少，而处于居民区的局号，则是住宅电话多，办公电话少。

随机拨号法可以随机产生七位或八位数字作为电话号码，包括局号和后四位数字，但由于每个地区的局号是有限的，这种大随机的方法效率很低，因此在实际中很少采用。

通常随机拨号就是利用局号的抽样框资料随机抽取局号，只有后四位的数字随机产生。这种方法在实践中经常采用。

(3) 电话号码加一法。电话号码加一法(Plus One)是电话号码本抽样和随机拨号法抽样的结合，目的是找出未在电话号码簿上登记号码的住宅电话用户。其做法是先利用公开的电话号码簿抽取所需的电话号码，然后把这些电话号码的最后一位加 1，变成一个新的电话号码，如 65779296 加 1 变成 65779297。用这种方式产生的电话号码同样会存在空号或是办公电话的情况，但一般说来，空号的机会比直接的随机拨号法要少一些。

在中国互联网信息中心(CNNIC)的抽样中，采用随机拨号法来抽取住宅电话号码，即通过有关部门获得抽中地区的所有电话局号资料。局号相同，则地理位置可能比较相近。为使样本的代表性更强，每个地区的所有局号都被抽取。

利用随机数字表随机产生四位(或三位)随机数，与区号、局号一起构成号码，这样获得的号码可能是空号(没有这个电话号码)、住宅电话和非住宅电话。如果是住宅电话，则符合要求，进入下一步抽取被访者进行访问。

由于每个局号下所包含的电话数目和住宅电话数目都是不同的，所以不同局号下的住宅电话号码被抽中的机会不同，为保证各省的样本近似于自加权样本，理论上此阶段要事后加权。事后加权系数等于每个局号下住宅电话数目占全部有效电话号码数目的比例。实际上这个数据没有办法得到，只能利用拨打电话时获得的有关记录(如每个局号下有人接听的电话中住宅电话的比例)去估计，但这样做的误差可能很大(因为无法判断无人接听的电话是否住宅电话)。在实际中，通常把所抽取的住宅电话样本近似地看成自加权样本。

7.2.3　邮寄调查

邮寄调查可以通过几种途径将问卷送到应答者手中，一般最常用的是邮寄。研究者将设计好的问卷连同一个回邮信封邮寄给应答者，待应答者填妥后寄回。另外，还可采用置留、期刊插页和产品标签的形式。置留式的调查一般由调查人员将问卷分发给应答者，待应答者填妥后寄回或由调查人员收回。期刊插页和产品标签可以被用来发放问卷，由应答者填妥后寄回，研究机构一般会承诺给应答者一定的好处，以鼓励他们填写和回邮问卷。邮寄调查具有以下优点：

(1) 调查可覆盖的区域广。邮政所达之地，皆可以作为调查对象的选择之地。

(2) 无询问偏见。面对面地询问时，调查员的询问态度或语气有时会影响应答者填写问卷，所以人员访问调查容易产生询问偏见。邮寄调查不存在这一问题，因此可以完全避免询问偏见。

(3) 费用较低。邮寄调查虽然也要支付人工和邮费，但这笔费用比起雇用调查员进行访问所花费的人工、训练和差旅费要少很多。

(4) 时间充足。人员访问调查和电话调查都受时间的限制，对于一些复杂的问题不能立刻作答。邮寄调查则允许应答者有较长时间的考虑，应答者可以从容地填写问卷和回答问题。另外，邮寄调查对应答者无时间压力，可以在闲暇时回答，不影响其正常工作。

邮寄调查的缺点如下：

(1) 回收率低。在市场营销的学术研究中，20%的回收率已经可以接受。

(2) 费时。问卷往返需要较长的时间。

(3) 易发生代替现象。有时应答者收到问卷后，自己没有时间或不愿回答而找别人替代，这会破坏样本的代表性。

(4) 受问卷限制，不适合进行深度询问。

7.2.4　网上调查

网上调查是借助互联网与被调查者收集数据或资料的一种调查方法，可以再分为网上问卷调查、网上焦点座谈和 BBS 调查等几种方法。

网上调查有主动式和被动式两种。主动式指利用 E-mail 向被调查者发放问卷，请求被调查者填写并回复。在下例中，零点公司采用的网上调查方式就是主动式网上问卷调查。被动式指把问卷放置在网站上，等待访问者在访问时主动填写。比如，中国互联网络信息中心(CNNIC)每半年进行一次"中国互联网络发展状况调查"，它与国内一些著名的网络服务提供商(ISP)或网络媒体提供商(ICP)合作，如新浪、搜狐、网易等，设置问卷链接，并进行适当的宣传以吸引浏览者点击，让感兴趣的人自愿填写和提交问卷。

【例 7.1】　零点公司的网上调查。

零点公司的网上调查系统由项目界定、设计问卷、抽取样本、启动调查、发送邀请、实时监控、生成数据库和统计分析等环节组成，如图 7.1 所示。

图 7.1　零点公司的网上调查系统的构成

受访者参与网上调查的流程包括网上注册、收到 E-mail 邀请、登录网站、填写问卷、提交结果和收到酬金等环节，如图 7.2 所示。

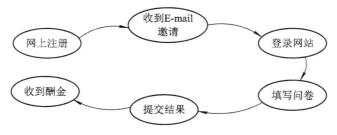

图 7.2　受访者参与网上调查的流程

为了解决网上调查经常会遇到的抽样框架失真、抽样不准确、主题无兴趣、回答失真和实施可控性差等问题，零点公司采用了以下方法：

(1) 用各种方法核实抽样框架中注册用户的背景资料，剔除所有提供虚假信息的受访者。在运作中，注重注册用户规模的增大、群体结构的均匀和抽样框架的时效性。

(2) 采用随机样本调查，只有被抽中的注册会员才会收到 E-mail 邀请函，参与调查。这就避免了大多数网上调查通过抽奖的方式吸引受访者而造成的结果偏差。

(3) 在调查过程中，受邀者会不断收到催促信函，请他们务必填写。这样可以避免调查结果因只访问高兴趣度人群所产生的偏差。

(4) 通过 E-mail 邀请受访者，有效控制每位受访者只填写一次问卷。这样可以尽量避免网上调查中可能出现的恶意填写及为报酬或因无聊多次填写的现象。

(5) 系统预设多种查错、不合格回答提示等功能，保证调查数据的真实性和有效性。

网上焦点座谈法是指这样一种网上调查方法：调查者在同一时间随机选择多位被访者，弹出邀请信，告知他们被邀请进入一个特定的网络聊天室共同讨论对某个事件、产品或服务等的看法和评价，然后调查者记录和分析被邀者的言论。

BBS 调查法指调查者通过 TELNET 或 WEB 方式在电子公告栏以发布消息的方式给出调查问题，然后等待跟帖，获取相关的数据和资料。

与传统的调查方法相比，网上调查有其独特的优势。

(1) 经济。费用较省，调查费用主要是设计费、奖励和数据处理费，可以节省调查在印刷、录入、复核、交通、联络等方面的时间和费用。

(2) 有规模效益。前期投入后，后面的调查只需给被调查者少许奖励，因此有规模效益，适合进行规模较大的调查。

(3) 便捷。无时空、地域限制，只要是网络覆盖的地方，都可以成为调查的范围；调查可以全天候进行，被访问者可自行决定时间和地点回答问卷，非常便利。有时，在调查中只需搭建平台，自动生成数据库，很快就可以得到需要的数据或资料。

(4) 灵活。可以进行传统调查难以进行或难以控制的操作，如"题目顺序循环"、"量表题项循环"和"卡片随机抽取"等。

(5) 个性化。可以通过相关技术使不同的受访者所看到的问卷形式更具个性化，有针对性，从而增加亲和力，提高受访者回答问题的兴趣；还可以借助网络展示图片、文字介绍、声音等音像资料，使填写问卷的过程不枯燥。

(6) 易监控和纠错。如果设计得好，则可以对调查进行全程监控，从而有效避免访问员作弊、录入人员出错等偏差；还可以在受访者回答问卷的过程中，实现"题目之间逻辑错误检查"、"多选题目的选项之间逻辑错误检查"，节省查错、复核等后续工作的时间。

当然，网上调查也有局限性。比如，网上调查选择的调查对象只能是网络用户，因此当总体包括非网络用户时，网上调查就可能出现较大的偏差；网上调查缺乏人与人之间的情感交流，很容易出现拒答的现象；当为了提高回答率而支付报酬时，又可能会出现多次重复填写的现象。此外，因为垃圾邮件的大量存在，E-mail 邀请函常常会被当作垃圾邮件删除。

7.2.5 调查方法的确定

显然,上述各种调查方法中没有哪一种绝对优于其他,因此调查方法的优劣只是相对的,需要根据具体情况确定。在实际调查工作中,人们常常使用以下标准来全面衡量这些方法。

(1) 问卷的复杂性。尽管研究者总是试图使问卷尽量简单,但是进行一些特殊项目的调查却必须使用相对复杂一点的问卷。在这方面,人员访问调查法显然优于其他方法,它可以使用任何一种问卷。邮寄调查和电话调查一般不宜采用过于复杂的问卷。

(2) 数据量。与问卷复杂性紧切相关的一个标准是数据量。应答者提供数据量的大小一般取决于问卷的复杂程度和询问花费时间的多少。想获得的数据量越大,调查所采用的问卷就会越复杂,询问的时间也就越长。

(3) 数据的准确性。调查所得数据的准确性受许多因素的影响,比如询问者的提问方式、抽样方法和问卷设计的水平。在这些方法中,没有哪一种在数据准确性方面占有绝对优势。只要组织得好,不管采用哪一种方法都可以得到较为准确的数据。

(4) 对调查人员影响的控制。在调查中,调查人员的询问语气、用语和态度都会对应答者产生影响,从而使数据失真。对这种影响的控制是提高数据准确性的一个重要方面。

(5) 样本控制。样本控制包括前后衔接的两个问题:一是样本选择的范围,二是样本选定后能使样本回答问题的比率。电话调查和网上调查在第一个方面受到很大限制,邮寄调查在第二个方面有很大欠缺,只有人员访问调查在这两个方面都比较好。

(6) 速度。电话调查和网上调查在这方面占有明显优势,人员访问调查次之,而邮寄调查所费时间最长。

(7) 费用。调查费用取决于调查的种类、问卷的性质、回收率、调查覆盖的地理范围和调查所用的时间等多种因素。一般来说,人员访问调查所需费用最大,因为除了需要支付调查人员的工资和其他方面的费用以外,还需要支付较大的差旅费。

表 7.1 显示了各种调查方法在这七个方面的相对优势。当然在实际工作中,还可以根据要求选择其他标准进行判定,而不一定局限于这七个方面。

表 7.1 调查方法的优劣比较

判断标准	询 问 方 法			
	人员访问调查	邮寄调查	电话调查	网上调查
问卷的复杂性	优	差	良	差
数据量	优	一般	良	一般
数据的准确性	一般	良	一般	一般
对调查人员影响的控制	差	优	一般	优
样本控制	优	一般	一般	差
速度	一般	差	优	优
费用	差	良	良	优

这里用一个例子说明如何应用这些标准确定询问方法。有一个研究者在考虑采用哪种方法进行调查时,作了初步评定。他先按照七个方面给四种方法打分,优 4 分,良 3 分,

一般 2 分，差 1 分，然后列表算出总分，见表 7.2。

表 7.2　三种询问方法的优劣比较

判断标准	询 问 方 法			
	人员访问调查	邮寄调查	电话调查	网上调查
问卷的复杂性	4	1	3	1
数据量	4	2	3	2
数据的准确性	2	3	2	2
对调查人员影响的控制	1	4	2	4
样本控制	4	2	2	1
速度	2	1	4	4
费用	1	3	3	4
总分	18	16	19	18

初步评定的结果是：这项调查采用电话调查比较好。实际上，对于不同的调查，以上各个标准的重要程度是不同的，因此我们可以根据各个标准在某一特定调查中的重要程度赋予它们相应的权数，然后再计算总分，进行比较。这样就能保证所选择的方法更适合于特定的调查。这种评分比较法虽然比较主观，但对于我们在选择调查方法之前全面考虑调查的特性和适宜的调查方法很有帮助。

7.3　观察调查法

观察调查法是指调查人员在现场对有关情况直接进行观察记录的一种调查方法。采用观察调查法获得数据时，不是直接向被调查者发问请求回答，而是在他们未注意的情况下由调查人员使用自己的眼睛或照相机、录音机、录像机等辅助仪器进行观察，并记录观察结果。

7.3.1　观察调查法的特点

在日常生活中，我们经常在观察。不过，与我们日常的询问一样，这种观察可能存在较大的偏差。观察调查法是一种科学观察，这不同于我们所说的日常观察。

与日常观察相比，科学观察有下面几个特点：有明确的目的，有事前计划，对观察结果进行详细记录，有意识地控制误差。

使用观察法进行调查一般要满足下列条件：

(1) 欲调查了解之事物的特性必须易于观察，像人的动机、态度和其他心理特性无法观察，只能通过观察到的行为推断，而推断有时是不可靠的。

(2) 欲观察特性的出现必须既是重复的，又是经常的或可以预见的。虽然观察那些不经常或不能预见的特性并非绝不可能，但是在市场调查中如果等待观察的时间太长，则高昂的费用可能使它不适用。

(3) 欲观察的特性不能持续时间太长，如果持续时间太长，则过高的费用也可能使观察失去意义，因为调查的"性价比"(信息的价值与成本之比)不合适。

使用观察法收集数据时，抽样成为一个特殊的问题。比如，某商品在某商店展销期间，我们要观察消费者的反应。应该如何抽样呢？显然，我们不能按照随机原则事先选择消费者作为样本，然后跟在后面观察他们，直到他们通过展销地点，而只能在那些进入商店的顾客中选择和观察。

7.3.2　观察调查法的类型

观察调查法可以按五个标准分类，包括自然或人工环境下的观察、公开或伪装的观察、结构性或非结构性观察、直接或间接观察、人类或机器观察。

1. 自然或人工环境下的观察

观察者坐在靠近一个饭店的入口处，观察有多少对夫妻、多少个大小不同的家庭，在特定期间进入饭馆用餐。这个观察者就是在进行自然环境下的观察。这里，没有任何人为因素鼓励或禁止用餐者进出饭店，进出饭店的人不会觉得有什么异常情况发生。

然而，能够在这种自然环境下观察的消费或市场行为很少。很多消费或市场行为的观察必须在人工环境下进行。比如，一个商店的管理者要观察营业员的服务态度和业务水平如何。当然，他们可以派一些观察员在自然环境下观察各个营业员接待顾客的整个过程。但是，由于大部分顾客都是匆匆忙忙买完东西就走，所以观察员很少有机会看到各个营业员在服务态度和业务水平上的差异。另外，这样做也耗时费力。如果这时管理者委派几个有经验的观察员装作顾客购买物品，在购买的过程中故意制造麻烦观察营业员的反应，则既可节省调查的时间和费用，观察结果也更有价值。这就是在进行人工环境下的观察。观察时，被观察者并不知道他正在被观察。

一般来说，观察的环境越自然，观察到的行为越能准确地代表被观察者的正常行为。但与此同时，等待欲观察行为发生的时间越长，观察费用也越大。

2. 公开或伪装的观察

上面例子中对营业员的观察就是伪装的观察，营业员并不知道自己正在被观察。如果知道，他也许会改变行为。但伪装观察并非在任何情况下都适用。比如，在实验室中对被观察者进行观察，就很难使用伪装观察。

公开观察到底能在多大程度上影响被观察者的行为？这是一个难以回答的问题。一般而言，这取决于公开的程度。比如，有一种接到收音机或电视机上用以观察和记录人们在什么时候收听或收看哪个电台或电视台节目的仪器，尽管人们知道它的存在，但它对被观察者的影响是微乎其微的；在实验室中，面对面地观察被观察者，则被观察者的行为有很大变化。所以，公开观察时，观察者越隐蔽越好。

3. 结构性或非结构性观察

所谓结构性观察，是指观察者事先清楚地知道应该观察和记录什么，与要求观察和记录的特性无关的行为一概不管。在市场调查中，观察大多是结构性观察。

非结构性观察则是指事先并没有限定观察者应该注意什么，可以忽视什么。非结构性观察经常用于非正式的探测性调研，很少用于正式的市场调查与预测。

4．直接或间接观察

如果对消费者的购买行为感兴趣，那么可以直接观察他们实际的购买活动。以上所说的例子都是直接观察。但是要观察其他类型的行为，比如过去的行为，就不能直接观察，而必须求助于间接观察，即不观察某一个行为本身，只观察这个行为的影响或结果。以下是一个有趣的间接观察调查法的例子。

雷兹教授和他的学生每次从垃圾收集日所收集的垃圾中随意拿出两袋，然后把垃圾的内容按照 200 种产品的名称、重量、数量、成本、包装容器等进行分类。雷兹教授认为"垃圾桶绝不会说谎，什么样的人就扔什么样的垃圾，查看人们所扔掉的垃圾，往往是比市场调查更为有效的一种促销研究方法"。他通过对垃圾的研究，获得了有关当地食品消费情况的第一手信息，得到了重要的结论：

(1) 劳动者阶层所喝的进口啤酒比高收入者还多。

(2) 减肥清凉饮料和橙子汁是高层人士嗜好的消费品。

(3) 中等收入阶层人士比其他阶层要浪费更多的食物。这是因为双职工都要上班，以致没有时间来处理剩余的食物。

但是，这种方法并不是谁都可以效仿的，因为雷兹教授的研究是建立在一些基本分析的基础上的，没有这些前提，其研究的有效性就会受到影响。这些基本前提包括：第一，该地居民的居住状况是按照阶层来居住的，因此可以分析哪些居民用哪些商品；第二，居民有一共同的习惯，就是每户的垃圾都是用袋子装好后再扔掉；第三，居民并不是把用过的包装积攒起来一起扔掉，而是用过就扔掉。如果不是这样，雷兹教授等人就不可能分析到人们对各种物品的使用频率。

5．人类或机器观察

前面所说的大部分是人类观察的例子。机器观察法则是通过运用录像、录音、扫描、脑电图、测瞳仪等仪器手段对被调查者的行为、反应、生理变化等进行记录、分析，以获取信息资料。机器观察常用在对居民家庭的收视率、收听率、收听偏好、广告效果的分析，如尼尔森公司运用 Audimeter 进行的视听率调查。

尼尔森公司于 1961 年开始采用 Audimeter 在日本从事视听率调查。Audimeter 是一种自动记录收视节目情况的机器，安装在被调查家庭的电视机或收音机中，被调查家庭所收看/听的节目的时间和电视台、电台都被一一记录在 Audimeter 内部的软片上。每过一周或两周由尼尔森总公司把软片盒寄到被调查者的家中，接受调查的家庭把新的软片换上。由被调查者家庭送回的软片，须经显像、读出、打入 IBM 卡、放进计算机处理，以计算出每日每一节目的收视率。

与人类观察相比，机器观察不正面接触被调查对象，在被调查者未意识到自己被观察的情况下获取信息，结果比较真实、客观和准确，但有时费用太大，限制了它的使用。像照相机、摄像机、录音机等都是人类观察的辅助工具。还有一些专门的观察机器，例如前述观察听众或观众什么时候听/看什么节目的仪器、审讯罪犯所使用的测谎仪、地震仪、脑电波仪等。机器观察无法获得被调查者的内心态度、意愿等深度解释性资料。但是，随着科学技术的不断发展，新的、更先进的观测仪器会被创造出来，更多的人类观察将被机器观察所代替。

7.4　实验调查法

实验调查法是通过实验收集数据的方法。它的最大优势在于：通过变量和实验程序的控制，研究者可以更有把握地进行变量之间因果关系的判断。因此，实验调查法是因果关系调研的一种最常用的方法。

7.4.1　实验的本质

所谓实验，就是指实验者通过改变一个或几个变量的方式(称为处理)，测量它们对另一个或几个变量的影响。被处理的变量叫自变量，反映自变量影响的变量叫因变量。因变量的变化水平取决于自变量的变化水平。

例如，有这样一个零售商，他总是以每单位 10 元的价格出售某一商品，一星期总能售出 100 单位。为了考察价格水平对销售水平的影响状况，他将价格提高到每单位 12 元，持续销售一个星期。一个星期后，他发现销售量降到了每星期 50 单位。在这个例子中，价格是自变量，销售量是因变量。因为价格变动后销售量也变动了，所以这个零售商很容易得到结论：价格水平对销售水平有负向的影响。

然而，在下这个结论之前，零售商必须确认实验中没有其他因素的干扰。比如，如果这一个星期这一地区的天气极差，或出现了一个强大的竞争者，那么零售商就不能把销售水平的下降全部或主要归之于价格水平的提高。

实验的目的就在于建立和确认不同变量或因素之间的因果关系。设计良好的实验可以通过控制实验环境和实验过程来建立对于变量之间存在因果关系的信心。不过，如果实验设计不科学，那么实验结果中可能存在很多误差，据此推断的因果关系也是不可靠的。

7.4.2　实验效度与影响实验结果的误差

通过实验我们所观察到的变量之间的因果关系在多大程度上反映变量之间真实的因果关系，这是实验效度要考虑的问题。实验效度有内部效度(Internal Validity)和外部效度(External Validity)两种。当能够确定因变量的变化由研究者对自变量的操控而引起时，就称实验有内部效度。如果因变量的变化受到许多其他变量的影响或干扰，则很难断定自变量和因变量之间是否存在真正的因果关系，实验也就缺乏内部效度。内部效度是一项实验设计必须具备的一个最低要求。没有内部效度就无法推断因变量的变化是由自变量的变化引起的，还是由其他外生变量引起的，也就无法建立变量之间的因果关系。内部效度要求研究者控制外生变量。

当确定实验中发现的因果关系可以用来正确地推断实验之外的情况时，就说实验有外部效度。实验结果越具有普遍意义，适用的范围越大，实验的外部效度就越高。

在实际应用中，要想设计一个既有内部效度又有外部效度的实验，经常得在一种效度与另一种效度之间进行权衡，作出取舍。例如，为了控制外生变量，研究者可能需要在一个人工环境中进行实验。这样虽然能够提高内部效度，但可能也降低外部效度，因为人工环境中的实验忽视了现实世界中其他相关变量的交互影响。相反，如果进行现场实验，则虽然外部效度提高了，但是因为无法控制许多外生变量，实验的内部效度下降了。因此，需要根据一项实验的具体情况和可能出现误差的严重程度，尽量兼顾内部效度和外部效度两个方面进行实验设计。

影响实验结果的误差很多，不同的教材中有略微不同的表述，这里采用塔尔和霍金斯(Tur and Hawkins)的分法，将其分为十种，即前期测量误差、生理条件误差、历程误差、工具误差、选择误差、流失误差、相互作用误差、反应误差、测量时间误差和替代情境误差。

1．前期测量误差

假设有一家啤酒厂想了解他们生产的啤酒在消费者心目中的地位，需要进行一项实验。作为样本中的一员，你被要求填写一份问卷，问题涉及你对该厂啤酒的态度。你对这个品牌的啤酒虽然有所耳闻，但以前从未喝过。两天以后，由于这次调查的缘故，你第一次喝了这种啤酒，并且觉得不错，认为以后会经常饮用。三周以后，同一调查员找到你，给了你一份类似的问卷请你填写。这次，你的答卷对这种啤酒给出了极高的评价，啤酒的消费量也有了增加。

是什么使你的态度发生了转变呢？尽管这个厂可能增加了广告，降低了价格，改变了包装或改变了其他一些因素，但真正使你态度发生转变的是对你态度的第一次测量。

前期测量误差(pre-measurement error)就是指前一次测量对后一次测量有直接的影响，从而使实验结果失真的现象。当被试者知道他们正在被观察或测量时，最容易产生前期测量误差。

2．生理条件误差

随着时间的流逝，在实验中，被试者的生理和心理状况会发生变化。如果这种变化影响了因变量的变化，那么就会产生生理条件误差(maturation error)，也称为成熟误差。

例如，试验从中午两点一直持续到下午五点。在开始时，被试者精力充沛，应答积极，但在结束时，则会又饿、又渴、又累，注意力不集中。这些生理上的变化可能会反应到心理上，从而影响对因变量的测量。生理条件误差是几乎每一项实验调查都需要面临的一个问题，所幸的是，大部分实验设计都能够控制它。

3．历程误差

历程误差(history error)按照英文原意也被翻译为"历史误差"。实际上，这里的history并不是指以前发生的事件，而是特指那些在实验过程中两次测量之间发生的对因变量有一定影响的偶发事件。history error 就是指这类偶发事件给实验结果带来的误差。

例如，一个石油商店先测量了它在某一个地区的销售水平，而后开始了为期一个月的促销活动。在这期间，密切关注销售水平的变化。但是，由于其他竞争者降价和气候异常——天气暖和，促销活动所带来的销售水平的变化完全被抵消了。这样，促销后的销售水平与促销前没有什么两样。如果由此得出结论"促销活动没有任何效果"，则此结论中就存在历程误差。历程误差会影响实验的内部效度，是实验设计要考虑的主要误差之一。

4．工具误差

工具误差(instrumentation error)是指在实验期间由于测量工具或测量程序的改变而产生的实验结果与实际情况的背离。例如，实验前对消费者态度的测量是用人员访问法进行的，但实验后却采用其他方法进行。这样，两次测量在结果上的差异就很有可能是由于改变了测量工具和程序而引起的。另外，同一调查员前后两次调查时可能态度不同，这也可能引起被试者态度的变化，产生工具误差。

5. 选择误差

大部分的实验至少需要两个组：一个是处理组，另一个是控制组(也称为对照组)。选择误差(selection error)是由于处理组和控制组在实验前就存在差异(态度、行为或反应倾向)而导致的实验结果失真的误差。如果被试者自己选择组别或由研究者根据主观判断为他们选择组别，就容易产生选择误差。根据随机原则为被试者分组，可消除或减少这种误差。

6. 流失误差

流失误差(mortality error)也被直译为消亡误差，意指由于被试者中途退出(如不愿继续合作)致使处理组和控制组中失掉某种特殊类型的被试者而产生的实验误差。

例如，一家牙刷厂进行一项新产品的测试。这个新产品虽然使用不便，但是洁齿防龋的效果很好。实验分为两个组进行：一个是处理组，另一个是控制组。实验时间为一年。在这一年中，两个组中都有个别被试者由于他迁或意外事件中途退出。由于两个组基本相同，且实验的样本很大，所以这不会使实验结果发生实质性的变化，即流失误差不严重。

但是，处理组中由于一些被试者认为使用这种牙刷不方便而退出实验，致使处理组中被试者的构成发生了很大的改变——继续参加实验的被试者与那些退出实验的被试者相比，更注重他们的牙齿健康。这样，处理组中的被试者就比控制组中的被试者更经常刷牙。即使新牙刷对人们的牙齿并没有多大影响，但是处理组与控制组的这个差别很可能使两个组的被试者的牙齿的健康状况不一样。如果由此得出"新产品确实有更好的效果"这样一个结论，其中就存在流失误差。

7. 相互作用误差

相互作用误差(interaction error)是指由于前一次测量使被试者对实验中自变量的变化更加敏感而导致的误差。相互作用误差与前期测量误差很像，不同之处在于：前期测量误差是指前一次测量本身对实验结果的影响，而相互作用误差则是指前一次测量提高了被试者对实验中自变量变化的敏感程度而导致的对实验结果的影响。

8. 反应误差

反应误差(reactive error)因人工的实验环境或实验组织者的行为对因变量发生影响而产生。在实验中，被试者并非完全被动的，他们可能会根据实验环境或实验组织者的行为来判断他们"应该"选择的"正确"答案。一旦被试者揣摩和希望迎合实验组织者的心思，实验结果中就会产生反应误差。反应误差无法通过实验设计消除，而只能通过实验的组织与安排消除。后面在讲解实验室实验时，对此有详细介绍和讨论。

9. 测量时间误差

测量时间误差(measurement timing error)是由于测量实验结果的时间不当所引起的实验误差。我们总是期望在实验之后马上得到实验结果，但是许多自变量对因变量的影响是长期的。短期看，很难发现实验影响的存在。对于具有这种性质的实验，如果实验后马上测量，则会出现测量时间误差。

例如，品牌价值来源于品牌资产，包括顾客对品牌的认知、顾客对品牌的忠诚度、顾客对产品质量的感知(perceived quality)、顾客对品牌产品在使用或消费过程中产生的附加联系(brand associations)、品牌资产的其他专有权(如专利、商标、营销渠道中的分销成员之间的关系)等。但是，品牌资产是经过企业长时间营销努力不断积累起来的，是营销工作的长期积淀。

如果一个研究者试图在企业的一次广告之后马上检验广告对于该企业品牌价值的贡献，他可能会很失望。因为他会发现，测量结果显示：该广告对企业品牌价值的提升没有任何作用。实际上，这可能并不是事实，而是因为他选择了错误的测量时间。

10. 替代情境误差

如果实验所使用的实验情景与实际情景不同，那么就会产生替代情境误差(surrogate situation error)。例如，一个商店进行一项市场测试，目的在于了解它的一种商品降价后，销量会加多少。在实际情境中，一旦这个商店对这种商品降价，则它的竞争者(附近的其他商店)要么置之不理，要么也采用降价手段回应。如果测试所使用的情境与竞争者的反应不符，那么替代情境误差就产生了。

以上十种误差均与实验的内部效度相关。除了后三种以外，均可以通过实验设计加以控制。一般而言，欲控制的误差越多，实验所需要的费用就越大，设计也越复杂。另外，能够有效控制某一类误差的实验设计可能并不能有效地控制其他误差。因此，实验设计的目的不在于消除各种误差，而在于消除那些在给定环境下最可能产生的和最严重的误差。

7.4.3　实验设计

实验设计是对实验内容和步骤的策划，明确说明实验以什么为对象、做什么、何时做以及如何做等问题。根据是否应用统计工具提高外部效度，实验设计被分为两大类：基础性实验设计和统计性实验设计。

基础性实验设计(basic design)是实验的基础，用以控制实验中可能存在的各种误差，提高实验的内部效度。如前所述，内部效度是一项实验设计必须具备的一个最低要求。如果没有内部效度，我们就无法推断因变量的变化是否由自变量的变化引起，外部效度也就无从谈起。因此，这类设计被称为基础性的设计——它既是实验必须具备的，也是统计性设计的基础。根据是否使用随机化和对照方法，实验设计又被分为预实验设计、真实验设计和准实验设计三种。

(1) 预实验设计(pre-experimental design)：不用随机化方法控制外部因素的影响，包括简单后测设计和前后测设计两种。

(2) 真实验设计(true-experimental design)：用随机化方法控制外部因素的影响，即被试者或测试单位被随机地分派到处理组和对照组中，并将两组的实验结果进行对照。这类设计包括有对照组的前后测设计、有对照组的后测设计、模拟的前后测设计和所罗门四组设计。

(3) 准实验设计(quasi-experimental design)：不能完全操纵测试单位的进程和自由分配测试单位到不同的组别中，但采用了部分真实验的方法或措施控制实验误差。准实验设计包括时间序列设计和多重时间序列设计两种。

这里介绍的各种实验设计，没有哪一种是绝对好的。因此，在选择实验设计时，需要综合考虑实验所需成本和决策者对于信息准确性的要求，选择"性价比"较高的设计。换言之，并不是越准确、越可靠的实验就是好的实验，因为实验结果的准确与可靠常常是以实验的费用为代价的。

另外，应该注意，实验误差出现的可能性并不等于实验误差本身。例如，虽然前后测设计本身无法控制历程误差，但是应用这种设计进行实验的后果也许并不会受到历程误差的影响。因此，在具体操作时，研究者和决策者应该首先判断哪一种实验误差的危险最大，然后再选择合适的实验设计方法控制它。

7.4.4　实验法的种类

实验法常见的有事前事后对比实验法和实验组－控制组对比实验法两种。

1．事前事后对比实验法

该法是最简便的实验方法，通过对一组实验单位在实验前和实验后结果的变化来分析控制变量与结果的关系。

【例 7.2】　某手机企业计划改变手机的包装，为了解其效果，选择一组手机销售店作实验单位，实验期为两个月，第一个月沿用旧的包装，第二个月采用新的包装。记录结果见表 7.3。

表 7.3　记 录 结 果 一

	实验组销售额
事前(旧包装)	5 万元
事后(新包装)	8 万元

可以看出，采用新包装后，销售额增长了 60%。如果其他影响销售额的因素没有大的变化，则可认为新包装设计是可行的。

2．实验组－控制组对比实验法

为了排除其他变量对结果的影响，往往采用实验组－控制组对比实验法，即选择与实验组条件十分相似的单位作为控制组，在实验前后不改变其控制变量，用来同实验组对比，以测定实验结果。

在例 7.2 中，如果同时选择一组在规模、地域、收入水平等方面与实验组极其相似的手机销售店作为控制组，在实验前后不改变其包装，则记录结果见表 7.4。

表 7.4　记 录 结 果 二

	销 售 额	
	实验组	控制组
事前记录	5 万元(旧包装)	5.1 万元(旧包装)
事后记录	8 万元(新包装)	6 万元(旧包装)

由记录结果可得：

$$控制组销售额的自然增长率 = \frac{6-5.1}{5.1} \approx 17.6\%$$

$$实验组销售额增长率 = \frac{8-5}{5} = 60\%$$

$$包装效果：60\% - 17.6\% = 42.4\%$$

7.4.5　实验环境

实验结果不仅仅取决于自变量的变化，有时实验环境也会起一定的作用。在以人为实验对象时，这一问题尤其严重。为了尽量减少由此产生的误差，我们应该使实验环境与真实环境相像。

实验环境可以根据人为或自然水平进行分类。所谓实验环境的人为水平，是指在实验环境中一个被试者的行为与他在自然环境下的正常行为之间的差异程度。例如，在实验室里做消费者味觉偏好的实验(比如，三种味道不同的饮料让被试者自由投票选出最喜欢的)，实验环境的人为程度较高；而同一个实验若由 n 个商店采用联合展销的方式进行(在商店里让消费者品尝)，则人为程度就较低。前者叫实验室实验，后者叫现场实验。实际的实验可能落在这两种极端情况的中间。凡靠近前者的统一称为实验室实验，凡靠近后者的则统一称为现场实验。

1．实验室实验

实验室实验(laboratory experiment)在新产品、包装、广告设计等方面的初始测试中有着广泛的应用。实验室实验可以通过隔离实验环境，有意识地控制、操纵实验条件，最大限度地减少外生变量的影响，这是现场实验难以做到的。另外，实验室实验与现场实验相比，既省钱又省时，所以常常在市场调查的初始阶段使用这种实验。

实验室实验的最大弱点就是外部效度差，用实验室实验的结果推断实际情况时，可能会有比较大的偏差。另外，实验室实验可能导致反应误差，即被试者可能只是对环境有所反应，而对自变量没有反应或反应很小。反应误差可能来自两个方面：实验环境和实验组织者。被试者在实验环境中并不总是被动的，他们试图了解他们正在干什么，并且总是希望有一正确(即实验实施者希望)的行为，如果环境中有任何线索透露出实验者的实验意图，那么被试者就会按照"正确"的行为行事，结果就会出现反应误差。

例如，对一组被试者在实验室中进行某种产品广告促销效果的实验。在实验之前，先测量(前测)被试者对这个产品的态度。而后，在 30 分钟的电视录像节目中插播几则广告。如果在进行后测时被试者由于前测的原因，猜到了实验者希望通过广告改善消费者对这个产品的态度，则被试者很可能按照实验者希望的样子作出反应，使实验结果出现偏差。

2．现场实验

现场实验(field experiment)要求实验者在现场处理或变动自变量，然后测量其影响。它的最大优点就是实验环境非常接近于真实环境。这会提高实验的外部效度。它的缺点则是缺乏控制，既缺乏对自变量的控制，也缺乏对外生变量的控制。

例如，许多现场实验要求批发商或零售商合作，但是这种合作经常难以保证。一个正准备降价的商店可能会拒绝以某价格经营某一种商品的要求。对于外生变量的控制更加困难，像天气变化、战争、竞争者的活动等都是实验者无法控制的。事实上，这些事情往往是在研究者还不知晓的时候就发生了。

现场实验虽然不如实验室实验应用广泛，但是由于它的结果有较高的外部效度或预测效力，所以在市场调查与预测中经常用于新产品大范围推出前的最后验证。现场实验的主要方法是试销或市场测试(test marketing)。

试销经常用于新产品的开发。一种新产品开展大范围营销活动以前，先在一个或几个地区进行试销。营销组合因素的不同水平经常被用来作为自变量。试销的目的在于帮助营销管理者找出最佳的因素组合。另外，试销还常常被用来评价价格、新式包装、分销渠道的变化和不同的广告策略。

一般而言，市场测试至少使用三个测试地区，测试时间长达十个月，测试营销因素的多种组合方式，并使用商店的会计账目和询问法测量不同组合的营销效果。

7.4.6　作为实验的营销

营销管理人员如果能够正确认识实验的本质并掌握实验设计的相关知识，那么企业的营销活动就是现场实验。一个具有创新精神的营销管理者，应该把企业的营销活动视为一系列正在进行的实验。

在企业的营销活动中，人们一般假定(这也是营销理论的假定)企业的营销业绩(如销售额、市场占有率、利润或其他营销目标)受两种因素的影响：一种是企业可控因素，如产品、价格、分销、促销和关系等；另一种是企业不可控因素，如政治、法律、社会文化和技术等环境因素。因此，企业的营销业绩可以被看做实验设计中的因变量，企业可控因素可以被看做实验设计中的自变量，企业不可控因素则可以被看做实验设计中的干扰因素，如图7.3 所示。以这种眼光看企业的营销实践，有意识地对企业的营销活动及其顺序进行安排，营销管理者就可以花很少的钱获得极有价值的信息。

图 7.3　作为实验的营销

如果一个公司拥有多个商店、多个销售区域或经营多种产品，那么它的调查人员就可能以很低的成本进行包装、价格、广告或其他变量与企业营销业绩之间因果关系的实验。这样的调查虽然简单，但是得到的信息却会使企业受益良多。

讨论与思考题

1. 什么是文案调查法？二手数据的来源有哪些？
2. 在使用二手数据时需要考虑什么问题？

3. 询问调查法有哪几种？各有什么优缺点？如何进行选择？

4. 什么是观察调查法？

5. 策划一次观察调查。

6. 什么是实验？什么是实验的内部效度与外部效度？

7. 举例说明实验中可能出现的误差。

 案例分析

1. 文案调查法：中国城市分层研究

2000 年以后，某跨国公司在中国的目标如下：

(1) 达到足够的销售额来平衡在中国的巨大投资。

(2) 在全国市场上或至少 50 个城市中保持领导地位。

(3) 将战线扩展到一、二线城市以外的地方。

因此，市场调查公司面临着迫切的研究需求，要求市场调查能够：

(1) 深入到一、二线城市以外的地方。

(2) 广泛地覆盖各线城市。

(3) 用具有代表性的城市样本来推测全国市场。

华南国际市场研究有限公司(以下简称华南)针对上述市场需求，对城市分类问题进行了深入的研究(主要使用文案调查法)。目前中国的实际情况是：共计有城市 640 个(2 亿非农业城市人口)，镇 17 000 个以上，村 740 000 个以上。华南的研究旨在寻找更好的城市分类方法及结果。具体来说，其主要目的如下：

(1) 所抽取的样本能代表整个中国。

(2) 用系统的方法将城市分类。

(3) 切合营销计划。

目前的城市分类具有以下特点：

(1) 按政府定义的两种方式分类。

① 按行政级别分为直辖市、省级市、地级市和县级市。

② 按人口数分为 10 个超大城市(人口在 200 万以上)、22 个特大城市(人口为 100～200 万)、42 个大城市(人口为 50～100 万)、191 个中等城市(人口为 20～50 万)、375 个小城市(人口在 20 万以下)。

(2) 使用一系列认为重要的指标分类，如人口、国民生产总值(总值或人平均值)、零售额(总值或人平均值)等。

(3) 各个跨国公司按主观定义分类，如按照该公司是否在这些城市设办事处或设厂。

目前方法的潜在缺陷主要表现在：不能代表某个城市的整体市场潜力(如珠海拥有很高的人均零售额，但是人口较少，使之较少受人注意)，忽略了个别城市的特殊性(如玉溪是全国最大的烟草生产基地，它的人均国民生产值甚至高于北京)。

华南的研究提出了一种新方法，与目前的方法相比，新方法的特点和具体做法可以归纳为以下几点：更系统、更科学，客观的方法而非主观的判断；更多有代表性的指标，采用 34 个经济社会指标进行了因子分析，这些指标包括人口、国民生产总值、人均国民生产总值、零售总额、人口密度、电话机拥有率、平均年收入、医生比例、年末储蓄等；因子分析后，保留了 10 个高度相关的指标，归纳出 3 个因子(累计方差贡献率为 80.1%)，见表 7.5。

表 7.5　3 个 因 子

市场容量标准	经济发展标准	城市化标准
非农业城市人口	人均国民生产总值 人均零售额 平均收入 居民电话机拥有率 人均银行储蓄 人均邮政/电讯消费	非农业人口比例 第三产业比例 每万个居民中医生的数量

(4) 根据这 3 个因子进行聚类分析，分类结果如下：

城市类型	城市数量
一线城市	17 个
二线城市	50 个
三线城市	197 个
四线城市	369 个

其中，7 个城市因数据不足无法归类。

这四个层次的城市类别在主要分类指标上的平均值几乎都有显著的差异(详见表 7.6)。

表 7.6　四个层次的城市类别的对比

	一线城市	二线城市	三线城市	四线城市
与市场容量有关的指标				
非农业城市人口/万人	301.8	86.1	31.6	11.5
国民生产总值/百万美元	6912	1776	686	367
与经济发展有关的指标				
人均国民生产总值/美元	1756	1645	948	674
人均零售额/美元	798	667	348	226
100 个居民中拥有电话的数量/部	21.2	18.2	9.1	4.5
与城市化有关的指标				
非农业人口占总人口的百分比/%	76	78	48	27
第三产业占所有劳力的百分比/%	42	37	29	25
每万人中医生的数量/人	49	44	27	19

对每个类别的城市进一步考察，华南研究又对各线内的城市作了进一步的比较。

一线城市(17个城市)的具体情况如下：

一线城市群一：中国最大都市、最大市场(2个城市：北京和上海)。

一线城市群二：地区中心城市、特大省会和直辖市(5个城市：天津、广州、重庆、武汉、沈阳)。

一线城市群三：大型省会城市(10个城市：哈尔滨、南京、成都、西安、昆明等)。

二线城市(50个城市)的具体情况如下：

二线城市群一：经济特区(如深圳、珠海)，经济发达，高度城市化，人口少。

二线城市群二：二等省会城市(如太原、郑州、南宁)，人口约100万，中等经济水平。

二线城市群三：沿海省份的发达城市(如宁波、厦门、苏州)，人口为60～90万，经济水平相当于北京和上海。

二线城市群四/五：重工业城市(如鞍山、淄博、唐山)，人口为80～120万，中等经济水平。

三线、四线城市的具体情况如下：

三线城市(197个，分为14个群)：主要为中等规模城市(非农业城市人口为30～50万)，如珠江三角洲地区及长江沿岸的城市、轻工业城市。

四线城市(369个，分为16个群)：主要为小城市(人口少于20万)，如边界城市、山区城市、城市化程度低的城市、未开发的城市。

(资料来源：http://www.docin.com/p-8752466.html)

讨论题：

你认为华南采取的调研方法是否合理？所得结论是否能够成立？为什么？

2. 网络调查法：网络购物——在理想与现实之间

在网民队伍急速膨胀的今天，随着网络建设的兴起以及消费观念的不断更新，网络购物正在由一种网络时尚逐步成为大众常用的消费模式，新兴的交易方式和服务理念吸引着越来越多的网络商家和风险投资基金，他们都在为争取到更多的客户而努力，兴奋与焦躁、狂喜与沮丧、希望与迷茫无时无刻不陪伴着他们。网络购物的消费者和潜在消费者，他们怎样评价这一凝聚着无数网络创业梦想的新的交易方式呢？

北京科思瑞智市场调查公司完成的一项网络购物调查显示，在总计712名受访者中，有151名在最近一段时间有网络购物的经历，占调查总数的21.2%，近八成的受访者依然在网络购物的门前徘徊甚至拒绝。该项调查采用xenow.com的网民调查网络，调查结果对于研究网民的购物行为具有参考意义。

(1) 网络购物与网络商家，谁拒绝谁？

如表7.7所示，在151名有网络购物经历的受访者中，对于网络购物的动机，四成表示"想尝试一下"，三成是因为"价格便宜"，近四分之一的受访者是认为"购物方便"。由此可以看出，新奇感和尝试心理在当前的网络购物中依然处于主导地位。对于当前的网络购物消费者，商家的重点自然是使那些探索者尽快找到网络购物的好处，赢得他们的回头率。如表7.8所示，对于没有网络购物经历的561名受访者，他们拒绝网络购物的原因也正是当前网络购物消费者最不满意的几类问题：购物过程问题、支付方式问题、售后服务问题和交货时间问题。

表 7.7　接受或拒绝网络购物的原因

参加网络购物的原因	频数	百分比	拒绝网络购物的原因	频数	百分比
想尝试一下	62	41.06%	网络购物过程太复杂	173	30.84%
价格便宜	48	31.79%	售后服务无保障	77	13.73%
购物方便	37	24.50%	支付方式不安全	74	13.19%
品种齐全	4	2.65%	没有感兴趣的网站	66	11.76%
			送货时间无保障	60	10.70%
			价格太高	49	8.73%
			支付方式单一	49	8.73%
			其他	13	2.32%
总计	151	100.00%	总计	561	100.00%

不可否认，作为一种新兴的消费及商业模式，如何将消费者初始的好奇心和新鲜感更多更快地转化为一般意义的消费行为，这是需要认识的过程和时间的；同时，网络商家和传统商家在虚拟的环境下如何建立商业信任和服务规范是新时期提出的新课题。

表 7.8　网络购物的主要问题

网络购物最不满意的原因			拒绝网络购物的原因		
	频数	百分比		频数	百分比
交货不及时	53	35.10%	送货时间无保障	60	10.70%
支付方式不完善	39	25.83%	支付方式不安全	74	13.19%
售后服务无保障	32	21.19%	售后服务无保障	77	13.73%
购物过程复杂	23	15.23%	网络购物过程太复杂	173	30.84%
其他	4	2.65%	其他	13	2.32%
			没有感兴趣的网站	66	11.76%
			价格太高	49	8.73%
			支付方式单一	49	8.73%
总计	151	100.00%	总计	561	100.00%

(2) 网上消费，商品还是文化？

如表 7.9 所示，在受访者购买的 10 大类商品中，按购买比例可分为三大类：第一大类是购买"书、CD 与软件"，比例占 51%，处于绝对优势；第二大类中"票券"、"IT 产品"的比例均接近 10%，"通讯产品"与"生活用品"各占 8.6%，"家用电器"占 6%，这五种商品的购买比例接近，总比例超过 40%；第三大类商品为"收藏品"、"办公用品"、"医疗用品"和其他商品，总比例不足 7%。

表 7.9　潜在消费者预期购物的商品种类的排序变化

位次排序	消费者实际购物排序 （由高到低）	潜在消费者预期购物排序 （由高到低）
1	书、CD 与软件	书、CD 与软件
2	票券	生活用品
3	IT 产品	IT 产品
4	通讯产品	票券
5	生活用品	家用电器
6	家用电器	通讯产品
7	收藏品	收藏品
8	办公用品	办公用品
9	医疗用品	医疗用品
10	其他	其他

　　比照实际网上消费者的购物排序和潜在消费者的预期购物的排序情况，可以发现一个有趣的现象，在 10 大类商品种类中，有 6 项商品的排序是一致的。与现实购买情况相比，潜在消费者对"生活用品"表现出更大的购买可能，对"家用电器"的购买可能有所提高，对"票券"和"通讯产品"的购买则可能比现实购买情况低。

　　(3) 支付手段：我拿什么奉献给你？

　　如表 7.10 所示，实际网络购物者中有一半人采用货到付款的方式，三分之一的人采用信用卡付款方式，通过邮局汇款方式付款的不到 15%。如果将网络购物者的实际付款方式与理想付款方式进行对比，会发现受访者最理想的付款方式是"信用卡"方式，其次是"货到付款"方式，再次是"会员制，定期付款"，希望采用传统的"邮局汇款"方式的人不足 1%。

　　从当前实际支付方式到理想支付方式希望的趋势是："货到付款"和"邮局汇款"比例降低；"信用卡"付款方式的比例增高，然后新增"会员制，定期付款"方式。科思瑞智的研究人员认为，网上电子支付的发展将会大大简化网络购物的过程，同时对于银行而言，发展网上业务也孕育着巨大的商业机会。

表 7.10　网络购物的支付方式

	实际支付方式		理想支付方式	
	频数	百分比	频数	百分比
货到付款	77	50.99%	52	34.44%
信用卡	49	32.45%	80	52.98%
邮局汇款	22	14.57%	1	0.66%
其他	3	1.99%	1	0.66%
会员制，定期付款			17	11.26%
总计	151	100.00%	151	100.00%

　　如表 7.11 所示，对于潜在消费者，他们认为最理想的支付手段是"货到付款"，其次是"信用卡"支付。研究人员认为，对于支付手段安全性的担心，是阻碍更多消费者尝试网络购物的重要因素。因此，在网络购物的初级阶段，电子商务网站一方面可以和银行联

手推出一些宣传推广活动，促进消费者对信用卡这一主流支付手段的信任感；另一方面，网站应该承担起"货到付款"的职责，唯此才能有效扩大消费群。

表 7.11　网络购物的理想支付方式的对比

	网上购物消费者		网上购物潜在消费者	
	频数	百分比	频数	百分比
信用卡	80	52.98%	203	36.18%
货到付款	52	34.44%	282	50.27%
会员制，定期付款	17	11.26%	65	11.59%
邮局汇款	1	0.66%	10	1.78%
其他	1	0.66%	1	0.18%
总计	151	100.00%	561	100.00%

(4) 送货时间：高速路上的老爷车？

网上购物不仅是一种新鲜而时尚的购物方式，也应该是现代与高效的集中体现。然而，现实中的网上购物却存在着一个较大的问题，即送货时间的迟缓与不确定性。如表 7.12 所示，有三分之二的消费者理想的网上购物送货时间是在"24 小时之内"，而在现实中能够在"24 小时之内"送到的只有 14.57%。超过 3 天的送货时间已经很少有人能够忍受了，更何况还有 7 天甚至更长的！不能谋面的交易，看不见的交易场所，提前付出的购物款，已经在购买商家和网站的信誉度，而迟缓的交货使这些"时尚"的消费者更加坐立不安，与其说是消费，不如说是心理测试。

尽管网络商家一直在宣传，网上购物是如何因为没有场地费用、节省交易费用乃至更大的产品折扣而为受访者省钱，那么省钱是需要付出时间作为代价的吗？试想一下，如果消费者是收到货后再付款的话，我们网上购物的送货时间是否会加快许多呢？谁说网上购物不是速度与效率的竞赛？

表 7.12　送货时间的理想与现实的对比

时间	消费者购物 实际送货时间		消费者购物 理想送货时间		潜在消费者 理想送货时间	
	频数	百分比	频数	百分比	频数	百分比
24 小时之内	22	14.57%	101	66.89%	369	65.77%
1～3 天	61	40.40%	45	29.80%	174	31.02%
3～7 天	46	30.46%	5	3.31%	10	1.78%
7 天以上	16	10.60%			2	0.36%
更长	6	3.97%			6	1.07%
总计	151	100.00%	151	100.00%	561	100.00%

(5) 送货方式：放我的真心在你的手心？

如表 7.13 所示，对于当前的网上购物的送货方式，"专人投递"的方式已经是网上购物的基本条件，而需求也是占主导地位的。无论是实际消费者还是潜在消费者，都不希望以"邮寄"的形式送货，而实际消费者还希望增加"特快专递"的送货方式。

　　研究人员认为，"专人投递"的送货方式在现实的网上购物活动中已经占有近六成的比例，但是消费者在对送货方式的认可上，对"特快专递"也表现出一定的信任。对于网络商家而言，自身建立"专人投递"肯定是需要相当大的资金投入的，也许这也是送货时间不能进一步缩短的一个主要因素。如果多在"特快专递"的方式和思路上下些功夫，考虑与其合作的可能性以及运作的可行性，未必不是迅速扩大网上购物的渠道和市场的有效途径。

表 7.13　网上购物的送货方式的对比

	网上购物 实际送货方式		网上购物 理想送货方式		潜在消费者 理想送货方式	
	频数	百分比	频数	百分比	频数	百分比
邮寄	40	26.49%	3	1.99%	25	4.45%
特快专递	22	14.57%	47	31.12%	105	18.72%
专人投递	86	56.95%	101	66.89%	430	76.65%
其他	3	1.99%			1	0.18%
总计	151	100.00%	151	100.00%	561	100.00%

（资料来源：梁东，张驰. 网络购物：在理想与现实之间[J]. 互联网周刊，2000(10).）

讨论题：

（1）你认为该项调查结果在多大程度上对于研究网民的购物行为具有参考意义？为什么？

（2）试选择另外一种调查方法对该问题进行调研。

第8章 抽样设计

重点提示 ✍

- 抽样调查的概念、步骤、分类和特点。
- 非随机抽样的特点及适用范围。
- 随机抽样的特点及适用范围。
- 抽样误差的控制和计算。

阅读资料

中国人民银行城镇户调查抽样方案的设计

长期以来，银行储蓄是居民金融资产的重要组成部分，而储蓄与消费又是密切相关的。通过对储户的调查，可以观测和反映消费景气的变动，从中观察和分析总体经济的走势，为货币政策的决策提供依据。

近年来，由于我国经济、金融的改革和发展，给货币政策的决策提出了新的要求。中国人民银行需要通过更为规范、更有代表性的、定期的城镇储户抽样调查，随时掌握城镇居民的储蓄状况、储户对物价和消费的判断与预期以及储户的金融资产与负债状况等，以分析和解释各层次货币供应量及其结构的变动，观察、分析和判断宏观经济的波动，从而为货币政策的决策提供更为客观的科学的参考依据。

显然，沿用多年的调查方法和制度已经不能适应新形势的要求。为此，中国人民银行于 1999 年初，委托北京广播学院调查统计研究所，为其今后的城镇储户调查重新设计全国抽样方案。

具体的抽样程序分成以下几个步骤。

1．第一级抽样：抽取城市

(1) 分层。根据所确定的五个分层指标："96 年城乡居民储蓄年末余额"、"96 年年末市区人口数"、"职工平均工资"、"社会消费品零售总额"、"人口密度"，分别利用 SPSS 和 SAS 软件把五个指标的数据标准化，使各个指标的数量级相同，然后进行聚类分析，经反复测试，将 655 个城市分为五层的结果比较合理。

(2) 确定每层应抽取的一级单元数。根据所确定的单元数指标"市区人口数"，按比例分配各层应抽取的城市数见表 8.1。

表 8.1 每层应抽取的城市数

层	特征	所包含城市数	每层市区人口数/万人	每层占全部的百分比	应抽取城市数
一	特大城市	2	1689.42	3.3	2
二	大城市	13	4599.08	9.0	5
三	人口密集的大中城市	49	3822.44	7.5	4
四	经济活跃的中等城市	156	12772.74	25.1	12
五	经济欠发达的中小城市	435	28066.03	55.1	27
合计		655	50958.71	100.0	50

(3) 在各层中抽取城市。根据所确定的入样指标"96年城乡居民储蓄年末余额"，按照PPS抽样法，使各层内每个单元被抽中的概率，等于该单元"96年城乡居民储蓄年末余额"与该层"96年城乡居民储蓄年末余额"之比。具体的操作过程如下：

① 对每层中的全部城市按储蓄余额的大小顺序排列。

② 对全部城市储蓄余额求和。

③ 确定每个城市的储蓄余额占全部城市储蓄余额总和的比例及累计百分比，使总和为100。

④ 利用 EXCEL 软件所产生 0~1 之间的均匀分布的随机数，根据随机数落在各城市对应累计百分比的范围，确定被抽中的城市。

⑤ 如果一个城市被抽中两次以上，则以排在前面的城市来代替。

(4) 局部调整。由于中国人民银行曾在 34 个城市进行过三年的调查，为了操作上的便利，对抽中的 50 个城市进行了部分调整(结果见表 8.2)。调整的原则如下：

表 8.2 最终抽中的城市名单

层	第一层	第二层	第三层	第四层		第五层			
城市名称	北京	武汉	邯郸	泉州	三亚	黄山	赤壁	曲阜	侯马
	上海	重庆	武进	兰州	武进	安庆	怀化	运城	银川
		西安	南昌	新会	金坛	长乐	常德	韩城	集宁
		天津	西宁	北海	肥城	广元	通化	资阳	满洲里
		广州	柳州	柳州	温州	凯里	吉安	库尔勒	海伦
			遵义	瑞安	冀州	新民	大理	绥芬河
					驻马店	营口	延吉		

① 使 50 个城市能尽可能多地包括原来的城市(最终包括了 23 个以前调查过的城市)。

② 使每个省都有城市被抽中。

③ 使每层五个分层指标的样本平均值尽可能接近其总体平均值，见表 8.3。

表 8.3　各层样本指标与总体指标的比较

层编号	均值	96 年城乡居民储蓄年末余额/万元	年末市区人口数/万	人口密度	职工平均工资/元	社会消费品零售总额/万元	保险保费/万元	96 年 GDP/万元
一	总体	18151574	849	3143	10386	7236447	520000	16095300
	样本	18151574	849	3143	10386	7236447	520000	16095300
二	总体	4158224	353	1592	7645	2829480	170196	5774856
	样本	5035920	471	1783	7416	3481531	264953	6783258
三	总体	675642	78	2875	6242	413030	13524	1007207
	样本	730962	95	2813	5438	412541	9472	1021495
四	总体	566378	81	744	7211	332537	10509	1009328
	样本	579913	87	848	6949	421055	11194	978205
五	总体	177759	65	424	4670	113518	2804	351621
	样本	178913	55	497	4754	118843	3206	320459

2．第二级抽样：抽取储蓄所

(1) 第一相抽样。按照分层指标"储蓄所所在区域"，将每个抽中的城市分成四层：

商贸区、居民区、机关区和工业区，按照每层内储蓄所数目占总数目的比例确定每层应抽取的储蓄所数，然后随机地抽取相应数目的储蓄所。每个城市共抽 100 家储蓄所，反馈给各个城市，然后收集、上报所需的 100 家储蓄所的第二相抽样指标资料："1998 年年底储蓄户头数"和"1998 年年末储蓄余额"。

(2) 第二相抽样。按照单元数指标"1998 年底储蓄户头数"，先确定每层应抽取的储蓄所个数，然后根据入样指标"1998 年末储蓄余额"，按照 PPS 抽样法，使各层内每个单元被抽中的概率等于该单元"1998 年末储蓄余额"与该层"1998 年末储蓄余额"之比。具体的操作过程与第一级抽样相同(省略)，为了操作上的方便，每个城市抽取了二套方案(每市 8 个储蓄所)，可任选其一。

3．第三级抽样：抽取储户

计划在每个抽中的储蓄所内，按储户进门的时间顺序，每间隔 m 人调查 1 人，直到调到了 50 个为止。m 的大小根据调查实施的时间要求及各储蓄所的要求及各储蓄所储户的来所情况决定。

(资料来源：http://www.doc88.com/p-8099030513813.html)

8.1　抽样调查概述

8.1.1　抽样调查的概念

一般而言，凡是抽取一部分单位进行观察，并根据观察结果来推断全体的都是抽样调查。抽样调查又可分为非随机抽样和随机抽样两种。非随机抽样就是由调查者根据自己的认识和判断，选取若干个有代表性的单位，根据对这些单位进行观察的结果来推断全体，如民意测验等。随机抽样则是根据大数定律的要求，在抽取调查单位时，应保证总体中各个单位都有同样的机会被抽中。一般所讲的抽样调查大多数是指这种随机抽样，即狭义的抽样调查。所以，严格意义上的抽样调查就是：按照随机原则从总体中抽取一部分单位进行观察，并运用数理统计的原理，以被抽取的那部分单位的数量特征为代表，对总体作出数量上的推断分析。

8.1.2　几个基本概念

为了使读者更好地理解后面的各种抽样方法，我们首先介绍一些在抽样调查中使用的基本术语，主要包括总体、样本和样本单位、样本架构、抽样和抽样调查、抽样误差。

1. 总体

总体是指根据调查计划的目的所规定的调查整体。市场调查者应在明确调查整体后，再实施相应的市场调查活动。定义总体是要解决总体的范围、性质和构成。例如，一家生产电视机的企业希望了解未来消费者对某种新产品的接受程度，其经营者将总体定义为"可能使用新产品的一切用户"。由于企业拥有较完整的客户资料，因而负责样本设计的调查者将总体定义为"现有客户"。由此可见，管理层与调查者在总体的定义上存在着明显的差异。因此，调查人员必须与管理者进行多次沟通，以达成一致看法。

2. 样本和样本单位

样本是由一定数量的样本单位组成的能代表总体的子集。样本单位是按一定的抽样方法从总体中抽取出来的，是调查中最基本的被调查对象。例如，在对减肥人群的调查中，样本单位是个人；在调查钢铁企业对进入 WTO 后经营环境变动趋势的看法时，样本单位是钢铁企业。在抽取样本时，要注意样本的代表性，即样本应在分布特征、数值水平、结构状况等方面与总体"类似"。

3. 样本架构

样本架构是包含所有样本单位的集合。例如，如果一个调查者需要考察某校大四学生的考研消费，那么他将需要该校所有大四学生的名单，从中抽样作为样本框架。样本架构的确定可以保证调查人员从中抽取自己所要的调查样本。

4. 抽样和抽样调查

抽样是指在抽样调查时采用一定的方法抽选具有代表性的样本，以及各种抽样操作技巧和工作程序等的总称。抽样调查是指从调查总体中抽选出一部分要素作为样本，对样本进行调查，并根据抽样所得的结论推断总体特征的一种专门性的调查活动。抽样调查是目前国际上公认和普遍采用的科学的调查手段。为使抽样具有代表性，必须借助于各种抽样技术，主要有随机抽样和非随机抽样两大类。

5. 抽样误差

抽样误差是指因使用样本而产生的误差。其产生原因包括样本选择的方法和样本的大小。抽样必然会产生抽样误差，调查人员应该做的不是消除误差，而是通过提高设计的有效性、寻找更好的抽样框架、选择更合适的抽样方法来减小或控制抽样误差。

8.1.3 抽样调查的一般程序

一般而言，抽样调查可以分为五个步骤，如图 8.1 所示。

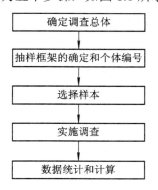

图 8.1　抽样调查的步骤

1. 确定调查总体

确定调查总体即明确调查的全部对象及其范围。确定调查总体是抽样调查的第一个步骤，是抽样调查的前提和基础。只有对象明确，才能有的放矢，取得真实、可靠、全面的信息资料。只有明确调查总体，才能从中进行正确的抽样，并保证抽取的样本符合要求。

2. 抽样框架的确定和个体编号

抽样框架是提供抽样所用的所有被调查对象的详细名单。抽样框架一般可采用现成的名单，如户口册、企业名录等，在没有现成名单的情况下，可由调查人员自己编制。应注意的是，在利用现有名单作为抽样框架时，要先对该名录进行检查，避免有重复、遗漏的情况发生，以提高样本对总体的代表性。

个体编号即对调查总体中的个体进行编号。在采用概率抽样的情况下，需要对总体中的每一个个体进行编号，以使抽样选出的个体更具有代表性。如果调查的范围过大，总体中的个体过多，则编号的工作量太大。在这种情况下，要尽量压缩调查范围，简化编号工作。如果调查总体很大而且无法压缩，则可以将随机抽样中的分层和分群抽样方法结合使用，以减少编号的工作量，当然也可以采用非随机抽样方法来减少编号这个环节。

3. 选择样本

选择调查样本需首先确定抽样的技术，即确定采用随机抽样，还是非随机抽样；在总的方法确定后，要确定具体的抽样方法，比如是分层抽样，还是分群抽样等；最后还要确定样本的数量。在上述问题确定后，应按预定的要求选择调查的样本。

4. 实施调查

实施调查是对选定的样本运用不同的调查方法逐个进行调查，从而取得第一手资料。如果被访问的样本不在或拒绝接受访问，则应设法改变访问技巧，再次访问。在确实无法访问时，才能改变访问对象。对随机抽样而言，为保证样本资料的准确性和客观性，一般不允许随意改变样本或减少样本数。对于非随机抽样，如遇原定调查对象不在或不愿接受调查，则调查人员可以根据主观标准改变访问对象，以达到样本数为标准。

5. 数据统计和计算

这是抽样调查的最后一个步骤，也是抽样调查的目的所在，旨在对调查中所得的数据进行整理、汇总、分类、分析和计算，以得到关于调查对象的相关信息。

8.1.4　抽样技术的分类及其特点

1. 抽样技术的概念及分类

抽样技术指在抽样调查时采用一定的方法，抽选具有代表性的样本，它也是各种抽样操作技巧和工作程序等的总称。为了使抽选的样本具有代表性，必须借助于各种抽样技术。抽样技术可以分为随机抽样技术和非随机抽样技术两大类，如图 8.2 所示。

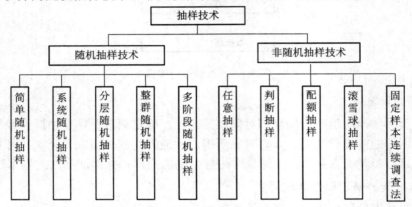

图 8.2　抽样技术的分类

随机抽样技术又称为概率抽样，是对总体中每一个体都给予平等的抽取机会的抽样技术。在随机抽样的条件下，每一个体抽中或抽不中完全凭机遇，排除了人的主观因素的影响。非随机抽样技术又称为非概率抽样技术，总体中每一个体不具有被平等抽取的机会，而是根据一定的主观标准来抽选样本。

2. 随机抽样技术的特点

随机抽样技术的优点主要表现在两个方面。一方面，随机抽样是从总体中按随机原则抽取一部分样本进行调查，它的调查范围和工作量比较小，又排除了人为的干扰。因此，随机抽样既省时、省力、省费用，又能较快地取得调查结果，同时抽取的样本可以大致上代表总体。另一方面，随机抽样技术能够计算调查结果的可靠程度，可通过概率来计算推算值与实际值的差异，即抽样误差，并将误差控制在一定范围内。

但是，随机抽样也存在着一定的不足，主要表现在两个方面：一是对所有调查样本都给予平等看待，难以体现重点；二是需要具有一定专业技术的人员进行抽样和资料分析，一般调查人员难以胜任。

3. 非随机抽样的特点

非随机抽样的优点主要表现在两个方面：一是非随机抽样技术按一定的主观标准抽选样本，可以充分利用已知资料，选择较为典型的样本，使样本能更好地代表总体；二是可以缩小抽样范围，节约调查时间、调查人员和费用。

使用非随机抽样技术进行调查的主要不足是：无法判断其误差，无法检查调查结果的准确性。这是因为，采用非随机抽样技术进行调查的总体中，每一个样本被抽取的概率不一样，概率值的大小不清楚，无法借助概率来计算推断值与实际值的差异。这样调查结果的可靠程度只能由调查人员主观评定。由于主观标准不当或主观判断失误均会增大抽样误差，因此出现差错难以核实。

8.2　非随机抽样技术

非随机抽样包括任意抽样、判断抽样、配额抽样、固定样本连续调查法和滚雪球抽样五种方法，下面逐一进行介绍。

8.2.1　任意抽样

调查人员从工作方便的角度出发，在调查对象范围内随意抽选一定数量的样本进行调查。如调查人员对年轻的北京市民的消费倾向作调查，就可直接选择同学或朋友作为访问对象，立即开展调查，迅速获得调查分析所要的资料。这种方法简便易行，可及时获得所需资料，节约时间和费用。

任意抽样有两种常用方法：街头拦人法和空间抽样法。街头拦人法是在街头或路口任意找某个行人，将他(她)作为被调查者，进行调查。例如，在街头向行人询问对市场物价的看法，或请行人填写某种问卷等。空间抽样法是对某一聚集的人群，从空间的不同方向和方位对他们进行抽样调查。例如，在医院内向病人询问对医院服务质量的意见，在劳务市场调查外来人员务工情况等。

任意抽样法适用于非正式的探测性调查或调查前的准备工作。一般在调查总体中每一个体都是同质时，才能采用此类方法。但是实践中并非所有总体中每一个体都是相同的，所以抽样结果的偏差较大，可信程度较低，抽取的样本没有足够的代表性。因此，在正式市场调查时，很少采用任意抽样法。

8.2.2　判断抽样

调查人员根据"最符合调查对象特征"的原则来确定自己的调查样本。这种抽样方法不同于任意抽样的"最方便"，而是"最适合"。例如，调查北京大学生的考研消费时，可能需要 100 人的样本以保证调查结果的准确性。这 100 人的样本中，必须有 50% 的女性、20% 的大三学生、50% 的文科学生。因此，在调查中，首先要根据这一规定来确定样本结构，即样本中有 50 名女生、20 名大三学生、50 名文科学生，然后再对符合上述相应特征的人进行调查。

判断抽样有两种具体做法。一是由专家判断选择抽样。一般采用平均型或多数型的样本为调查单位，通过对典型样本的研究由专家来判断总体的状态。所谓平均型，是把在调查总体中代表平均水平的单位作为样本，以此作为典型样本，再推断总体。所谓多数型，是在调查总体中挑选占多数的单位作为样本来推断总体。二是利用统计判断选择样本，即利用调查总体的全面统计资料，按照一定标准选择样本。

判断抽样法具有简便、易行、及时，符合调查目的和特殊需要，可以充分利用调查样本的已知资料，被调查者配合较好，资料回收率高等优点。但是，这种方法易发生因主观判断而造成的抽样误差，同时，由于判断抽样中各个调查单位被抽中的概率不明确，因而无法计算抽样误差和可信程度。如果调查者的经验丰富，知识面广，判断力强，则抽取的样本代表性就大，反之就小。

判断抽样法适合在调查总体中各调查单位差异较小、调查单位数量比较少、选择的样本有较大代表性时采用。

8.2.3　配额抽样

配额抽样方法与分类随机抽样方法很相似。调查人员如果对调查总体的结果特征有较为详细的了解，则在不具备采用随机抽样条件的情况下，可以尝试配额抽样方法。与分类随机抽样一样，可以根据总体各类单位所占的比例，确定在各类单位中抽取样本单位的具体数量。例如，在调查产业市场的客户需求时，可将客户分为如表 8.4 所示的几种类型。

表 8.4　产业市场需求调查的样本结构设计

客户类型	各类客户比例/%	各类客户中拟定的样本单位数/户
大量购买者	25	13
中等数量购买者	44	22
少量购买者	20	10
初次购买者	11	5
总计	100	50

这种方法同分层抽样有相似的地方，都是事先对总体中的所有单位按其属性、特征分类，这些属性、特征称为控制特征。例如，市场调查中消费者的性别、年龄、收入、职业、文化程度等都属于控制特征。然后，按各个控制特性分配样本数额。配额抽样与分层抽样的区别在于：分层抽样是按随机原则在层内抽取样本，而配额抽样则是由调查人员在配额内主观判断选定样本。

配额抽样与判断抽样的区别为：一是抽取样本的方式不同，配额抽样是分别从总体的各控制特性的层次中抽取若干个样本，而判断抽样是从总体的某一层次中抽取若干个符合条件的典型样本；二是抽样要求不同，配额抽样注重"量"的分配，而判断抽样注重"质"的分配；三是抽样方法不同，配额抽样的方法复杂、精密，而判断抽样的方法简单、易行。

根据配额的要求不同，配额抽样可分为独立控制配额抽样和非独立控制配额抽样。

1. 独立控制配额抽样

独立控制配额抽样是根据调查总体的不同特性，对具有某个特性的调查样本分别规定单独分配数额，而不规定必须同时具有两种或两种以上特性的样本数额。因此，调查者就有比较大的自由去选择总体中的样本。

【例 8.1】　在某项调查中，确定样本总数为 180 个，可单独选择消费者的收入、年龄、性别三个标准中的一个进行抽样。按独立控制配额抽样，其各个标准样本配额比例及配额数见表 8.5。

表 8.5　独立控制配额抽样分配表 （人）

项　目		人　数	合　计
年龄	18～29 岁	30	180
	30～40 岁	50	
	41～55 岁	60	
	56 岁以上	40	
性别	男	90	180
	女	90	
收入	高	36	180
	中	54	
	低	90	

这种方法的优点是简单易行，调查人员的选择余地较大。其缺点是调查人员可能会图一时方便，而使选择的样本过于偏向某一组别，如过多地选取女性消费者，从而影响样本的代表性。这个缺点可通过相互控制配额抽样来弥补。

2. 非独立控制配额抽样

非独立控制配额抽样也称为相互控制的配额抽样或交叉控制配额抽样。它同时对具有两种或两种以上控制特征的每一个样本数目都作了具体的规定。

在例 8.1 中，如果采用相互控制配额抽样，就必须对收入、年龄、性别这三项特性同时规定样本分配数，见表 8.6。

表 8.6　相互控制的配额抽样表 （人）

收入 性别 年龄	高		中		低		合计
	男	女	男	女	男	女	
18～29 岁	3	3	4	4	8	8	30
30～40 岁	5	5	7	7	13	13	50
41～55 岁	7	7	9	9	14	14	60
56 岁以上	3	3	7	7	10	10	40
小计	18	18	27	27	45	45	180
合计	36		54		90		

非独立控制配额抽样的工作程序一般分为以下四个步骤：

(1) 选择对总体进行分类的标准，即控制特征。调查人员可根据调查目的和客观情况，确定调查对象的控制特征，作为总体分类的划分标准，如年龄、性别、收入、文化程度等。

(2) 按控制特征将总体分为若干个群体。

(3) 将总的样本数在各个群体中分配，确定各群体中的样本数。

(4) 按配额在各个群体中选定样本。

非独立控制配额抽样对每一个控制特性所需分配的样本数都作了具体规定，调查者必须按规定在总体中抽取调查个体。由于调查面较广，因而克服了独立控制配额的缺点，提高了样本的代表性。

8.2.4　固定样本连续调查法

固定样本连续调查法是把选定的样本单位固定下来，进行长期调查，如工商企业调查或住户调查等。这种调查方法的调查对象稳定，可以及时、全面地获得各种可靠的资料，具有费用低、效果好的优点，所以在市场调查中也是普遍采用的一种较好的方法。固定样本连续调查法的最大缺点是：调查户登记、记账的工作量较大，长年累月地记账，负担较重，难以长期坚持。

为了保证样本的代表性和资料的连续性，同时又能减轻调查户的负担，可采用样本轮换的办法，即在连续调查过程中，每隔一定时期(一年或半年)部分轮换调查户(轮换对象大约为 1/4)。这样，既可减少因样本的多变而增加的误差，又可保证资料数量的稳定性和减轻部分调查对象的工作负担。

8.2.5　滚雪球抽样

滚雪球抽样也称为推荐抽样。对于初次涉及市场调查工作的人来说，最使他们为难的或许不是缺乏调查方法、信心不足，也不是对独立进行入户访问有点胆怯，而是缺乏具体的调查对象。同样，对于进入一个新市场的公司来说，市场调查或许是现在最重要的也是最紧迫的一项工作。但是市场部手头上缺乏的就是有关顾客的资料，凡是购买这种产品的人都是顾客吗？显然范围过大。那么，哪些才是目标顾客？此时调查人员不妨尝试一下滚雪球抽样方法。

在滚雪球抽样调查中，通常采用随机方式选择一组调查对象或个体，在对他们进行调查后，根据他们所提供的信息由他们推荐选择下一组调查对象或个体。这样，通过上一组选择下一组，像滚雪球一样一波一波地继续下去，直至调查结束。即使第一组调查个体是通过随机抽样选择出来的，但是最终的样本仍是非随机样本。

滚雪球抽样调查的主要目的是分析调查总体中的稀有特征，如调查 35 岁以下独居男性的有关情况。滚雪球技术的主要优点表现在：通过对调查总体设定期望特征，从而增强了样本个体的相似性。因此，采用这种方法所产生的抽样误差比较小，成本比较低。

8.3　随机抽样技术

8.3.1　简单随机抽样

简单随机抽样技术是随机抽样技术中最简单的一种，它对调查总体不进行任何分组、排队，完全凭着偶然的机会从中抽取个体来加以调查。这种方法一般适用于调查总体中个体之间差异较小的情况，或者调查对象不明，难以分组、分类的情况。如果市场调查范围较大，总体内部个体之间的差异程度较大，则要同其他随机抽样技术结合使用。简单随机抽样技术常用的有抽签法和随机数码表法。

1. 抽签法

用抽签法抽取样本，首先要将调查总体的每一个体编上号码，然后将号码写在卡片上搅拌均匀，从中任意抽选，抽到一个号码，就对应一个个体，直到抽足预先规定的样本数目为止。这种方法适用于调查总体中个体数目较少的情况。

例如，需要测定营销调查班上的学生对营销调查职业的态度。假定班上有 40 名学生，调查人员先在卡片上写上每个学生的学号，并把所有卡片放在某个容器里。接着，摇动容器，保证所有卡片都被搅拌充分。然后，从中随机抽取 10 个卡片作为样本。在本例中，班上的每位学生都有相等的被选中的概率。

2. 随机数码表法

随机数码表又称乱数表，是一种按双位或多位编排的大小数互相间杂的数表，它是利用特制的摇码机器或计算机用随机方法编制而成的。该方法客观上为表内任何数码都提供了相等的出现机会。使用随机数码表时，首先要把调查总体中的所有个体加以编号，根据编号的位数确定使用若干位数字，然后查随机数码表。在随机数码表中任意选定一行或一列数字作为开始数，接着可以从上至下，或从左至右，或以一定间隔(隔行或隔列)的顺序取数，凡编号范围内的数字号码即为被抽取的样本。如果不是重复抽样，则碰上重复数字应舍弃，直到抽足预定样本数目为止。在顺序抽取的过程中，若遇到比编号大的数字，则应该舍弃。

简单随机抽样的优点是方法简单，当调查总体的名单完整时，可直接从中随机抽取样本。由于抽取概率相同，因而计算抽样误差及对总体指标加以判断都比较方便。

尽管简单随机抽样在理论上是最符合随机原则的，但在实际应用中则有一定的局限性，主要表现在以下几个方面：一是采用简单随机抽样，一般必须对总体中的个体加以编号，而实际所需调查的总体往往是十分庞大的，个体非常多，逐一编号几乎是不可能的；二是对于某些事物无法使用简单随机抽样，如对连续不断产生的大量产品进行质量检验，就不能对全部产品进行编号抽样；三是当调查总体的标志的变异程度较大时，简单随机抽样的代表性就不如经过分组后再抽样的代表性强；四是由于抽取的样本较为分散，所以在调查过程中，人力、物力、费用耗费较大。因此，这种抽样方法仅适用于总体的个体数不太庞大以及总体分布比较均匀的情况。

3. 样本容量的确定

在进行抽样调查的方案设计时，一个重要的问题是确定样本容量，因为样本太大就要耗费过多的人力物力，样本太小又可能出现较大的误差，使调查得到的资料难以满足要求，所以样本的大小要适当。

在简单随机抽样的情况下，样本容量的大小取决于总体方差的大小、允许误差的范围以及估计推断结论的可靠性要求。

设总体各单位之间的方差为 σ^2。在社会经济的抽样调查中可靠性一般要求 95%，那么在正态分布条件下其概率度 t = 1.96，为了方便通常用 2 代替，平均数估计量允许误差常用 Δ 表示。确定样本容量的公式为

$$n = \frac{Nt^2s^2}{N\Delta^2 + t^2s^2} \tag{8.1(a)}$$

若估计的是总体比例，则其公式为

$$n = \frac{Nt^2pq}{N\Delta^2 + t^2pq}$$
(8.1(b))

式中：p 是预计的总体比例，但总体比例经常是通过抽样调查所要估计的结果，若事先没有任何信息可以利用，则可以采用保守的估计，令 p = q = 0.5，因为这时 p 和 q 的乘积为最大。

8.3.2　系统随机抽样

系统随机抽样又称为机械抽样或等距随机抽样，是随机抽样中使用最广泛的方法之一。系统随机抽样是在总体中先按一定标志顺序排队，并根据总体单位数和样本数计算出抽选距离，然后按相同的距离或间隔抽选样本。

1. 系统抽样的作用

(1) 简便易行。对简单随机抽样来说，在抽样之前需要对每一个单位加以编号，然后才能利用随机数字表等方法抽选样本。当总体单位数量很多时，编号与抽选的过程也比较麻烦，而等距抽样只要确定了抽样的起点和间隔，整个样本的所有单位也随之而自然确定。系统抽样可以充分利用现成的各种排列。例如，某市的工矿企业按照行政系统及分部门的习惯顺序排列，抽样时就可以直接利用这些顺序进行系统抽样。这种抽样很方便，也便于推广，可被不熟悉抽样调查的人员所掌握，在多阶段抽样时，有利于检查抽样过程是否合乎要求。这种方法也适合于某些基层现场的抽样。例如，在森林调查中往往很难在林地中划分抽样单位随机抽选，而系统抽样就比较方便。

(2) 系统抽样的误差大小与总体单位的排列顺序有关。因此，当对总体的结构有一定的了解时，可以利用已有的信息对总体单位进行排列后再进行系统抽样，以提高抽样效率。一般情况下，系统抽样使样本单位在总体单位中的散布比较均匀，其估计量的方差要小于简单随机抽样，因此这是大规模抽样调查时一种比较常用的抽样方法。

2. 系统抽样的分类

(1) 按无关标志排队，即排列的顺序和所研究的标志是无关的。例如，调查某工厂职工的平均年龄时，是按姓氏笔画排列的职工名单进行抽样的。显然，年龄和姓氏笔画之间没有必然的联系，因此这种排列的抽样也称为无序系统抽样，可以算作是随机排列的。

(2) 按有关标志排队。例如，在进行农产量调查时，是将总体单位按当年估产或上年的平均亩产的高低顺序排列的。这种按有关标志排列的系统抽样也称为有序的系统抽样。这种抽样方法可以保证在各单位中比较均匀地选取样本，因而抽样的误差比较小。

(3) 根据各单位在总体中原有的自然位置顺序排列。这种排列通常处于上述两种情况之间。例如，工厂中的工人名单按原有的工资名册顺序，工业产品质量检验时按生产的时间顺序每隔一定时间抽取一定数量的样本等。这种自然状态的排列有时与调查的标志有一定的联系，但又不完全一致，这往往是为了抽样的方便。

3. 系统抽样的方法

(1) 直线等距抽样。设总体单位数为 N，欲抽取的样本容量为 n。当 N 为 n 的整倍数时，先算出系统抽样的间隔 k，$k = \dfrac{N}{n}$，也称为抽样距离。这种方法实际上是把 N 个单位排成一直线后分成 n 段，每段中有 k 个单位，从每段中抽取一个样本单位。抽选时先在 1~k 中随机抽选一个数目，设为 i，则第 i 个单位为抽中单位，以后每隔 k 个单位为一抽中单位，即 i+k，i+2k，…直到抽满 n 个数目为止。其相应的单位即为所要抽取的样本。

上述系统抽样方法的第一个单位是随机确定的，因此称为随机定位直线系统抽样。当总体单位的排列是按有关标志排列时，其标志值往往由低到高或由高到低形成一种趋势。因此，第一个单位的位置偏高或偏低也会影响到以后的各单位，整个样本就会产生偏误。

为了减少这种偏误，有人提出 i 取 1~k 的中间数值，当 k 为奇数时，$i = \dfrac{k+1}{2}$，当 k 为偶数时，$i = \dfrac{k+2}{2}$ 或 $i = \dfrac{k}{2}$。这种抽样方法称为中心定位系统抽样。

当总体单位的排列顺序呈现线性趋势时，采用中心定位系统抽样固然可以防止偏误，但是对该总体来说，排队确定后，只能抽取一个固定样本，失去了随机性。因此有许多统计学家提出了改进的方法，其中简单易行且效果较好的是塞蒂和辛提出的对称等距抽样，这种方法在我国国家统计局主持的有关抽样调查中得到了广泛的应用。

塞蒂和辛提出的方法是：当 N = nk，n 为偶数时，要从 N 个单位中抽取 n 个样本单位，先将总体 N 个单位分成 $\dfrac{n}{2}$ 个组，使每个组包含 2k 个单位，然后在 1~k 中随机地确定抽样起点，按下面公式在每组中抽取距该组两端等距离的两个单位：

$$[i + 2jk, \; 2(j+1)k - i + 1] \qquad j = 0, \; 1, \; 2, \; \cdots, \; \dfrac{n}{2} - 1 \qquad (8.2)$$

当 n 为奇数时，仍按上式进行，但 j 的取值到 $\dfrac{n-1}{2} - 1$ 为止，并要增加靠近终端的一个样本单位 $[i + (n-1)k]$。

(2) 循环等距抽样。当 N 为有限总体且 N 不能被 n 所整除时，k 不是一个整数。如果将 k 取一个比较接近的整数，则样本的容量可能不一定是 n，样本的估计值可能产生偏误。为了使样本容量始终为 n，且估计量为无偏估计，可以采取循环等距抽样。它是将总体各单位排成首尾相接的循环圆形，用同样的方法确定抽样间隔后，取最接近的整数。所不同的是，在 1~N 中抽取一个随机起点，然后每隔 k 个单位抽取一个，直到抽满 n 个样本单位为止。

4. 系统随机抽样的缺点

(1) 采用系统随机抽样方法的前提是要有调查总体中每一个体的有关材料，特别是按有关标志排队时，往往需要有较为详细、具体的相关资料，这是一项复杂、细致的工作。

(2) 当抽选间隔和被调查对象本身的节奏性相重合时，就会影响调查的精确度。例如，对某商场的客流量进行抽样调查，如果抽取的第一个样本是周六，抽样间隔为 7 天，那么抽取的样本个体都是周六，而商场在周末的客流量一般都比平时大，这样就会产生系统性偏差(即各样本标志值偏向一边)，从而影响系统抽样的代表性。

8.3.3　分层随机抽样

分层抽样也称分类抽样或类型抽样。这种抽样方法是在抽样之前将总体的 N 个单位划分为互不交叉重叠的若干层(类)，设为 L 层，每一层所包含的单位数分别为 N_1，N_2，…，N_L，且 $\sum_{i=1}^{L} N_i = N$，然后再从各层中独立地抽取一定数量的总体单位组成样本。例如，对工业企业进行调查时可以把企业划分为大型企业、中型企业和小型企业三个层；对某种农作物进行调查时可以分为山区、丘陵和平原等。

1. 分层抽样的作用

(1) 利用已知的信息提高抽样调查的精确度，或者在一定精度下减少样本的单位数以节约调查费用。因为在简单随机抽样的情况下，抽样误差的大小主要取决于总体内部的差异大小和抽取样本容量这两个因素。在实际的抽样调查工作中，总体的差异是客观存在的，要达到减少误差的目的就要增大样本的容量，这样会增加调查费用。为了解决这个矛盾，分层抽样是一种理想的方法。如果人们事先对研究的总体有一定的了解，那么就可以把总体中性质相同的单位(即研究的标志值比较接近的单位)归并在一起，形成若干层，这样各层内的差异就可以大大缩小，各层能以较小的样本容量达到预期的精确度要求。对整个样本来说，由于这些样本单位对各层均有较高的代表性，且从整体来看分层后抽取的样本单位在总体中散布得更均匀，所以由它们构成的样本对整个总体也就有较高的代表性。根据方差分析的原理，对总体进行分层后，总体方差可以分解成两部分：层内方差和层间方差。在分层抽样时，抽样误差只和层内方差有关，而与层间方差无关，因此在分层时只要能扩大层间方差、缩小层内方差，就可以提高抽样效率。但这里也说明了分层抽样应有一定的条件，即在抽样之前人们对客观的总体要有一定的了解，另外还需要知道各层的总体单位数。这是利用主观认识提高抽样效率的一种手段。

(2) 分层抽样有时是为了工作的方便和研究目的的需要。如果抽样调查既要了解总体的有关信息，又要了解一些子总体的信息，那么在这种情况下就可以将子总体分层，如按行政隶属的系统分层，按地理的区划分层等。需要指出的是，这种分层有时与提高抽样效率的目的并不完全一致，但会给工作带来很大方便。因此，如何分层需要根据研究目的来确定。

2. 样本数目在各层间的分配

(1) 等比例分层抽样，指按照总体各层的单位数多少分配每层应抽的样本单位数。第 i 层的样本单位数可以表示为

$$n_i = n \frac{N_i}{N} \tag{8.3}$$

(2) 非等比例分层抽样又称为分层最佳抽样法，它不是按各层中单位数占总体的比例分配样本单位，而是根据各层的变异数大小、抽取样本的工作量和费用大小等因素决定各层的样本抽取数，即有的层可多抽些样本个体，有的层可少抽些样本个体。这种分配方法大多适用于各类总体的个体数相差悬殊或均方差相差较大的情形。在调查个体相差悬殊的情况下，如果按等比例抽样，则可能在总体个体数少的类型中抽取的样本个体数过少，代

表性不足。此时按非等比例分层抽样方法可适当放宽多抽取一些样本。同样，均方差较大的也可多抽一些样本个体，这样可起到平衡均方差的作用。但是，在调查前准确了解各组标志变异程度的大小是比较困难的。

在非等比例分层抽样中，第 i 层的样本单位数可以表示为

$$n_i = n \frac{N_i S_i}{\sum N_i S_i} \tag{8.4}$$

8.3.4　整群随机抽样

前面介绍的几种抽样方式在抽取样本时都是直接抽取总体的基本单位(也称为元素)，也就是说抽样单位和基本单位是一致的。但是，在某种情况下抽样单位与基本单位也可以不一致。例如，欲调查某个大学的学生身高，其基本单位是学生，但抽样单位可以是班级或系等，实际是将抽中的班级或系的全部学生作为样本进行观察。由若干个有联系的基本单位所组成的集合称为群。抽样调查时以群为抽样单位抽取样本就称为整群抽样。

1. 应用整群抽样的原因

(1) 缺乏总体单位的抽样框。前面曾经提到，在抽样调查抽取样本时需要有一个抽样框，它是包括所有总体单位的名单或地图，抽样时先要编上号码，这样才能利用随机数目表或其他方式从中抽取样本。然而有些时候总体很大，没有现成的名单，要编制抽样框也十分困难，有时甚至是不可能的。例如，欲调查北京市中学生中近视眼占的比例有多大，就需要全北京市中学生的名单，这是不容易办到的。如果以中学作为抽样单位，那么从教育局去抄一张全市中学的名单就要方便得多。

(2) 为了工作方便和节约费用，有时即使具备了抽样框也不采用简单随机抽样的方法，这是由于总体包括的范围很大，总体单位分布很广，用简单随机抽样会使样本的分布很分散，调查时需要花的人力和物力也比较大。在上例中，假如我们具有全市中学生的名单，那么要从数十万中学生中抽取几百人或上千人调查，其抽样的过程也相当麻烦，抽中的学生分布在全市各个中学，进行调查也相当费时、费力。若能抽取几个中学，对抽中的中学的全部学生进行调查，则样本单位比较集中，调查就方便得多，也比较节省费用。

2. 整群抽样的缺点

整群抽样的缺点是：由于抽取的样本单值比较集中，在一个群内各单位的标志值往往具有相关性，各单位之间的差异较小，而不同群之间的差异则通常较大，因此当抽取同样数量的样本单位时，抽样误差常常大于简单随机抽样，为了达到规定精确度的要求，往往需要多抽一些群。一般来讲，和简单随机抽样一样，群抽得愈多就愈精确，然而群抽得太多又不符合整群抽样节约人力、物力的目的，因此需要研究一些数量界限，分析在什么情况下应用整群抽样比较有利，群的规模以多大为好等。

3. 整群抽样的分群及其原则

整群抽样中的"群"大致可以分为两类。一类是根据行政、地域以及自然形成的群体，如学校、工厂等。这一类群主要为了抽样方便和节约费用。另一类群是一个连续的总体，群的大小可以由调查者根据情况来划分。例如，一大块面积可以划分成不同面积的群，在

这种情况下就需要研究如何分群使方差和费用达到最优。

分群的一般原则是：根据方差分析的原理，当总体划分成群以后，总体方差可以分解为群间方差和群内方差两部分。这两部分相互制约，若群内方差大，则群间方差小；反之，若群内方差小，则群间方差大。由于整群抽样是对抽中群的所有单位进行调查，因此影响整群抽样误差大小的主要是群间方差。要使整群抽样的误差缩小，如果可能的话，分群时应使群内方差尽可能大，而使群间方差尽可能小，这和分层抽样时分层的原则恰恰相反。关于这一点也可以从直观上解释：若一个群中各单位的情况相同，则在整群抽样时，虽然一个群包括许多单位，但都是重复的信息。如果群内的差异比较大，群内各单位的分布与总体分布一样，那么只要任意抽出一个群来进行观察就可以代表总体。当然以上两种只是极端的情况，但是掌握这一原则对于考虑怎样分群是有益的。

8.3.5　多阶段随机抽样

在调查范围很大的情况下，为了在有把握的条件下获得相对准确的调查结果，就必须扩大样本容量。此时调查人员可以尝试多阶段随机抽样方法。

多阶段随机抽样也称多级抽样，就是将调查分成两个或两个以上的阶段进行抽样。第一阶段首先将总体按照一定的规范分成若干抽样单位，称之为一级抽样单位(或称初级抽样单位)，然后把抽中的一级抽样单位分成若干更小的二级抽样单位，接下来再把抽中的二级抽样单位分成三级抽样单位等，这样就形成了一个多阶段抽样过程。

1. 多阶段抽样的作用

(1) 当抽样调查的面很广，没有一个包括所有总体单位的抽样框，或者总体范围太大无法直接抽取样本时，必须采用多阶段抽样。例如，全国农产量调查和城市居民的住户调查，样本单位遍布全国各地，显然不可能直接一次抽到所需的样本，只能分成几个阶段来逐级抽取。

(2) 可以相对地节约人力、物力。从一个比较大的总体抽取一个随机样本，势必使抽到的样本单位比较分散，若要派人调查，则人力和物力的支出比较大。例如，一个县要确定一些农户作样本，采用一次随机抽样的样本很可能分布在全县各个乡，调查往返的路费就比较大。如果分阶段进行，先抽 n 个乡，然后在抽中的乡中再抽若干户，那么这样就可以使样本相对比较集中，从而可以节省人力和物力。

(3) 可以利用现成的行政区划、组织系统作为划分各阶段的依据，为组织抽样调查提供方便。

2. 多阶段抽样应注意的问题

(1) 多阶段抽样所划分的抽样阶段数不宜过多，一般以划分两、三个阶段为宜，至多四个阶段。

(2) 在多阶段抽样中，前几阶段的抽样都类似整群抽样。每一阶段抽样都会存在抽样误差。为提高抽样指标的代表性，各阶段抽取群数的安排和抽样方式都应注意样本单位的均匀分布。

首先，适当多抽第一阶段的群数，使样本单位在总体中得到均匀分布。但是，样本过于分散则需要更多的人力和经费。其次，根据方差的大小来考虑各阶段抽取群数的多少。

对于群间方差大的阶段，应当适当多抽一些群；反之，则可少抽一些群。最后，各阶段抽样时，可以根据条件，将各种抽样组织方式灵活运用，而且尽可能利用现成资料。

8.4 抽样技术的选择与误差计算

8.4.1 抽样技术的选择

在选择抽样技术时，要考虑以下三个方面的因素。

1. 对抽样误差大小的要求 .

在简单随机抽样条件下，抽样误差的大小主要受总体方差的影响。在分层抽样的条件下，按某个标志进行分类再抽样，实际上各类(组)都进行了调查，抽样误差不再受各组间方差的影响，而只受各组内方差大小的影响。因此，在抽样个体数一定的情况下，分层抽样的抽样误差要小于简单随机抽样。按有关标志排队的系统抽样实际上是一种分类更细的分层抽样，其抽样误差更小；按无关标志排队的系统抽样，其误差与简单随机抽样相似。分群抽样对所抽中的群(组)的所有个体都一一加以调查，因此其抽样误差大小不受各群(组)内方差的影响，而主要取决于群(组)间方差的大小，但群(组)间方差往往很大。

根据有关调查经验，通常按有关标志排队的系统抽样方式的抽样误差最小，其次是分层抽样、按无关标志排队的系统抽样、简单随机抽样、分群抽样。在实际调查时，可根据对调查误差的不同要求，选择适当的抽样调查方式。

2. 调查对象本身的特点

有些调查对象事先没有关于总体和个体的全面、详细的资料，就无法采用按有关标志排队的系统抽样方式，而只能采用其他抽样方式。同时，还要考虑对调查对象所能了解的程度，对调查对象了解得越周全，就越能采用准确性较高的抽样方式。

3. 人力、物力、经费和时间等各种调查条件

要根据人力、物力、经费和时间等各种条件来选择适当的抽样调查方式。例如，在调查前考虑到抽取的样本可能极为分散，在各地都有，会增加调查往返时间、费用，所以应该采用分群抽样方式，使调查样本相对集中，调查员行动半径小，以节省人力、时间和费用。

应当指出的是，强调根据调查要求和调查对象选择适宜的抽样方式并不否认上述几种方式的结合运用。在实际调查中，往往是根据具体情况将上述几种抽样调查方式结合使用的。

8.4.2 抽样误差及其测定

1. 调查误差和抽样误差

在市场调查中，无论是普查，还是抽样调查，都有可能发生误差。调查误差是指调查的结果与客观实际情况的出入和差数，一般有两种误差存在，即登记性误差和代表性误差。登记性误差又称为工作性误差，是指市场调查人员在工作过程中，由于抄写、登记、计算等工作上的过错而引起的误差。这种误差有可能存在于任何一种调查方式中。市场调查在

对象范围越广、规模越大、内容越复杂、调查环节越多、参加人员越庞杂的情况下，发生这种误差的可能性也就越大。但是，这种误差是能通过采取一定措施来避免的。

代表性误差是指在抽样调查中，由于选取的部分调查个体对总体的代表性不强而产生的调查误差。它只在抽样调查中存在，在普查中不存在这种误差。在抽样调查中，这种代表性误差又分为两种：一种是由于调查者违背抽样的随机原则，人为地选择偏高或偏低个体进行调查而产生的误差，称为系统性误差，这种误差应尽量避免；另一种则是在不违背随机原则的情况下必然出现的误差，它是抽样调查固有的代表性误差，这种误差叫做抽样误差。

抽样误差的大小与样本的代表性成反比，即抽样误差越大，表示所抽取样本的代表性越低，反之，样本的代表性越高。

影响抽样误差大小的因素有以下几个：

(1) 总体单位之间的标志变异程度。总体单位之间的标志变异程度大，抽样误差则大，反之则小。所以，抽样误差大小与总体标准差大小成正比例关系。

(2) 样本单位的数目多少与抽样误差大小有关。样本单位数目越多，抽样误差越小，反之则越大。所以，抽样误差的大小与样本单位数成反比例关系。

(3) 抽样方法不同，抽样误差大小也不同。一般来说，简单随机抽样比分层、分群抽样误差大，重复抽样比不重复抽样误差大。重复抽样是指样本抽出后再放回，有可能被第二次抽中；而不重复抽样是指样本抽出后不再放回，每个样本单位只能被抽中一次。实践中大多采用不重复抽样。

2. 抽样误差的测定

抽样误差是不可避免的，但是可以通过计算预先测知。表 8.7 给出了在几种不同条件下抽样误差的计算公式。

表 8.7　抽样误差的计算公式

指标 ＼ 抽样方式	重复抽样	不重复抽样
平均数	$\mu_{\bar{x}} = \sqrt{\dfrac{\sigma^2}{n}}$ $\mu_{\bar{x}}$：抽样平均误差 σ^2：总体方差 n：样本单位数	$\mu_{\bar{x}} = \sqrt{\dfrac{\sigma^2}{n}\left(1 - \dfrac{n}{N}\right)}$ N：总体单位数 $1 - \dfrac{n}{N}$：修正系数
成数(比例)	$\mu_p = \sqrt{\dfrac{p(1-p)}{n}}$ μ_p：成数抽样误差 p：成数 n：样本单位数	$\mu_p = \sqrt{\dfrac{p(1-p)}{n}\left(1 - \dfrac{n}{N}\right)}$ N：总体单位数

3. 抽样误差控制

在抽样调查中，可以通过以下方式对抽样误差加以控制，使之减小。

(1) 正确确定抽样方法。选择正确的抽样方法有利于使抽取的样本真正代表样本的总体，从而减少误差。对抽样方法的选择要根据调查目的和要求以及调查所面临的主客观、内外部条件进行权衡选择。一般条件下，随机抽样方法具有较大的适用性。

(2) 正确确定样本数目。抽样误差与调查总体中的特征差异有关。总体中的差异越大，在相同样本数的条件下，误差越大；总体中的差异越小，在相同样本数的条件下，误差越小。换言之，在确保同样的差异误差的前提下，如果总体中的差异大，则需抽取的样本数应该大一些，反之亦然。此外，抽取的样本大小还与调查的成本有关，样本越大，费用越高，反之亦然。所以，确定样本数要综合考虑对抽样误差的允许程度、总体的差异性和经济效益的要求等因素。

(3) 加强组织领导。要切实加强对抽样调查工作的组织领导，提高抽样调查工作的质量。要以科学的态度对待抽样，特别是要由专门人才或经过严格培训的人员承担抽样调查工作。抽样调查工作要规范，严格按照所选用的抽样方法的要求进行操作，确保整个抽样工作科学合理。

 讨论与思考题

1. 什么是抽样调查？随机抽样和非随机抽样有什么区别？
2. 抽样调查的一般程序是什么？
3. 非随机抽样包括哪些技术？试分别举例加以说明。
4. 随机抽样包括哪些技术？各有什么特点？各适合哪些情形？
5. 选择抽样技术应考虑哪些因素？
6. 如何控制和测定抽样误差？

 案例分析

某空调品牌 A 的广告效果调查方案

1. 问题的提出

空调生产厂家 B 生产的 A 品牌空调在 C 市的市场占有率很低，为了挖掘 C 市场的需求潜力，扩大产品销售，提高市场份额，选择该市的电视台已进行了为期 5 个月的电视广告宣传活动。厂家 B 急需了解广告是否收到了预期的信息传播效果和促销效果，以便改进和完善广告设计和广告策略，故委托某市场调查公司进行此项调查。

2. 调查的目的与任务

本次调查的目的在于通过对 B 厂的 A 品牌空调的电视广告实际播放测定和广告效果追踪的调查研究，获取有关数据和资料，评价广告的传播影响、沟通效果、行为效果、促销效果，揭示存在的主要问题，为改进、完善广告设计和广告策略提供信息支持。本次调查的主要任务是获取广告主体(产品)、广告诉求(受众对象)、广告主题(内容)、广告效果、广告媒介等方面的信息。

3. 调查项目与内容

(1) 广告主体调查：主要包括 A 品牌空调的认知度、美誉度、偏好度、忠诚度。

(2) 广告诉求调查：主要包括被调查者的年龄、性别、职业、受教育程度、年收入，以及家庭空调的拥有量、品牌、购买时间、购买因素、满意度等。

(3) 广告主题调查：主要包括被调查者对广告内容的记忆度、理解度、说服力、接受度、喜好度等。

(4) 广告效果调查：主要包括认知度、到达率、购买意向度、销售增长率等。

(5) 广告媒体调查：主要了解该市居民对各种广告媒体的接受情况。

4. 调查对象与范围

本次广告效果调查的对象是 C 市全部常住居民家庭(凡居住并生活在一起的家庭成员和其他人或单身居住并生活的均作为一个住户)，其中每一个居民家庭为总体单位。从 C 市的统计年鉴了解到，该市有 4 个市辖区，50 个居委会，42.8 万户。其中，东区有 13 个居委会，11.13 万户；西区有 10 个居委会，8.56 万户；南区有 14 个居委会，12.04 万户；北区有 13 个居委会，11.07 万户。

5. 调查的组织方式

由于 C 市的居民户数有 42.8 万户，因此没有必要采用全面调查，为节省时间和调查经费，拟采用抽样调查方式。鉴于总体单位数太多，不可能直接从总体中抽取样本户组成调查样本，决定先分别从 4 个区抽选居委会，然后再从中选的居委会中抽取调查户。居委会的抽样框就是按区分列的居委会名单，调查户抽取所依据的抽样框是中选居委会的居民家庭名册或名录库。

6. 样本量与分配

本次调查中，厂家要求总体广告达到率(看过该广告的户数/该市拥有电视机的家庭户数)的抽样极限误差不超过 4%，区间估计的置信概率为 95%(z = 1.96)。由于该市总体广告的达到率未知，因此按照抽样调查理论，计算总体比率样本容量时，可直接用 p(1 − p)的最大值 0.25 替代。据此，必要的样本容量为

$$n = \frac{z^2 p(1-p)}{\Delta p^2} = \frac{1.96^2 \times 0.5(1-0.5)}{0.04^2} \approx 601(户)$$

考虑到可能有少数居民家庭因某种原因不回答，样本容量增大到 635 户，调查的总接触率规定为 95%。同时，为了使样本单位均匀地分布在 C 市的各个区，经研究决定在全市中抽取 7 个居委会。样本量的分配见表 8.8。

表 8.8　样本量的分配

区名	样本户数	抽中的居委会及户数分布	
东区	165	东 2/80 户	东 9/85 户
西区	127	西 6/127 户	—
南区	179	南 5/86 户	南 11/93 户
北区	164	北 4/74 户	北 8/90 户
合计	635	—	

其中，中选的居委会是在各区中用抽签法随机抽取的，中选居委会的调查户数是按中选居委会的户数规模的比例确定的。各中选居委会的最终样本户的抽取，拟根据中选居委会编

制的居民家庭名册实行等距抽样(实施过程略)。

7. 调查方法

(1) 用调查问卷对调查户进行询问测试，即派调查员上门访问。

(2) 派调查员到 C 市的主要商场进行观察，了解空调的销售情况，重点是 A 品牌的销售走势。

(3) 直接利用 B 厂对 C 市 A 品牌空调的销售记录，统计广告前后空调的销售量。

(4) 利用 C 市统计年鉴搜集有关数据，如空调家庭普及率。

8. 调查时间与进度安排

资料搜集的时间为本年 8 月 10～15 日。全部调查工作的起止时间为 8 月 1 日～9 月 30 日。

(进度安排略)

9. 数据处理与分析

(略)

10. 调查经费预算

(略)

11. 调查组织计划

(略)

(资料来源：http://www.hntj.gov.cn/xhzj/xslt/200805290009.doc)

讨论题:

(1) 你认为本方案采用了什么样的抽样调查组织方式及抽样方法？是否科学？

(2) 如果只测试广告主题及其效果，能否采用非随机抽样方式？为什么？

(3) 如果这个方案扩展到一个省或全国范围的调查，你认为对哪些方面应进行修订、充实和完善？或者重新设计一个调查方案。

第9章　问卷设计

重点提示 ✍

- 问卷的结构。
- 问卷设计的基本程序。
- 问卷调查的实施过程。
- 态度量表的概念和基本种类。

阅读资料

宜家家居体验式营销调查问卷

尊敬的女士/先生(同学):

　　您好!

　　我是×××大学即将毕业的一名学生,我正在进行一项有关宜家体验式营销对消费者购买行为因素影响的评价研究,以期进行理论上的探索。现在想了解一下您在宜家购物过程中,对体验式营销的感受。您的意见将是这份研究能否进行的重要资料,所收集到的资料纯粹供学术研究之用,并以不记名的方式作答,敬请放心填写。

　　对您的支持与合作,我们表示衷心的感谢!

一、个人基本资料

1. 您的性别是

　　A. 男　　　　　　　　　　　　B. 女

2. 您的年龄是:

　　A. 21~30 岁　　　　　　　　　B. 31~40 岁

　　C. 41~50 岁　　　　　　　　　D. 50 岁以上

3. 您所从事的职业是:

　　A. 学生　　　　　　　　　　　B. 白领上班族

　　C. 教育工作者　　　　　　　　D. 自由职业

　　E. 退休人员　　　　　　　　　F. 其他

4. 您所受的教育程度是:

　　A. 高中及以下　　　　　　　　B. 大专

　　C. 本科　　　　　　　　　　　D. 硕士及其以上

5. 您的家庭月收入是：
   A. 暂无收入　　　　　　　　　　B. 2000 元以下
   C. 2001～3000 元　　　　　　　　D. 3001～4000 元
   E. 4001～5000 元　　　　　　　　F. 5000 元以上

6. 您是通过什么方式了解到宜家的？
   A. 朋友介绍　　　　　　　　　　B. 逛街时偶然经过
   C. 报纸、杂志、电视等媒体平台　D. 买家具时有意搜索发现
   E. 其他

7. 请问，您多久去一次宜家？
   A. 一周几次　　　　　　　　　　B. 一月几次
   C. 半年内几次　　　　　　　　　D. 一年内几次
   E. 很少去

8. 您觉得，宜家吸引您的地方在哪里？
   A. 店铺设计　　　　　　　　　　B. 产品价格
   C. 产品设计　　　　　　　　　　D. 宜家食物
   E. 产品丰富　　　　　　　　　　F. 体验式购物方式
   G. 其他

二、课题调研资料

【感官体验部分】

1. 宜家店内的装潢，色彩搭配，产品陈列和布局对您作出最后购买决策的影响程度：
   A. 很大　　　　　　B. 比较大　　　　　　C. 一般
   D. 比较小　　　　　E. 很小

2. 宜家家居商城店内播放的音乐对您作出最后购买决策的影响程度：
   A. 很大　　　　　　B. 比较大　　　　　　C. 一般
   D. 比较小　　　　　E. 很小

3. 宜家家居商城内家具，食品的味道对您作出最后购买决策的影响程度：
   A. 很大　　　　　　B. 比较大　　　　　　C. 一般
   D. 比较小　　　　　E. 很小

4. 宜家自由的体验式购物氛围对您作出最后购买决策的影响程度：
   A. 很大　　　　　　B. 比较大　　　　　　C. 一般
   D. 比较小　　　　　E. 很小

【行为体验部分】

1. 在宜家可以亲身体验组装家具的 **DIY** 组装方式，对您作出最后购买决策的影响程度：
   A. 很大　　　　　　B. 比较大　　　　　　C. 一般
   D. 比较小　　　　　E. 很小

2. 可以在宜家的家居样板房进行亲身体验，对您作出最后购买决策的影响程度：
   A. 很大　　　　　　B. 比较大　　　　　　C. 一般
   D. 比较小　　　　　E. 很小

3. 可以随意试用宜家的各类家居产品，对您作出最后购买决策的影响程度：

A. 很大　　　　　　　　B. 比较大　　　　　　　　C. 一般

D. 比较小　　　　　　　E. 很小

【情感体验部分】

1. 如果通过在宜家体验各种产品，让您感到身心舒适，这对您作出最后购买决策的影响程度：

A. 很大　　　　　　　　B. 比较大　　　　　　　　C. 一般

D. 比较小　　　　　　　E. 很小

2. 如果宜家的工作人员亲切友好，或者在遇到纠纷时处理得当，让您感到很愉快，这对您作出最后购买决策的影响程度：

A. 很大　　　　　　　　B. 比较大　　　　　　　　C. 一般

D. 比较小　　　　　　　E. 很小

【思维体验部分】

1. 如果宜家的产品富有创新，符合您的个性和兴趣爱好，这对您作出最后购买决策的影响程度：

A. 很大　　　　　　　　B. 比较大　　　　　　　　C. 一般

D. 比较小　　　　　　　E. 很小

2. 如果使用宜家产品能提升您的价值，让他人觉得您的生活很有品位，这对您作出最后购买决策的影响程度：

A. 很大　　　　　　　　B. 比较大　　　　　　　　C. 一般

D. 比较小　　　　　　　E. 很小

3. 如果宜家的产品激发了您的装修灵感，这对您作出最后购买决策的影响程度：

A. 很大　　　　　　　　B. 比较大　　　　　　　　C. 一般

D. 比较小　　　　　　　E. 很小

【关于关联体验】

1. 您觉得宜家的体验式营销(如卖场模拟家的主题摆放家居、顾客亲自感受床，沙发，椅子等的舒适度等)对您作出最后购买决策的影响程度：

A. 很大　　　　　　　　B. 比较大　　　　　　　　C. 一般

D. 比较小　　　　　　　E. 很小

2. 因为可以亲身体验，购买家居产品时会优先考虑宜家（相比于不能直接进行体验的网上商城和其他品牌家具商城）吗？

A. 非常同意　　　　　　B. 较同意　　　　　　　　C. 不太同意

D. 较不同意　　　　　　E. 非常不同意

3. 由于在宜家的购物过程，您会在下次进行家具购买时首选宜家吗？

A. 非常同意　　　　　　B. 较同意　　　　　　　　C. 不太同意

D. 较不同意　　　　　　E. 非常不同意

4. 由于在宜家的亲身体验，您会更愿意向周围的朋友推荐宜家吗？

A. 非常同意　　　　　　B. 较同意　　　　　　　　C. 不太同意

D. 较不同意　　　　　　E. 非常不同意

【关于调研结果】

1. 请问：如果您同时经历了以上五种较好的体验之后，是否会选择购买宜家产品？

　　A．是　　　　　　　　　　　　　　　B．否

问卷是指调查者从应答者或被试者那里收集数据或资料的问题表。它是市场调查与预测中应用最广泛的一种测量工具。

9.1　问卷的作用和结构

9.1.1　问卷的作用

在实地问卷调查中，应事先准备好询问提纲或调查表作为调查的依据。问卷是为了达到调研目的和搜集必要数据而设计好的一系列问题，它同时也是搜集来自于被访者信息的正式的一览表。采用问卷调查是国际通行的一种调查方式，也是我国近年来推行最快、应用最广的一种调查手段。

在市场调查中，问卷可以用来测量消费者或顾客的许多特性，包括：① 消费、惠顾或购买行为；② 人口统计特性，如年龄、性别、收入和职业等；③ 认知水平；④ 意见、态度和行为倾向等。其中，对于态度和意见的测量尤为重要。实际上，态度量表经常作为问卷的一个组成部分出现。

此外，问卷提供了标准化和统一化的数据收集程序。与个别口头询问、集体访问、电话访问等相比，采用问卷方式可将所有问题在问卷中书面列出，它使问题的用语和提问的程序标准化。因此，问卷是一种有效的控制访问人员和被访问者的工具，它使提问和回答标准化。由于问卷中已载入了调查目的、内容、答案及其编码等，因此便于回答和事后进行数据统计、处理和分析。

9.1.2　问卷的结构

从结构上看，一份完整的问卷包括标题、问卷说明、问卷问题、编码、作业记载证明等五个部分。

1. 标题

问卷标题用来概括说明调研主题，使被调查者对所要回答的问卷有一个轮廓性的了解。标题应简明扼要，易于引起被访者的兴趣。应避免使用模糊标题以及"问卷调查"这样的标题，这容易引起被访者的顾虑，进而导致其拒绝合作。

2. 问卷说明

问卷说明也称卷首语，是调查者给被访者的一封短信，它的作用在于说明调查者的身份和联系方法、调查的目的、调查的意义、保密措施和答案说明，有些问卷(如留置问卷)还有交表时间、地点及其他事项说明。问卷说明的有些内容在书面中可省略，而由访问员口头介绍说明，如身份的自我介绍。问卷说明一般放在问卷开头，通过它可以使被调查者了解调查目的。一般的市场调查在实施过程中多给调查员使用胸卡，在胸卡上标明自己的

身份等。问卷说明是用来指导被访者填写问卷的说明，它主要包括填答方法、要求、注意事项等。有些问题的说明词还具有一定的宣传、广告作用。

【例9.1】　下面是北京大学社会调查研究中心一份药品调查的说明词。

您好！

欢迎您填写这份调查问卷。人的生命的延续同身体健康紧密相连，每一位高脂血症患者都渴望尽快去除或减轻病痛，恢复健康，我们正在筹建的北京大学制药厂正是基于为人类造福的理念，开发了治疗高脂血症的特效药品。为此，北京大学社会调查研究中心希望通过这次调查，了解您的病情和用药状况，请您把真实的情况和想法提供给我们。本问卷不记姓名，答案无所谓对错。您的回答将按照国家《统计法》予以保密。

占用您的时间，向您表示衷心的感谢！同时送上一份小礼品。

北京大学社会调查研究中心

3. 问卷问题

这一部分是问卷中的核心部分，也是调查者所要了解的基本部分，这部分内容设计的好坏会直接影响整个调查的价值。结构化问卷问题可分为两大部分：被访者特征和调研主题。被访者特征指与调研主题有关的被调查者的一些主要特征和基本情况，如在消费者调查中，消费者的性别、年龄、家庭形态、婚姻状况、文化程度、职业、收入、居住区等，又如在企业调查中，企业的名称、地址、规模、销售额等。问卷中被调查者特征的选取视调查主题和要求而定。

调查的主题内容是调查者所要了解的与主题有关的被访问者的态度、偏好、意见、行为等方面的内容。

4. 编码

编码包括问卷编码、问句编码以及答案编码。

答案编码既可以在问卷设计中同步完成，也可以在调查完成后再进行。前者叫预编码，后者叫后编码。预编码因而成为问卷的一部分。编码一般放在问卷每一题目的右边。

【例9.2】　Q：您的年龄：_____岁　　　　1 _____

Q：您的性别：□ 男　　　　　　□ 女　　　2 _____

Q：您的月收入：_____　　　　　　3 _____

又如：

Q：您大概在这个酒店待多久？

(1) 1～2 天

(2) 3～6 天

(3) 1～2 个星期

(4) 多于 2 个星期

一般常见的问句编码为问题顺序编码，但也有结构性编码，即将结构内容按结构划分为几个部分，再用多级序号编码。

【例9.3】　一：个人情况

1. 性别：　　□ 男　　　　　　□ 女

2. ……

二：……

……

或 A1、A2、A3、…、B1、…、C1、…形式。

5. 作业记载证明

作业记载证明主要记录调查员的姓名、访问日期、时间、督导员的姓名、调查过程记录，如调查过程中被访问者的文化程度，是否有其他人在场，有没有中断调查过程及中断时间等内容，如有必要，还要记录被访者的联系方式(如电话)、姓名、家庭地址、学历，以便于复核和进一步追踪调查。

9.2 问卷设计步骤和问卷调查的实施过程

9.2.1 问卷设计步骤

问卷设计的程序可以简单地表示为以下七个步骤：① 初始决定；② 题项内容的决定；③ 题项类型的决定；④ 题项用语的决定；⑤ 题项顺序的决定；⑥ 问卷外形的决定；⑦ 问卷测试的决定。

1. 初始决定

这是问卷设计的第一步。这一步要考虑的问题有三个：第一，准确地说明要得到什么样的信息？第二，谁是应答者？第三，采用什么方式与应答者接触？

第一个问题非常重要。如果收集的数据并非解决营销决策问题真正需要的，那么其价值就微乎其微。明确回答这个问题就是为了避免发生这种情况。

第二个问题也是问卷设计之前要回答的一个基本问题。适合于大学生回答的题项，有可能不适合中学生回答，更不适合小学生回答。一般来说，应答者之间的差别越大，要设计一套适合所有应答者回答的问卷就越难。所以，在设计问卷之前，应弄清应答者的特性，然后据此设计适合于他们回答的问卷。

第三个问题也是在设计问卷之前要确定的。与应答者不同的接触方式要求特性不同的问卷。比如，电话调查的问卷不能太长，邮寄调查的问卷不能太复杂，人员访问调查可以采用形式不同的问卷。

2. 题项内容的决定

这一步重点考虑的是题项和题项所能产生信息的总特性，而不是题项类型和具体用语。在此，需要考虑以下五个问题：第一，问卷中的每一个题项都是必要的吗？第二，通过所有题项收集的信息能满足需要吗？第三，应答者能够准确地回答每一个题项吗？第四，应答者愿意给出准确答案吗？第五，其他的外生变量会影响应答者的回答吗？

1) 题项的必要性

总的来说，通过问卷中的每一个题项所收集的信息，都应是决策所需信息的一个组成部分。所以，在设计问卷时，研究者要回答的第一个问题就是：每一个题项所带来的数据究竟有什么用？若对于其中的某些题项，研究者不能确切地回答这一问题，那么这些题项是否有必要就值得怀疑。不必要的题项应删除。

2) 题项收集信息的能力

确定了题项是否必要以后，接着要问的问题是：这些题项所产生的信息是否能够满足要求？若不能，则需要在问卷中增加一些题项或对问卷中的一些题项进行修改。比如，一个测量应答者喜欢还是不喜欢某个产品的题项，如果研究者不仅对应答者是否喜欢这个产品感兴趣，而且还对他喜欢这个产品的程度感兴趣，那么只使用"你喜欢某品牌产品吗？"就不够了，后面还应再加一些询问喜欢程度的题项。

3) 应答者准确回答题项的能力

应答者不能准确回答题项的原因主要有三个：一是根本就不知道答案；二是忘记了答案；三是难以用语言表述答案。前两个原因主要针对事实性题项，后一个原因主要针对态度或动机题项。

对于凡是应答者有可能不知道答案的题项，应先设置一个应答者是否知道答案的是非题项。比如，在问小学生关于其父母月收入的题项之前，应先问："你知道你父母的月收入是多少吗？"如果只问："你父母的月收入是多少？"这就等于向小学生暗示：他们应该知道答案。因此，他们即使不知道，也会给出一个他们自认为对的答案。这就会产生调查误差。如果在此之前加一是非题，则向其暗示：至少有一些人不知道答案，或者不知道答案也是正常的。这就便于他们承认他们不知道答案这个事实，减少调查误差。

当题项要求应答者回忆那些既不重要又很少出现的事件时，研究者应谨慎处理。研究者应避免高估应答者回忆事件的能力。有两种方法可以在这里应用：第一，研究者可以设法询问那些最可能记得答案的应答者，如某个商品的近期购买者；第二，在问卷中使用一些提示物以便帮助应答者回忆，如多选一式的多项选择题项。

4) 应答者准确回答题项的意愿

假设应答者能够准确地回答题项，接下来我们还要考虑：他们是否愿意这样做？应答者拒答有三种情况：第一，应答者拒绝回答个别题项，这称做题项拒答。第二，由于遇到了应答者认为不适当的题项，因此应答者拒绝回答余下的部分。在邮寄调查中，这表现为应答者不邮回问卷或邮回空白问卷；在电话调查中，这表现为应答者中断电话。第三，应答者有意提供不正确的答案。

应答者拒绝准确回答问题的原因很多，但是大部分原因可以归纳为三类：第一，与询问者无关，是自己的私事；第二，令他们难堪或发窘；第三，反映特权，比如当人们回答关于收入、教育程度或职位等方面的问题时，往往倾向于夸大。在调查中，如果需要获得与此类问题相关的准确信息，则可以使用一些特殊的方法或技巧。

5) 外生变量的影响

最后要考虑的一点是一些外部的偶然因素可能会导致调查出现误差，如调查时间、调查环境和调查人员的行为等。假设某旅游公司进行了一项市场调查，其中设计的一套问卷意在弄清楚去年春季到某处旅游的游客人数和游客对某个旅游点的态度，但恰好去年春季天气很差。如果用这个调查得到的情况估计今年的情况，则很可能会产生误差。这个误差不是源于问卷本身，而是源于去年偶然的坏天气。在考虑问卷的题项内容时，需要考虑这种外生变量可能带来的影响。

3. 题项类型的决定

分析了题项的内容以后，下一步就要确定使用什么类型的题项。题项的基本类型可以分为四种：自由题项、多项选择题项、二分法题项和态度量表。

1) 自由题项

自由题项允许应答者自由地回答，不受任何限制。比如，请谈谈你对诺基亚手机的看法或你认为诺基亚手机的优缺点是什么。

自由题项主要有以下几个优点：第一，它特别适合放在一个调查主题的起首。这是因为它允许应答者对一个主题自由地发表意见，这样一方面可以使调查者对应答者的态度有一个大致了解，另一方面可以使应答者乐于合作，从而营造一个有利于调查的气氛。第二，因为自由题项不需要按照问卷上已经拟订好的答案回答，所以它对应答者的影响比其他类型的题项小。第三，通过应答者对自由题项的回答，研究者常常能够收集到一些被忽略的数据。由于自由题项具有以上三个优点，所以在探测性调查中经常使用这一类题项。

自由题项的缺点主要是：第一，有可能出现较大的询问者偏差。在进行人员访问调查和电话调查时，应答者的回答要由询问者记录下来。这样就很可能出现记录失真和错误理解等现象。另外，那些书写较慢的询问者还可能漏掉部分内容。这个缺陷可用录音机弥补。第二，数据的整理比较困难。由于各应答者的答案不同，所用字眼各异，所以在整理数据时很费劲。第三，不宜在邮寄调查中使用。因为应答者必须在问卷上将答案写下来，如果写得太长，则势必花费应答者的大量时间，所以他们只愿用很简短的话表达意见。这样，使用自由题项的主要意义就失掉了。另外，还可能有部分应答者不会写字，无法回答。第四，一般来说，知识水平较高者回答问题较有条理，发表的意见也较多，因此极有可能使调查结果中反映知识水平较高者意见的比重偏大，从而造成误差。

2) 多项选择题项

多项选择题项要求应答者在事先准备好的几个答案中选择一个或几个答案。

【例9.4】 您购买诺基亚手机主要是因为(选两个)：

(1) 性价比较高。

(2) 质量好。

(3) 通话质量和信号好。

(4) 售后服务好。

(5) 其他。

多项选择题项克服了自由题项的许多缺点。与自由题项相比，它有以下几个优点：第一，既好记录又好回答，所以对询问者和应答者来说操作起来都很方便；第二，由于容易回答，不费时间，所以在邮寄调查中应答者比较愿意合作；第三，易于整理和分类，可减少由于记录失真、错误理解或文化水平差异所造成的偏差。

多项选择题项也有一些缺点。多项选择题项的设计需要比较高的技巧，如果多项选择题项的答案中没有包括那些重要的答案，则会产生较大的误差。即使我们可以使用"其他"这个答案代替那些未包括进来的答案，但是这不能从根本上解决问题，因为应答者总是倾向于从给定的具体答案中选择一个。另外，多项选择题项中答案的顺序可能会影响测量结果，从而产生误差。

3) 二分法题项

二分法题项实际上是多项选择题项的一个特例。它只允许有两个截然相反的答案，如是或否、同意或不同意、行或不行等。但实际使用时，常加一中性答案，如"不知道"、"不能确定"等。

二分法题项的优点基本与多项选择题项的相同，即易于回答，可减少询问误差，易于整理和分类。它的缺点主要是：第一，人们的态度或感情比较复杂，有时很难用是非问题测量。如果硬让人们从两个答案中选择一个，则会产生较大的测量误差。第二，如何表述问题对应答者的回答影响很大。表述问题一是指表述问题的用语，二是指表述问题的语气。比如，同一个问题用否定性句子和用肯定性句子发问，结果差别会很大。所以，有时使用这种题项调查所得数据的真实性值得怀疑。

4) 态度量表

态度量表是对态度进行测量的工具。它常常作为一个重要的组成部分用在问卷中。例如，渠道依赖量表的目的在于测量供应商对零售商的依赖程度。关于态度量表的特点和设计方法，将在 9.4 节中详细说明。

【例 9.5】 渠道依赖量表。

请用打分的方式指出您同意与不同意下列项目的程度(1=极不同意，2=不同意，3=不同意也不反对，4=同意，5=极其同意)。

R1　在这个地区，我们可以找到其他的商店提供与＿＿＿＿相同的服务。#

R2　如果找其他商店代替＿＿＿＿，则会给我们带来损失。

R3　我们很难找到一家商店，像＿＿＿＿一样带给我们这么多的销售额和利润。

R4　总之，我们与＿＿＿＿的关系对于实现我们的目标来讲非常重要。

　　# 逆向打分项目

4. 题项用语的决定

题项用语指的是题项的表述，即用语句和词汇把题项的内容表现为应答者易于理解的形式。看起来差不多的题项，往往会因为用语的不同而使应答者产生不同的理解，作出不同的反应，给出不同的答案。要避免发生这类误差，就必须慎重选择题项用语。下面是在为题项选择用语时要遵循的几个原则。

(1) 使用简单的词汇。在问卷中所使用的词汇应该尽量简单，在应答者所拥有的词汇量之内。这样做可以减少那些因为不理解词汇含义而错答或拒答的现象。另外，根据不同的调查对象，选择使用适合的词汇。比如，为孩子们设计问卷时，一般要比为成年人设计问卷时所使用的词汇简单。

(2) 使用含义清楚的词汇。含义清楚的词汇是指那些只有一种含义且为所有应答者知晓的词汇。要断定一个词的含义是否清楚，并不像我们想象的那么容易。许多含义似乎非常清楚的词汇对于不同的人在不同的地区可能有不同的含义。比如，"家庭"这个词。家庭究竟以什么为单位来划分？以血缘关系吗？那么离异的夫妇与其子女仍是一家。以门户吗？那么同一个门户住着的并非都是一家。在中国是以户籍来划分的，但是人们在理解家庭的含义时，有时未必以户籍为单位。尽量使用含义清楚的词汇，可以在一定程度上减少由于含义不清而造成的误差。像"一般"、"经常"、"很多"、"差不多"等词汇，应尽量不在问卷中出现，因为它们的含义是模棱两可的，不同的人有不同的理解。确定词汇含义是否清楚的大致步骤如下：

- 这个词汇有没有我们需要的含义？
- 它是否还有其他的含义？
- 如果有，那么它的前后文是否把我们要表达的意思表达清楚了？
- 这个词有其他的发音吗？
- 有其他的词与这个词的发音相同或相近吗？
- 有更简单、更清楚的词汇代替它吗？

(3) 避免引导性题项。引导性题项是指含有暗示应答者如何回答问题的线索的题项。引导性题项通常反映研究者或决策者的观点或态度，会导致测量的系统性误差。

【例9.6】 下面的一些题项：

- 多数电视观众喜欢看武打片，您也喜欢吗？
- 您不认为现在的电视广告不真实吗？
- 您使用奇强牌洗衣粉吗？

第一个题项引导应答者回答"喜欢"；第二个题项引导应答者回答"认为"；第三个题项引导应答者回答"是"。为了避免这一问题，这三个题项可以改写成：

- 您喜欢看什么电视节目？
- 您认为现在电视广告：(1) 真实；(2) 不真实。
- 您目前使用的洗衣粉是什么牌子的？

(4) 避免含糊不清的题项。"您最近头痛过或生过病吗？"这个题项含糊不清，应答者搞不清楚你在问什么，是问头痛呢？还是问生病？头痛和生病并不相等，有时头痛并非就是生病，有时生病并不一定头痛。因此，在问卷中应尽量避免这种问题。

(5) 避免让应答者凭估计回答。问卷中的题项应尽量不让应答者凭大致的估计来回答。例如，"您一年用多少管牙膏？"对于这个问题大多数应答者都要凭估计作出回答。如果把问题改成"您一个月用多少管牙膏？"，那么调查结果会更加准确。

(6) 考虑题项中问题提出的角度。

【例9.7】 下面是一个题项的几种提问方法：

- 诺基亚手机的通话质量让人满意吗？
- 您认为诺基亚手机的通话质量让人满意吗？
- 您满意诺基亚手机的通话质量吗？

上面三个题项在意思上或观察问题的角度上有细微的差别。第一个题项要求应答者根据人们对诺基亚手机的一般反映，客观地回答问题。第三个题项要求应答者根据自己的主观感受回答问题。第二个题项的角度则介于第一个和第三个问题之间。提出问题的最佳角度取决于调查与研究的目的。这里要强调的是，研究者不能忽视提出问题的角度对调查结果的影响。

5. 题项顺序的决定

问卷设计的第五步是决定题项的顺序。问卷中题项的顺序也会影响应答者的回答，因而不恰当的顺序可能会导致一些测量误差的出现。问卷中的题项如何安排主要凭设计者的经验决定。但是，下面几点是决定题项顺序时可以参考的原则：

(1) 在问卷的开头应尽量使用简单且有趣的题项，以提高应答者回答问题的兴趣。

(2) 先用一般性的题项，再用特殊性的题项。例如，先问"在购买笔记本电脑时，您最重视的是什么？"，再问"笔记本电脑的品牌对您来说重要吗？"。

(3) 把那些无趣且较难回答的题项放在问卷的后面。

(4) 题项的安排应符合逻辑顺序。

6. 问卷外形的决定

问卷的外形要易于使用。对于需要应答者自己填写的问卷，尤其是邮寄调查所使用的问卷，问卷的外形是应答者愿意合作与否的一个重要变量。即使答案由询问者记录，设计良好的外形也会起到减少测量误差的作用。另外，外形本身还会影响应答者的回答。比如，如果一个自由问题的下面留有较多的空白，那么不管是应答者还是记录者都倾向于写下较多的内容。

7. 问卷测试的决定

一般而言，问卷在正式使用之前都要先进行测试。虽然在设计问卷时可以选择朋友、熟人或研究人员作为应答者对个别题项进行测试，但是对于问卷的全面测试则应尽可能地使用真正的应答者，比如调查的子样本。样本中各单位之间的差异越大，用来进行测试的子样本也应该越大。

问卷测试所用的方法应尽量与最终调查的方法相同。应答者回答完毕后，研究人员应该对其中的一些人进行进一步的询问，请他们谈一谈他们填写问卷或回答问题的感受，了解问卷设计中的缺陷，以便修改。若改动比较大，则需要对改动过的问卷进行再测试。

9.2.2 问卷调查的实施过程

(1) 根据主题问卷设计复核问卷必要的答案卡片、展示图片，准备调查所必备的物品，如调查员的身份证明、调查员胸卡、小礼品等。

(2) 调查实施。对调查员进行分组，每组都要有一个监督员，负责监督调查实施过程。

(3) 复核。为了对调查质量进行监督，调查结束后，要对 10% 左右的被访者进行回访，以检验调查员是否按要求进行访问。

(4) 对问卷数据进行编码、录入。

(5) 统计分析。一般在市场调查中计算机统计常用软件有 SPSS(社会科学统计软件包，Statistical Package for the Social Science)、SAS 等。

(6) 撰写结果分析报告。

9.3 问卷设计技巧

1. 问句类型

1) 直接问句和间接问句

(1) 直接问句指通过直接提问的方式获得答案的问题，是问卷中使用最广泛的问句类型。这种问句往往可以获得明确的答案，并且答案与调查目的直接相关，便于统计分析。

【例9.8】 Q：您的职业？ _____

Q：请问您目前上网的习惯是_____。

① 从不上网 ② 很少上网 ③ 偶尔上网 ④ 时常上网 ⑤ 每天上网

(2) 在问卷调查中，常会遇到使调查者窘迫或产生顾虑，不敢或不愿真实回答问题的情况，这时在问卷设计中要采用间接提问的方式，以获得调查者的合作和真实的调查信息。例如，在某些国家和地区家庭收入是不愿公开的信息，用直接问句获取收入将可能得不到真实、准确的答案，而通过询问家中固定资产和耐用消费品则可能获得真实的收入信息。

【例9.9】 Q：您家的家庭用具有_____。

① 黑白电视	② 彩色电视	③ 电话
④ 摩托车	⑤ 冰箱	⑥ 汽车
⑦ 空调	⑧ 洗衣机	

间接问句在统计前涉及答案的转换、整理、分类。如上例中，首先对每个选项物品赋予一定的价值，再将被调查者的所有选项相加，就可得到相应的收入水平和社会阶层的等级，然后就可进行统计。

又如，想要了解居民家庭对音响设备的消费意向，用直接问句提问让被调查者回答是否拥有音响设备，可能由于面子和思想警觉而无法得到真实、准确的答案，因此，最好设计为间接问句。

【例9.10】 Q：您是否打算今年买一套音响设备？ _____

① 我已经购买了一套音响设备

② 是，我打算买一套音响设备

③ 不，我还不准备买音响设备

④ 说不准

⑤ 拒绝回答

2) 开放式问句和封闭式问句

(1) 开放式问句也称自由问句，是一种被调查者可以自由地用自己的语言回答和解释有关问题的问句，调查人员不对答案进行任何限制。

【例9.11】 您认为联想笔记本电脑有哪些优点和缺点？

_____

_____

开放式问句的优点在于被调查人员可以自由地按自己的想法和观点发表意见，有利于发挥被调查者的主动性和想象力，能为研究者提供大量丰富的信息，所得资料往往比较具体、生动，有助于广告主题、促销活动，又能为解释封闭性问句提供资料，还能更好地设计封闭式问句的选项，因此开放式问句主要适用在预调查、探测性调查和焦点访谈等小范围调查过程中，特别适用于问题比较复杂或调查人员尚不能完全把握多种问题的情况。其缺点是分类整理编码工作十分繁重。

在正式问卷中，只有极少量的开放式问句可以获得对相关资料的解释。

开放式问句经常需要追问，追问是为了获得更详细的材料。

【例9.12】 您认为利用邮寄目录公司定购比本地零售有什么优势？

_____

追问：还有什么？

_____

_____

(2) 封闭式问句指已事先设计了多种可能的答案，被调查者只需从中选定一个或几个现成答案的问句。封闭式问句占问卷问句的绝大部分。封闭式问句的优点在于答案标准化，回答方便，易于统计处理和分析，有利于提高问卷的回收率和有效率。其缺点是被访问者/调查者受到一定的强制，有时无法反映真实的想法、态度。

有时为了防止封闭式问卷答案的限制和由于答案设置偏差，遗漏掉被调查者的信息，往往在其中加上一个选项：

其他(请注明)_____

或 其他(请解释)_____

【例 9.13】 Q：在购买笔记本电脑时，您最重视的是什么？(选出三项，按喜欢的程度顺序填入答案纸上的空格中。)

① 价格 ② 品牌 ③ 性能 ④ 质量 ⑤ 外观设计 ⑥ 售后服务

⑦ 性价比 ⑧ 口碑

⑨ 其他(请注明) A. _____ B. _____ C. _____

【例 9.14】 Q：如果您打算买一部手机，您会_____。

① 在家电连锁店购买

② 在专卖店购买

③ 通过网络购买

④ 其他

若其他，请注明理由：_____

2. 问卷设计中应注意的几个问题

(1) 每个问句只限一个主题，主题要明确，忌语言模糊。问句不可太长、太复杂，否则可能会引起答案偏差，难以分类整理。

【例 9.15】 Q：您认为哪些显著的和决定性的属性最能用来评价航空公司的优劣？

被调查者可能很难准确界定"显著的和决定性"的属性。

【例 9.16】 Q：您觉得××牌新款轿车的加速性能和制动性能怎么样？

这样的问句实际上包含了两个主题，往往不能得到准确答案，或使被调查者无所适从。

(2) 问句要客观、简单，不可询问难以回忆的问题。

【例 9.17】 Q：4 月份您在电视上看到几次航空公司的广告？

这样的问句由于追溯时间过长，可能造成被调查者难以回答。

(3) 问句应中立，避免带有主观倾向、引导、暗示性的语言。

【例 9.18】 Q：多数人认为长虹牌彩电质量不错，您觉得怎么样？

这样的问句就带有明显的倾向性，对被调查者的选择具有引导作用，由于从众心理的作用，可能难以得到真实答案。

(4) 封闭式问句答案要包括所有可能的情况，避免遗漏重要信息。如前所述，若设计时由于对问题的把握不够全面，可将最后一个选项设置为

其他(请注明)＿＿＿＿＿＿

(5) 问句答案选项在逻辑上一般不能交叉或包含。

(6) 问卷一般以简短为佳，以免引起被调查者的厌烦。要使被调查者保持对问题的兴趣，就不能设计过多的问题。美国的调查机构大都限制访问时间为 15 分钟。当然，特殊情况可不受此项规定的限制。

(7) 问卷中问题的安排结构应遵循先易后难的原则，使被调查者能在前面答题的基础上，更好地理解难度较大的问题，保证答卷质量。

9.4 态度量表

态度是一个人对事物比较固定的认识、感情和行为趋向。消费者的态度与其购买行为之间有着密切的关系，是影响消费者购买行为的一个重要因素。图 9.1 简单地说明了创业企业的营销活动、消费者的态度与行为反应以及企业的营销效果之间的关系。创业企业的营销活动首先影响消费者的态度；消费者的态度导向购买行为，从知觉到喜欢、偏爱，再到动机和购买；消费者的购买行为影响创业企业的营销绩效。

图 9.1 消费者态度与行为反应模型

但是，消费者的态度仅仅是决定其购买行为的一个因素，影响购买行为的因素还有很多，比如收入因素、短缺因素。你之所以没有购买某一种电脑，并不是因为你不喜欢它，而是因为你没有足够的钱或市场上没有货。所以，当使用消费者的态度来推测其未来的行为时，一定要注意：消费者的态度是其购买行为的一个必要条件，而不是充分条件。一般而言，用消费者的总体态度来推断消费者的总体购买行为还是比较准确的。

消费者的态度与其购买行为之间的密切关系使态度的测量在市场调查和企业的营销管理中特别重要。在长期的实践中，研究者发明了很多工具，专门用于测量人们的态度。态度量表就是对态度进行测量的工具。

量表就是通过一套事先拟定的用语、记号和数目来测定或测量人们心理活动的度量工具。量表问句是对被调查者的态度、意见、感觉等心理活动的强度进行判定和测量的一类问句。量表可以转换为数字，便于编码和使用一些更高级的统计分析工具，因而用于深度的定性定量调查研究。

态度测量所得数据有两个主要用途：第一，预测消费者对新产品、新包装、广告等的行为反应；第二，进行市场细分和产品定位。

态度量表的种类很多，并无绝对的好坏之分。这里只介绍创业市场调查中常用的一些态度量表，在使用时应根据市场调查的目的和要求、调查方法、成本和分析方法相应采用。

9.4.1 项目评比量表

项目评比量表(itemized rating scale)是市场调查中最常使用的量表之一。在评比事物的某一个特性时，它要求被调查者在依序排列的几个水平或项目中选择一个最能代表其态度的。答案量表的两端分为两个极端性答案，之间划分为若干阶段。

【例 9.19】 Q：您对联想 Kx6528 台式机性能的评价是(请在线段中适合您的态度的点的位置做出标记)。

图 9.2 所示中，量表 A 是最简单的一种形式，应答者只需根据自己的喜好程度在连续直线的适当位置做出标记，然后根据研究者整体的反应分布及研究目标的要求，将直线划分为若干部分，每个部分代表一个类别，并分配给一个对应的数字；量表 B 事先在连续体上已标出刻度并分配了相应的数字，应答者在适当位置做出反应标记即可；量表 C 在本质上与量表 B 没什么区别，但是由于在连续体两端分别增加了对应的哭脸和笑脸，使量表更具有生动性和趣味性。

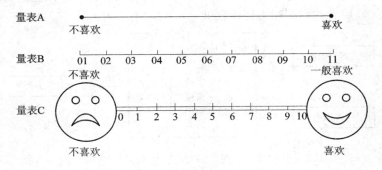

图 9.2 项目评比量表

【例 9.20】 下面我们将向您列举一些手机品牌，当我提到一种品牌时，请您告诉我您认为该品牌的电视广告是非常差、差、一般、好还是非常好。

您认为下列品牌的电视广告是(从起始位置开始依次读出)_____。

起始位置	诺基亚	三星	摩托罗拉	联想
① 非常差	☐	☐	☐	☐
② 差	☐	☐	☐	☐
③ 一般	☐	☐	☐	☐
④ 好	☐	☐	☐	☐
⑤ 非常好	☐	☐	☐	☐

【例 9.21】 下面我们将向您列举一些笔记本电脑品牌，当我提到一种品牌时，请您告诉我您认为该品牌的知名度是非常低、低、一般、高还是非常高。

您认为下列笔记本电脑品牌的知名度是(从起始位置开始依次读出)_____。

起始位置	联想	惠普	戴尔	苹果
① 非常差	□	□	□	□
② 差	□	□	□	□
③ 一般	□	□	□	□
④ 好	□	□	□	□
⑤ 非常好	□	□	□	□

例 9.20 和例 9.21 中的量表都是项目评比量表最普通的一种形式,此时访问人员通常向应答者出示一个基本量表的复制卡片,卡片上标有相应的有限选择答案,在访问人员读出一个品牌时应答者作出自己的选择。整个问卷中品牌的起始位置是循环的,因为相同的起点会给应答者带来影响,可能成为误差的一个来源。

项目评比量表比图示评价量表容易构造和操作。研究表明,在可靠性方面,项目评比量表也比图示评价量表要好,但是不能像图示评价量表那样衡量出客体的细微差别。总体上讲,评价量表有许多优点:省时、有趣、用途广,可以用来处理大量变量等,因此在市场营销研究中被广泛采用。但是这种方法也可能产生三种误差:

(1) 仁慈误差:有些人对客体进行评价时,倾向于给予较高的评价,这就会产生所谓的仁慈误差;反之,有些人总是给予较低的评价,从而会引起负向的仁慈误差。

(2) 中间倾向误差:有些人不愿意给予被评价的客体很高或很低的评价,特别是当不了解或难于用适当的方式表示出来时,往往倾向于给予中间性的评价。可以用以下方法防止这种误差的发生:

① 调整叙述性形容词的强度。

② 增加中间的评价性语句在整个量表中的空间。

③ 使靠近量表两端的各级在语意上的差别加大,即使其大于中间各级间的语意差别。

④ 增加测量量表的层次。

(3) 晕轮效果:如果受测者对被评价的对象有一种整体印象,则可能会导致系统偏差。预防的方法是对所有要被评价的对象,每次只评价一个变量或特性,或者问卷每一页只列一种特性,而不是将所有要被评价的变量或特性全部列出。

项目评比量表是一种基础性量表,将其组合或变化以后,就可以变成其他量表。因此,了解设计项目评比量表的有关问题也有助于设计其他各种态度量表。相关的问题包括:量表水平或类别的文字描述、分类数目、奇数与偶数分类、平衡与不平衡分类、强迫与非强迫分类以及赋值问题。

1. 文字描述

研究者倾向于用一些简短的文字来描述一个事物某种特性的水平或类别,如"非常"、"比较"、"一般","差"、"一般"、"好"和"超级棒"等。虽然文字描述并非绝对必要,但是一般而言,对于事物某种特性的水平或类别描述得越清楚,所得数据就越可靠。文字描述的准确性对应答者有比较大的影响。在用文字描述各水平或类别时,所用文字必须有较明显的差别,否则应答者无所适从。另外,一个常见的做法是在一个量表的两边给出两个极端类别的文字描述,如"非常喜欢"和"非常讨厌",中间的类别则不作文字描述。

2. 分类数目

到底一个量表应该分出多少类比较好? 这个问题没有固定答案。一般而言,在实际的市场调查中，分成五至七类的比较多。专家们认为只有在测量态度的细微变化时，多于七类的量表才是必要的。分类过多会使应答者无法分辨类别之间的区别，从而让应答者产生心理负担。另外，专家们还发现，五至七类的量表比三类的量表易于实施，所得数据也更好分析。所以，除非情况特殊，一般研究者们在实践中都使用五至七类的量表。

3. 奇数与偶数分类

量表中的类别或水平数目是奇数好还是偶数好？如果采用奇数目分类，那么一般来说在量表上有一中间或中性位置。如果采用偶数目分类，则量表上没有中性位置，这等于调查者强迫应答者必须在对立的两种态度中选择一种，只是在态度的强烈程度上有选择的自由。前人的研究结果显示：量表的奇数目分类或偶数目分类不会导致测量结果产生本质上的差异。因此，这个问题似乎是无所谓的。

4. 平衡与不平衡分类

如果有利态度答案的数目与不利态度答案的数目相等，那么量表就是一个平衡量表，否则，就是不平衡量表。在测量中，应该使用平衡量表还是不平衡量表呢？这要根据具体情况而定。如果研究者预计应答者对于某事物的某种态度主要是有利的或主要是不利的，或者他主要关心有利的态度或不利的态度，那么他就可以使用不平衡量表。但是，应用不平衡量表有时会引起应答偏见，从而导致测量误差，因此在使用时要小心。一般情况下，应多使用平衡量表。

5. 强迫与非强迫分类

对量表进行强迫分类，即要求所有应答者都要为自己对事物某种特性的态度在量表上找一个位置，不管他们是否真的有这样的态度。在这样的情况下，那些由于不了解情况而对一个事物没有态度的应答者就会被迫选择一个中性位置。此时，并不能说明他们既不喜欢这种特性，也不讨厌这种特性。如果有很多应答者属于这种情况，那么强迫量表所得测量结果的真实性就值得怀疑。这时，采用非强迫量表比较好。非强迫量表在强迫量表上加了一项"不了解"或"不知道"，那些无态度的人可以选择这一答案。

6. 赋值问题

是否应该为量表上的各类别、水平或项目赋值？一般认为，只有当各类别之间可以被近似地看成等距离的时候，才有赋值的必要。比如，给五类量表赋值 5、4、3、2、1。但是，如果各类别之间不是等距离的，则即使赋了值，也不能进行数学运算。

9.4.2 等级量表

等级量表(rank order rating scale)要求应答者根据某个标准或某种特性为问题中的事物排列顺序。例如，要求受访者根据总体印象对不同品牌的商品进行排序。一般地，这种排序要求受访者对他们认为最好的品牌排"1"号，次好的排"2"号，依次类推，直到量表中列举出的每个品牌都有了相应的序号为止。一个序号只能用于一种品牌。

在创业企业的市场调查中，等级量表的应用也非常普遍。它是一个标准的顺序量表，具有以下几个优点：第一，简便易行，容易设计和操作；第二，请求根据特性为事物排序的指令易于理解，比较适用在需要应答者填写的问卷中；第三，为事物排序的过程类似于购买决策过程, 所以可以使应答者以极为现实的方式确定自己的态度。

等级量表的主要缺陷有两点: 第一, 它强迫应答者为各事物排序, 而不管应答者对一个事物总的态度。也许应答者不喜欢这些事物中的任何一个, 包括排在第一位的。但是, 等级量表却无法测出应答者的这种真实态度, 它只能测出排在第一位的是应答者最喜欢的, 排在最后的是应答者最不喜欢的。第二, 使用等级量表只能得到顺序或定序数据, 要把它转化为等差数据比较困难。

9.4.3 配对比较量表

通过比较为事物的特性排序时, 如果需要比较的事物不多, 则可以使用配对比较量表。使用配对比较量表时, 应答者需要在给定的一对事物中比较优劣。

【例 9.22】   Q: 现在有两种牌子的手机广告, 请您就以下所列各点逐一进行比较。

		好	差不多	好	
① 哪一种更容易引起您的注意?	诺基亚	□	□	□	三星
② 哪一种主题更好?	诺基亚	□	□	□	三星
③ 哪一种读起来较容易理解?	诺基亚	□	□	□	三星
④ 哪一种图案较好?	诺基亚	□	□	□	三星
⑤ 哪一种您较喜欢?	诺基亚	□	□	□	三星
⑥ 哪一种看过一会儿想再看?	诺基亚	□	□	□	三星

在设计配对比较量表时, 应将欲测量的事物一一配对, 所以应答者要作一系列类似于前面那样的比较判断。比如, 欲测量的是 5 个品牌(n=5), 那么应答者需要作 10 个品牌比较, 即

$$n(n-1) \div 2 = 10$$

如果欲测量的品牌增至 10 个, 那么应答者就要进行 45 个品牌比较。若测量 10 个品牌的 5 个特性, 则要进行品牌比较的数目就是 225 个。可见, 配对比较的数目是以几何级数增长的, 这限制了它的使用。

【例 9.23】   下面是十对手机的品牌, 对于每一对品牌, 请指出您更喜欢其中的哪一个。在选中的品牌旁边的□处打钩(√)。

十对手机品牌配对比较

① 诺基亚	□	三星	□
② 诺基亚	□	摩托罗拉	□
③ 诺基亚	□	索尼爱立信	□
④ 诺基亚	□	联想	□
⑤ 三星	□	摩托罗拉	□
⑥ 三星	□	索尼爱立信	□
⑦ 三星	□	联想	□
⑧ 摩托罗拉	□	索尼爱立信	□
⑨ 摩托罗拉	□	联想	□
⑩ 索尼爱立信	□	联想	□

访问结束之后，可以将受测者的回答整理成表格的形式，下面的表 9.1 就是根据某受访者的回答整理得到的结果；表 9.1 中，每一行列交叉点上的元素表示该行的品牌与该列的品牌进行比较的结果。其中，元素"1"表示受测者更喜欢这一列的品牌，"0"表示更喜欢这一行的品牌。将各列取值进行汇总，得到表中合计栏，这表明各列的品牌比其他品牌更受偏爱的次数。

表 9.1　品牌偏好次数矩阵

	诺基亚	联想	三星	摩托罗拉	索尼爱立信
诺基亚	/	0	0	1	0
联想	1	/	0	1	0
三星	1	1	/	1	1
摩托罗拉	0	0	0	/	0
索尼爱立信	1	1	0	1	/
合计	3	2	0	4	1

从表 9.1 中可以看到，该受测者在诺基亚手机和联想手机中更偏爱前者(第二行第一列数字为 1)。在可传递性的假设下，可将配对比较的数据转换成等级顺序。所谓可传递性，是指如果一个人喜欢 A 品牌甚于 B 品牌，喜欢 B 品牌甚于 C 品牌，那么他一定喜欢 A 品牌甚于 C 品牌。将表 9.1 中的各列数字分别相加，即可计算出每个品牌比其他品牌更受偏爱的次数，就得到了该受测者对于 5 个手机品牌的偏好，从最喜欢到最不喜欢，依次是摩托罗拉、诺基亚、联想、索尼爱立信和三星。假设调查样本容量为 100 人，将每个人的回答结果进行汇总，将得到表 9.2 所示的次数矩阵。再将次数矩阵变换成比例矩阵(用次数除以样本数)，见表 9.3。在品牌自身进行比较时，我们令其比例为 0.5。

表 9.2　品牌偏好次数矩阵(臆造)

	诺基亚	联想	三星	摩托罗拉	索尼爱立信
诺基亚	/	20	40	15	20
联想	80	/	50	40	65
三星	70	50	/	60	45
摩托罗拉	85	60	40	/	75
索尼爱立信	80	35	55	25	/

表 9.3　品牌偏好比例矩阵(臆造)

	诺基亚	联想	三星	摩托罗拉	索尼爱立信
诺基亚	0.50	0.20	0.30	0.15	0.20
联想	0.80	0.50	0.50	0.40	0.65
三星	0.70	0.50	0.50	0.60	0.45
摩托罗拉	0.85	0.60	0.40	0.50	0.75
索尼爱立信	0.80	0.35	0.55	0.25	0.50
合计	3.65	2.15	2.25	1.90	2.55

从表9.3的合计栏中可以看出，5个品牌中诺基亚手机被认为是最好的，索尼爱立信次之，再次之是三星和联想，摩托罗拉最差。但这是一个顺序量表，只能比较各品牌的相对位置，不能认为"诺基亚手机比索尼爱立信要好1.1，三星要比联想好0.1"。要想衡量各品牌偏好间的差异程度，必须先将其转化为等距量表，这里就不再深入讨论了。

配对比较量表的优点：一是易于比较，二是可以把测量数据转化为顺序量表和等差量表数据。配对比较量表在广告测试、产品和包装选择、品牌地位等调查研究中经常使用。但是，配对比较量表也具有以下缺点：

(1) 它只适用于需要比较的事物或特性不多的情况。当要评价的对象的个数不多时，配对比较法是有用的。但如果要评价的对象超过10个，则这种方法就太麻烦了。

(2) "可传递性"的假设可能不成立，在实际研究中这种情况常常发生。一次只在两个事物中作比较，这与消费者在市场上所遇到的情况不同。当消费者说"两个比较更喜欢A"时，这并不意味着他不喜欢B或真的喜欢A，可能的情况是，两个他都不喜欢或都喜欢，只不过不喜欢或喜欢的程度不同罢了。因此，配对比较量表有时可能测不出应答者的真实态度。

9.4.4 固定总数量表

在市场调查中，固定总数量表(constant sum scale)也经常被采用。固定总数量表要求应答者将一个固定的总数(一般为100)按照他们认为事物在某个特性上的强弱进行分配。固定总数量表既可以表现为配对比较的形式，也可以表现为顺序排列的形式。用下面的公式可以将配对比较的固定总数量表数据转化成等差量表数据：

$$S_i = \frac{\sum\limits_{i=1}^{n} S_{ij}}{\frac{n(n-1)}{2}}$$

式中：S_i 为第 i 个事物(如品牌)在测量某种特性(如消费者喜爱程度)的等差量表中的得分；S_{ij} 为第 i 个事物与第 j 个事物比较时的得分；n 为欲比较事物的数量。

比如，在例9.23中，令配对比较的总数为100，然后请消费者以其喜欢的程度为5个品牌打分。表9.2显示了每一个品牌相对于另一个品牌的平均得分。根据上面的公式可以计算出每一个品牌在等差量表中的得分，由此得出各品牌的顺序关系，但这里的数据是可以进行加减运算的等差数据。

固定总数量表最常采用依序排列的等级形式。这种形式允许研究者同时让应答者比较多个事物或特性。它可以用来收集关于消费者品牌偏好的数据，也可以用来测量一个事物中各种特性的相对重要程度。

【例9.24】 以下是几种国产平板电视机的品牌，请您根据个人偏好给它们打分。总分为100。

康佳_____ 长虹_____ 海信_____ TCL_____

海尔_____ 创维_____ 其他_____

总计 100

【例9.25】 请根据您选购电视机时对各方面的重视程度，为下面的各项目打分。总分为100。

　　价格_____　样式_____　清晰度_____

　　抗干扰能力_____　色彩_____

　　总计 100

　　固定总数量表与配对比较量表有着相同的优缺点。即使采用等级形式，也不能用它比较太多的事物或特性，因为把 100 分配到太多的事物或特性上，是一项令人厌烦的工作。

9.4.5　语意差别量表

　　典型的语意差别量表由多个两头为极端答案、共分成七个难度类别的项目评比量表组成。例如，表 9.4 是用来测量商店形象的一个六指标语意差别量表。每一指标的两端是两个极端的答案，分别意味着"极好"和"极坏"或"极可靠"和"极不可靠"等，中间一个类别是中性答案，意味着"既不好也不坏"或"既不能说可靠也不能说不可靠"等，其他类别则表示对某一指标肯定或否定的程度。

　　调查者采用这个量表测量某一个或某几个商店的形象时，只是简单地要求消费者根据他们对这一个或这几个商店的态度在表的每一个指标找到恰当的位置，做上记号。比如，表 9.4 就说明了某一个消费者对商店 A 和商店 B 在不同指标上的态度。如果有很多消费者被作为调查对象，那么就可以收到很多这样的答卷，对这些答卷进行归纳分析，就可以得到消费者对欲调查商店的综合态度，即商店的形象。

表 9.4　六指标语意差别量表

商店A、B		
质量可靠 ___ A ___ B ___		质量不可靠
友好 ___ AB ___		不友好
时髦 ___ B ___ A ___		过时
便宜 A ___ B ___		贵
环境优雅 ___ B ___ A ___		环境差
高档 ___ B ___ A ___		低档

　　对语意差别量表资料进行分析，可以采用以下几个步骤：第一，为每一指标的各类别赋值，一般是从有利态度向不利态度依次赋予递减的值，如 7、6、5、4、3、2、1；第二，把所有被调查者对于某商店在每一指标上的得分加总、平均，即得被调查者对这个商店在每一指标上的平均态度；第三，将上一步的结果绘制在经过改造的语意差别量表图上，并进行分析。图 9.3 所示就是对商店 A 和商店 B 进行的图上分析。

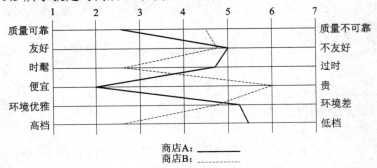

图 9.3　商店 A、B 形象的图上分析

以上三步完成之后，找出一个商店与其他商店之间区别较大的特性，一个商店的相对形象(一个商店相对于其他的商店)就测量出来了。图 9.3 所示中，相对于商店 B 来说，商店 A 的形象是：商品质量可靠，价格便宜，商品档次大多为中低档；相对于商店 A 来说，商店 B 的形象则是：价格较高，商店出售的大多为较时髦、档次较高的商品。

9.4.6　李克特量表

李克特量表(Likert scale)以其发明者的名字命名，是一个在市场调查中，尤其在进行理论研究的调查中被广泛使用的态度量表。它要求被调查者通过指出同意或不同意一系列陈述语句及其程度，表达他们对某事物特性的态度。该量表由一组陈述组成，每一陈述有"非常同意"、"同意"、"无所谓"、"不同意"、"非常不同意"五种回答，分别记为 5、4、3、2、1，每个被调查者的态度总分就是他对各道题的回答所得分数的加总，这一总分可说明他的态度强弱或他在这一量表上的不同状态。

【例 9.26】　请您对表 9.5 所示调查表发表意见(请在每一行选一个数字打√)。

表 9.5　家乐福超市(海光寺店)顾客满意度调查表

	非常同意	同意	无所谓	不同意	非常不同意
1. 家乐福出售的商品价格公道	5	4	3	2	1
2. 家乐福出售的商品种类齐全	5	4	3	2	1
3. 家乐福出售的蔬菜质量差	1	2	3	4	5
4. 家乐福货架商品摆放不合理	1	2	3	4	5
5. 家乐福购物环境舒适	5	4	3	2	1
6. 家乐福店内工作人员服务质量差	1	2	3	4	5
7. 家乐福结账等候时间过长	1	2	3	4	5
8. 家乐福促销活动多	5	4	3	2	1
……			……		

(资料来源：https://wenku.baidu.com/view/b6660d1d52ea551810a6878e.html)

每一个被调查者在这一量表上的若干个得分(每行一个答案所对应的数字)加起来，就构成他对家乐福超市(海光寺店)满意度的得分。按这样的赋值方式，一个被调查者在该量表上的得分越高，表明他对家乐福超市(海光寺店)满意度越高。

李克特量表有以下几个优点：第一，用多个题项测量同一个变量时，如果设计得好，则测量结果有较高的信度和效度；第二，可以运用多种统计方法对测量的信度和效度进行评估；第三，相对于一些复杂的量表，李克特量表便于设计和操作；第四，经过汇总，李克特量表的测量结果可以看做一个"准连续的变量"，因此可以使用较为复杂的统计工具对调查结果进行分析。李克特量表的缺点主要是占用问卷的版面较大，当调查内容较多时，问卷会很长，可能让被调查者心中生厌。

【例 9.27】　甲、乙、丙三人对联想笔记本电脑所持的态度如图 9.4 所示。

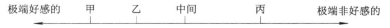

图 9.4　甲、乙、丙三人对联想笔记本电脑所持的态度

　　甲、乙、丙 3 人在一条线上，决定了相对的态度位置，此位置必须分别予以数量化。对从联想笔记本电脑极端好感的意见(X_1)到极端非好感的意见(X_n)之间的中间意见$(X_2, X_3, X_4, \cdots, X_{n-1})$进行量化作为测定单位，以测定被调查者对联想笔记本电脑的态度的位置。如图 9.5 所示，从 X_1 到 X_n 之间，存在着对联想笔记本电脑中间阶段的意见$(X_2, X_3, \cdots, X_{n-1})$，但是为了构成一定的尺度，选择其中间隔相等的尺度为适当的意见，故称为"等现间隔法"。

图 9.5　等现间隔法

　　李克特量表有以下几个优点：第一，用多个题项测量同一个变量时，如果设计得好，则测量结果有较高的信度和效度；第二，可以运用多种统计方法对测量的信度和效度进行评估；第三，相对于一些复杂的量表，李克特量表便于设计和操作；第四，经过汇总，李克特量表的测量结果可以看做一个"准连续的变量"，因此可以使用较为复杂的统计工具对调查结果进行分析。李克特量表的缺点主要是占用问卷的版面较大，当调查内容较多时，问卷会很长，可能让应答者心中生厌。

讨论与思考题

1. 问卷设计的基本程序是什么？
2. 设计问卷时要考虑哪几个方面的问题？
3. 态度量表的基本种类有哪些？
4. 设计态度量表时要考虑哪几个方面的问题？

案例分析

杭州华三通信技术有限公司(简称 H3C)商业市场用户调查

尊敬的客户：

　　您好！衷心感谢您参与此次调研，我们将以更好的服务、技术培训、产品及解决方案的提供回馈您的支持，谢谢！

　　* 请认真填写您的个人信息，以便我们能够将礼品顺利地寄送给您！

姓名：_____　□先生　□女士　　　　　职位：_____

所在单位：_____　　　　　所在部门：_____

地址：_____　　　　　邮编：_____

电话：_____　　　　　　　传真：_____

手机：_____　　　　　　　E-mail：_____

1. 贵单位是否已经有了局域网/Internet 网络的建设？
　　　　　□是　　　　　□否
2. 贵单位是否有专业的职能部门负责局域网的建设和维护工作？
　　　　　□是　　　　　□否
3. 贵单位的局域网/Internet 接入电脑的数量大概在哪个范围？
□50 以下　□50～150　□150～300　□300～500　□500 以上　□不确定
4. 贵单位目前最关注的信息化建设主要在哪些方面？
□局域网建设　□分支机构的互联　□信息安全　□场所安全　□文档电子化
□视频会议　　□内部邮件系统　　□单位内部的信息安全　□其他_____
5. 在贵单位的信息化建设中，您希望从网络设备厂商得到哪些支持？以下选项中最主
要的是_____，其次是_____，再次是_____，其他意见_____。
①　网络方案规划　　　②　技术趋势咨询　　　③　购买渠道的获取
6. 您在进行网络设备采购时主要考虑的因素依次是_____。
①　购买价格　　　②　技术性能　　　③　售后服务　　　④　品牌知名度
⑤　应用案例参考　⑥　技术发展趋势　⑦　产品兼容性
7. 您认为以下哪些词汇比较适合您心目中的 H3C 形象？(可多选)
□专业(技术、专家、创新)　□品质(质量、稳定、耐用)　□适用(客户化、针对性)
□服务(速度、快捷、亲和、随需应变)　□价值(价格、功能)
□地位(在用户心目中的位置、尊重、忠诚)　□其他_____
8. 对于 H3C 的产品技术及企业动态等，您希望以何种方式进行了解和沟通？(可多选)
□平面媒体　□网络媒体　□厂商网站　□邮寄资料　□电子邮件
□培训、研讨、巡展及发布会等市场活动　□业务代表联系　□其他_____
9. 您对 H3C 其他方面的意见和建议：_____。
(资料来源：http://www.h3c.com.cn/pub/onlinesurvey/survey_discover_channel.jsp)

讨论题：

(1) 上面的调查问卷设计是否完善？能否充分体现调查项目与内容的要求？应增加哪些问项？

(2) 自行设计一套问卷，说明调查什么，调查对象是谁，采用什么方法和具体的题项。

第 10 章　市场调查数据分析

重点提示

- 市场调查数据分析的内容和程序。
- 描述性分析方法的内容与特点。
- 相关分析的概念、内容、计算和应用。
- 回归分析的计算。

阅读资料

童装公司错误市场预测

　　某市春花童装厂近几年沾尽了独生子女的光，生产销售连年稳定增长。谁料该厂李厂长这几天来却在为产品推销大伤脑筋。原来，年初该厂设计了一批童装新品种，有男童的香槟衫、迎春衫女童的飞燕衫、如意衫，等等。借鉴成人服装的镶、拼、滚、切等工艺，在色彩和式样上体现了儿童的特点，即活泼、雅致、漂亮。由于工艺比原来复杂，成本较高，价格比普通童装高出了 80% 以上，比如一件香槟衫的售价在 160 元左右。为了摸清这批新产品的市场吸引力如何，在春节前夕厂里与百货商店联合举办了"新颖童装迎春展销"，小批量投放市场十分成功。柜台边顾客拥挤，购买踊跃，一片赞誉声。许多商家主动上门订货。连续几天亲临柜台观察消费者反应的李厂长，看在眼里，喜在心上，不由想到"现在都只有一个孩子，为了能把孩子打扮得漂漂亮亮的，谁不舍得花些钱，只要货色好，价格高些看来没问题。"于是决心趁热打铁，尽快组织批量生产，及时抢占市场。为了确定计划生产量，以便安排以后的月份生产。李厂长根据去年以来的月销售统计数，运用加权移动平均法计算出以后月份预测数，考虑到这次展销会的热销场面，他决定生产能力的 70% 安排新品种，30% 为老品种。二月份的产品很快就被订购完了。然而，现在已是四月初了，三月份的产品还没有落实销路。询问了几家老客商，他们反映有难处，原以为新品种童装十分好销，谁知二月份订购的那批货，卖了一个多月还未卖到三分之一。他们现在既没有能力也没意思继续订购这类童装了。对市场上出现的近一百八十度的需求变化李厂长感到十分纳闷。

　　该童装厂的产品销售从持续稳定增长到戛然中止，其主要原因出在向市场轻率地推出了与正常需求不相适应的"新产品"，并过快地将这些"新产品"取代原本畅销的老产品，以致造成目前的被动局面。

产品的适销既要考虑到产品的功能、质量、款式等使用价值，也应包括产品价格的适销。该厂的童装新品种虽然在款式上令人喜爱，但由于借鉴成人服装工艺，成本增加，定价太高，超过消费者愿意承担的范围。除了在特殊情况下的特殊需求以外，考虑到儿童正处于长身体阶段，童装的实际使用时间有限，而且每户家庭一般又都只有一个子女，因此多数顾客虽然喜欢新款式，但都不愿意购买价格偏高的童装，这样就使该厂失去了最基本的，也是最主要的市场。

李厂长虽然对童装新品种预先也经过了市场调查与预测，但还是出现了事与愿违。究其原因在于运用市场调查与预测的方法不恰当。在运用时忽视了市场环境的一致性，对春节前的购销旺季的特殊销售状况和市场的正常销售状况不加区别，错误地估计自己产品完全适应了市场需求，销售量将继续增长，而忘记了时过境迁，消费者的购买动机和购买行为会发生变化，从而对企业产品的销售带来巨大影响。同时，该厂在进行产品销售预测时简单地套用了加权平均法，而没有看到市场预测的基本条件已经发生变化。由于加权平均法对各期的销售量作了加权平均，从而会降低偶然性变化的影响程度，因而它主要适用于对销售比较稳定、基本上只受偶然性变化影响的销售状况进行预测。当销售状况受到必然性变化的影响时，就不能采用这种方法来进行预测。该厂在春节前生产销售的是老产品，而春节以后，根据春节这个特殊时期的销售状况决定主要生产销售新产品，该厂用老产品的统计资料来预测新产品的销售量，并作为安排生产的依据，必然会得出错误的结论。

(资料来源：http://www.doc88.com/p-861116335857.html)

10.1　市场调查数据分析概述

10.1.1　市场调查数据分析的意义

市场调查数据分析是指根据市场调研的目的，运用多种分析方法对市场调查中收集整理的各种资料进行对比研究，得出调研结论，并进行对策研究，撰写市场调研报告的过程。

市场调查资料的收集是市场调研的基础性工作，其目的是获取原始资料和次级资料；市场调查资料的整理是指对收集的各种调查资料进行初步加工，其目的是使调查资料实现综合化、系列化、层次化，为市场分析研究准备数据；市场调查数据分析是对已加工整理的各种综合化、系列化、层次化的数据进行对比研究和深加工，通过综合、提炼、归纳、概括，得出调研结论，进行对策研究，并撰写市场调研报告。因此，在市场调查的全过程中，市场调查数据分析是最关键的阶段。

市场调查数据分析的本质是对已整理的数据和资料进行深加工，从数据导向结论，从结论导向对策，使调研者从定量认识过渡到更高的定性认识，从感性认识上升到理性认识，从而有效地回答和解释原来定义的市场调研的问题，以实现市场调研的目的和要求，满足管理决策的信息需求。

10.1.2　市场调查数据分析的内容

市场调查数据分析是针对特定的市场调研问题(课题或项目)而展开的对比研究，由于收集和整理的资料是大量的，因而决定了分析研究的具体内容也是多方面的。一般来说，市场调查数据分析的内容可归纳为以下几个方面。

1. 背景分析

背景分析指对特定的市场调研问题的历史背景和现实背景进行分析和思考，了解公司、产品及市场的背景，了解宏观环境、产业环境和竞争环境的变化，并了解决策者的意图，从而更好地把握分析研究的目的和方向。

2. 状态分析

状态分析指对特定的市场调研现象的各方面的数量表现进行描述和评价，概括市场调研现象的各种特征。例如，消费者购买行为的分析研究中，除了应描述被调研现象的各种特征外，还应重点描述消费者为何而买、买什么、买多少、何时买、在哪里买、由谁买、从何处获取购买信息、购买品牌选择、价位选择等购买行为和购买动机的特征等。

3. 因果分析

因果分析指对影响市场调研现象发展变化的各种因素进行分析，探索市场变量之间的因果关系，找出影响事物变化的关键因素，挖掘现象内部隐藏的本质和规律性，从中归纳出有重要价值的调研结论和启示。例如，在消费者购买行为的分析研究中，可研究不同性别、不同职业、不同行业、不同地域、不同文化程度、不同收入水平、不同家庭人口的被调查者的购买行为和购买动机有无显著的差异，收入、价格、人口、储蓄、促销等因素对消费者的需求和购买行为有无显著的影响等。这些分析研究往往能够揭示许多深层次的问题，给调研者一些重要的启示。

4. 对策研究

对策研究是指在背景分析、状态分析、因果分析的基础上，针对得出的调查结论和启示、揭示的问题与原因进行对策思考，提出解决问题的措施、方法和途径，以供决策者参考。对策研究是分析研究的深化和拓展。对策研究不等于决策，但调研者为了使对策研究能被决策者采用，应注意所提出的解决问题的措施、方法、方案、途径等要具有现实性、针对性和可行性。

需要指出的是，市场调查资料分析的深度和广度取决于调研的目的和要求，某些较为简单的市场调研项目只要求掌握市场的基本情况，调研者也可以只进行状态分析，对因果性分析和对策研究可以不考虑。

10.1.3　市场调查数据分析的方法

市场调查数据分析的方法多种多样，可以根据不同的标准进行分类。按照分析研究时依据的资料性质和思维方式不同，市场调查数据分析方法可分为定性分析方法和定量分析方法两大类。

1. 定性分析方法

定性分析方法是指利用辩证思维、逻辑思维、创造性思维等思维方法对事物的本质的规定性进行判断和推理，主要从非量化资料中得出事物的本质、趋势和规律性的认识，亦可对一些结构比较简单的数据资料进行判断和推理，界定事物的质的规定性。定性分析可以界定事物及其变化的质的规定性，得出定性结论，这是区分事物的基础。例如，定性分析可以说明事物的大小、变化的方向、发展的快慢、事物的优劣、态度的好坏等，但不能从数量上精确地说明事物的发展变化的相互关系。

2. 定量分析方法

定量分析方法是指从事物的数量方面入手，运用一定的统计分析或数学分析方法进行数量对比研究，从而挖掘出事物的数量中所包含的事物本身的特征和规律性的分析方法，即从数据的对比研究中，得出分析研究的结论和启示。在市场调查资料分析中，定量分析是主要的，常用的方法是各种统计分析方法。

10.1.4　市场调查数据分析的程序

在实际市场调研问题的分析中，调研者或分析员往往面对的是大量的数据和资料，那么分析研究应怎样进行，应遵循什么样的作业程序，调研者或分析员对此必须有所了解，才能有效地展开市场的调查资料的分析研究。一般来说，市场调查资料分析应遵循下列步骤。

1. 明确调研问题

在对市场调查资料分析之前，调研者或分析员首先应回顾和明确市场调研的课题是什么，调研的目的和任务是什么，需要通过市场调研解决什么问题，还要明确调研问题有利于有针对性地展开市场调查资料的分析。

2. 界定分析的内容

分析内容的界定决定着市场调查资料分析的深度和广度。一般来说，分析内容的界定应根据市场调研的内容来决定。首先，应划分分析研究的构面；然后，再对每一个构面下应分析研究的子项目(小问题)进行区分，从而构成一个分析的内容体系。例如，一项关于消费者私家小轿车的购买行为的调研分析中，其分析构面可划分为被调查者特征分析、消费者现有私家小轿车状态分析、消费者购车行为分析、消费者对小轿车的满意度分析等，其中，每一个分析构面又可列出若干需要分析的子项目。

3. 提取数据

分析内容界定之后，就可按分析构面及其所属的子项目展开分析，一般是一个子项目完成后，再进行另一个子项目分析，一个构面完成后，再进行另一个构面的分析。分析时首先应从数据库或数据汇编中提取已加工整理的数据，并再做一次审核，提取的数据应列表陈述，或辅之图形来显示数据特征。

4. 选择分析方法

选择分析方法即根据分析项目的性质、数列的类型、变量的多少和分析研究的要求选择合适的分析方法。非量化资料采用定性分析方法，数据资料则应根据变量的多少和数列类型决定分析的具体方法。数据资料的分析通常需要把定量分析与定性分析结合起来，用定性分析解释定量分析的结果，以便归纳出正确的结论。

5. 对比研究

对比研究是对数据资料进行分析处理的过程，包括计算各种分析指标，进行横向比较或纵向比较，或者建立统计模型描述数量关系，或者对某些理论假设进行统计检验，或者对总体的数量特征作出推断，对事物未来的发展作出预测等。

6. 概括结论

概括结论就是从数据的对比研究中，通过判断、归纳，综合概括出分析研究的结论，即对事物的本质属性和规律性作出界定，如事物的特征、趋势形态、问题性质、关联程度、因果关系等。结论或启示的概括表现为各种"观点句"的提炼和表达。

7. 综合集成

综合集成是指各种子项目和分析构面的对比研究及概括结论完成之后，应将全部分析表格、分析结论集中起来再进行综合处理。综合集成主要包括分析过程的质量评审、分析图表的编辑整理、各个子项目分析结论的评价、调研问题的总结论(总观点)的归纳和概括等。

8. 撰写分析报告

市场调查资料分析完成之后，即可撰写市场调研报告，用书面报告的方式解释调研问题，展示调研成果，以供决策者或用户阅读和使用。

10.2　市场调查数据描述性分析方法

描述性分析是市场调查数据分析中最常用的定量分析方法，主要用于描述和评价调研现象的数量特征和规律，如规模、水平、结构、集中趋势、离散程度、发展速度、发展趋势等。描述性分析的方法很多，下面介绍几种常用的描述性分析方法。

10.2.1　品质数列描述性分析

品质数列又称属性数列，数列中的变量是一种属性变量，而不是数字变量，变量的取值表现为不同的类别选项。因此，对品质数列进行描述性分析主要集中在数列分布分析上。

数列分布分析又称结构性分析，主要通过品质数列的频数分布或频率分布来显示总体或样本分布的类型和特征，反映总体或样本的结构与特点。频数分布是指品质数列中不同的类型选项与被调查者回答的频数(次数)构成的分布数列。在此基础上，计算各组频数占总频数的比率(频率)可形成频率分布。

【例 10.1】　表 10.1 是某地被调查的 1200 名城乡消费者对彩电售后服务的评价。从表中可以看出，对彩电售后服务的满意率(包括很满意、较满意、一般)，城镇为 74.9%，农村为 21.9%，城乡合计只有 44.4%，因此农村满意率低下是导致城乡总体满意率偏低的主要原因。其深层次的原因可能是厂商比较注重城市彩电市场营销，农村因消费者居住分散，交通不便，售后服务存在较大的难度。从分布类型来看，城镇消费者的满意状态近似于正态分布(两头小，中间大)，农村呈左偏分布(左边大，右边小)，城乡总体分布亦呈左偏分布的形态。在实际分析研究中，亦可使用直线图来显示属性数列的分布形态和特征。图 10.1 所示是城乡消费者对彩电售后服务评价的分布图。

表 10.1　消费者对彩电售后服务的评价

满意状态	很满意	较满意	一般	不满意	很不满意	合计
城镇/人	78	98	206	102	26	510
频率/%	15.3	19.2	40.4	20.0	5.1	100.0
农村/人	34	48	69	318	221	690
频率/%	4.9	7.0	10.0	46.1	32.0	100.0
城乡合计/人	112	146	275	420	247	1200
频率/%	9.3	12.2	22.9	35.0	20.6	100.0

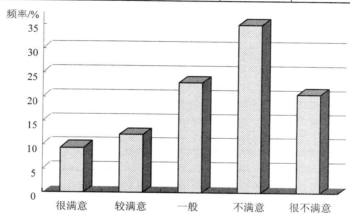

图 10.1　城乡消费者对彩电售后服务评价的分布图

10.2.2　变量数列描述性分析

变量数列是由数字变量的不同取值及其相应的频数构成的分布数列。在市场调研中，常见的变量数列主要有被调查者按年龄、工龄、年收入等分组的数列；居民家庭按人口、就业人口、年人均可支配收入、年人均消费支出、主要商品人均购买量等分组的数列；产品按产量、销售量、存货量大小等分组的数列等。变量数列的描述性分析主要有以下三个方面。

1. 变量数列分布分析

变量数列分布分析主要是通过变量数列的频率分布来显示总体或样本分布的类型和特征，描述总体或样本的结构。变量数列按变量的取值是否连续，可分为离散型变量数列和连续型变量数列，其频率分布都是由变量的不同取值和相应的频率构成的分布。但是，若用统计图来描述频率分布，则离散型变量数列宜采用直线图和直方图，连续型变量宜采用直方图、折线图和平滑图。

【例 10.2】　表 10.2 是某市被调查的 1000 户居民家庭现有的住房面积。从表中可看出，被调查的 1000 户居民家庭的住房面积在 60 m^2 以下的占 3.1%，在 80 m^2 以下的占 10.4%，在 120 m^2 以下的占 57.9%，在 120 m^2 以上的占 42.1%(累计频率分析)。图 10.2 所示是样本户现有住房面积分布图。从图 10.2 所示中可看出，样本户现有住房面积的频率分布近似于正态分布，即数列的两边小，中间大，基本上是对称分布的。随着居民收入的提高，居民对住房面积和居住条件的改善是日益增长的，假定 120 m² 以下的居民家庭的住房面积都提高到 120 m² 及以上，则全市现有 57.9% 的居民家庭低于这一水平，因此该市房地产投资和开发仍有较大的市场潜力。

表 10.2　样本户现有住房面积

住房面积/m²	户数/户	频率/%	累　计	
			户数/户	频率/%
40 以下	10	1.0	10	1.0
40～60	21	2.1	31	3.1
60～80	73	7.3	104	10.4
80～100	195	19.5	299	29.9
100～120	280	28.0	579	57.9
120～140	206	20.6	785	78.5
140～160	98	9.8	883	88.3
160～180	65	6.5	948	94.8
180 以上	52	5.2	1000	100.0
合计	1000	100.0	—	—

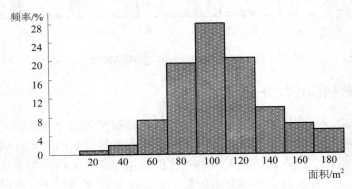

图 10.2　样本户现有住房面积分布图

2．集中趋势测定

变量数列的集中趋势是指数据分布的中心值或一般水平。变量数列是以平均数为中心而波动的，故平均数反映了数列分布的集中趋势。平均数可以比较不同空间、不同时间的同类现象的一般水平的高低，亦可作为判断事物水平高低、质量好坏、效果优劣的数量标准，还可作为抽样推断的重要统计量。集中趋势测定主要是计算变量数列的平均数、中位数和众数。

(1) 平均数。平均数是数列中全部数据的一般水平，有算术平均数(算均)、几何平均数(几均)、调和平均数(调均)之分。算均是最常用的平均数，一般所称的平均数就是算均；几均适合求数列的平均速度或平均比率(见时间数列描述分析)；调均的应用很少，常作为算均的变形公式使用。下面只简要介绍算术平均数的计算。

算术平均数是变量数列中所有数据的总和除以数据的个数所得的商数。当数据未分组时，算术平均数为

$$\overline{x} = \sum \frac{x}{n}$$ 　　　　　　　　　(10.1(a))

当数据已分组时，应根据各组的变量值或组中值(x)和频数(f)或频率(w)，用加权的方法求算术平均数：

$$\overline{x} = \frac{\sum xf}{\sum f} = \sum xw$$ 　　　　　　　　　(10.1(b))

(2) 众数。众数是变量数列中出现频数最多的变量值。众数在数列中出现的频率最高，有时利用众数来表示现象的集中趋势。在单项数列中，众数(M_0)就是出现频数最多或频率最高的那个变量值。在组距数列中，频数最多的那个组称为众数组。根据集中分配假设，众数(M_0)为众数组的组中值，这样确定的众数为粗众数。事实上，众数会受到众数前后两组次数(f_{-1} 及 f_{+1})的影响，因此计算较为准确的众数可采用下列公式：

下限公式：

$$M_0 = L + \frac{f_{+1}}{f_{-1} + f_{+1}} i$$ 　　　　　　　　　(10.2(a))

上限公式：

$$M_0 = U - \frac{f_{-1}}{f_{-1} + f_{+1}} i$$ 　　　　　　　　　(10.2(b))

其中：M_0 为变量数列的众数；U、L 分别为频数最大数组的上限值和下限值；f_{-1}，f_{+1} 分别为频数最大数组前后两个数组的频率；i 为频数最大数组的频数。

(3) 中位数。中位数是变量数列中居于中间位置的变量值，又称为二分位数。由于中位数的位置居中，其数值不大不小，因而可用来代表数列的一般水平。中位数(M_e)的确定方法有三种情形：

① 未分组数据时，n 个数值由小到大排列，居中的数值为中位数，即

$$M_e = \begin{cases} x\dfrac{(n+1)}{2} & n \text{ 为奇数} \\ \dfrac{1}{2}\left(x\dfrac{n}{2} + x\dfrac{(n+1)}{2} \right) & n \text{ 为偶数} \end{cases}$$ 　　　　(10.3)

② 单项数列条件下，中位数处在 $\dfrac{(\sum f + 1)}{2}$ 的位次对应的变量值。

③ 组距数列条件下，首先采用较小或较大累计制计算各组的累计次数，其次用 $\dfrac{(\sum f + 1)}{2}$ 确定中位数的位次(即所处的组别)，最后根据均匀分布假设用下列公式求中位数 M_e。

下限公式：

$$M_e = L + \left(\frac{\sum f}{2} - F_{m-1} \right) \frac{i}{f} \tag{10.4(a)}$$

上限公式：

$$M_e = U + \left(\frac{\sum f}{2} - F_{m+1} \right) \frac{i}{f} \tag{10.4(b)}$$

其中：U、L 为中位数组的上、下限；i、f 为中位数组的组距和频数；F_{m-1} 为中位数组以下各组的累计次数(较小累计制)；F_{m+1} 为中位数组以上各组的累计次数(较大累计制)。

(4) 算均、中位数、众数的关系。从分布角度看，众数是一组数据分布的最高峰值，中位数是处于一组数据中间位置的值，算术平均数则是全部数据的平均值。一般来说，三者之间的关系有下列三种情形：

- 对称分布：$\bar{x} = M_e = M_0$
- 右偏分布：$\bar{x} > M_e > M_0$
- 左偏分布：$\bar{x} < M_e < M_0$

3. 离散程度测定

离散程度是指变量数列中的变量值之间的差异程度、分散程度。用以反映离散程度的指标称为标志变异指标。标志变异指标可以评价平均数代表性的大小，衡量事物的均衡性或稳定性。标志变异指标越小，平均数的代表性就越大，事物变动具有的均衡性或稳定性就越强。常用的离散程度测度指标如下：

(1) 全距。全距是数列中最大变量值与最小变量值之差，又称为极差，表示全部数据的变动范围。全距(R)越大，平均数的代表性越弱；反之，则越强。

$$R = 最大变量值 - 最小变量值 \tag{10.5(a)}$$
$$R = 最高组上限 - 最低组下限 \tag{10.5(b)}$$

(2) 平均差。平均差是变量数列中各变量值与算术平均数的离差的绝对值的平均数，记为 AD。采用离差绝对值计算平均离差，是为了消除正负离差为 0 的影响，以便反映平均的离散程度。平均差能够全面准确地反映变量值之间的离散程度，但带有绝对值符号，运算上很不方便，实际工作中很少采用。如：

$$AD = \frac{\sum |x - \bar{x}|}{n} \quad (未分组资料) \tag{10.6(a)}$$

$$AD = \frac{\sum |x - \bar{x}| f}{\sum f} \quad (分组资料) \tag{10.6(b)}$$

(3) 标准差。标准差是最常用的离散程度的测度指标。标准差是各变量值与算术平均数的离差平方的平均数(方差)的平方根。它采用平方的方法来避免正负离差互相抵消为零的问题。标准差的计算公式为

$$\sigma = \sqrt{\frac{\sum (x - \overline{x})^2}{n}} \quad (未分组资料) \tag{10.7(a)}$$

$$\sigma = \sqrt{\frac{\sum (x - \overline{x})^2 f}{\sum f}} \quad (分组资料) \tag{10.7(b)}$$

(4) 离散系数。离散系数又称为标志变异系数,是衡量变量数列中变量离散程度的相对指标。通常用标志变异指标与相应的算术平均数对比求得。全距系数是全距与算术平均数之比,平均差系数是平均差与算术平均数之比,标准差系数是标准差与算术平均数之比。

其中,最常用的是标准差系数,记为 v_σ,计算公式为

$$v_\sigma = \frac{\sigma}{\overline{x}} \tag{10.8}$$

标准差系数反映变量数列中变量值之间的相对分散程度,则 $1 - v_\sigma$ 称为变量数列的相对集中程度或稳定程度。标准差系数越小,平均数的代表性越大,数列的相对集中程度就越高。当两个数列或两个总体的均值不相同时,应计算标准差系数来比较平均数的代表性大小。

【例 10.3】 表 10.3 是某调查机构对甲、乙两市居民家用空调拥有量的调查分组资料(样本量均为 1000 户)。从表中的频率分布来看,两个样本均呈偏态分布,大部分家庭的空调拥有量为 1～2 台。为了更好地说明问题,可通过计算得到如表 10.4 所示的分析指标。

表 10.3 甲、乙两市居民家用空调拥有量分布

空调拥有量 /(台/户)	甲 市 样 本		乙 市 样 本	
	户数/户	频率/%	户数/户	频率/%
0	57	5.7	—	—
1	218	21.8	228	22.8
2	435	43.5	486	48.6
3	156	15.6	165	16.5
4	80	8.0	76	7.6
5	54	5.4	45	4.5
合计	1000	100.0	1000	100.0

表 10.4　分析指示

指　标	甲　市　样　本	乙　市　样　本
户普及率/%	94.3	100.0
1～2 台频率	64.3	71.4
平均数/(户/台)	2.146	2.224
众数	2.0	2.0
中位数	2.0	2.0
全距	5.0	4.0
标准差	1.18	1.03
v_σ	55.0	46.3

由这些分析指标可得出以下几点结论：① 按户计算的空调普及率，乙市比甲市高；拥有 1～2 台空调的家庭的频率，乙市也比甲市高。② 甲、乙两市的样本平均数分别为 2.146台/户和 2.224 台/户，乙市略高于甲市；众数和中位数均为 2 台/户，两个样本的分布均为右偏分布，即 2 台以下的频率大于 2 台以上的频率。③ 甲市样本的全距、标准差、标准差系数均比乙市大，说明甲市样本空调拥有量分布的离散程度比乙市样本要大。④ 甲市空调市场的潜力比乙市要大(普及率、户平均拥有量均比乙市低)。

10.2.3　时间数列描述性分析

时间数列描述性分析又称动态分析，其核心是处理和分析动态数据，用以揭示现象发展变化的水平、速度、趋势和规律。

1. 水平分析

时间数列中的每一项统计指标数值都是发展水平。发展水平在文字说明上常用"增加到"、"增加为"、"降低到"、"降低为"来表示。例如，假设某市 GDP 在 2000 年为 88.5 亿元，预计到 2005 年将增加到 288.2 亿元，而人口的自然增长率由 2000 年的 11.3‰将降低到 2005年的 5.1‰。时间数列的水平分析通常可以通过计算动态平均数和平均增长量进行分析。

1) 动态平均数

动态平均数是对一定时期内的各期发展水平求平均数，用以反映现象在一定时间内的一般发展水平。动态平均数因数列的性质不同而有不同的计算方法。在时期数列条件下，可将各期的指标数值 a_1，a_2，$\cdots$，a_n 相加求和再除以项数(n)来求得动态平均数：

$$\bar{a} = \frac{\sum a}{n} \tag{10.9}$$

在时点数列条件下，因时点间隔不等而有不同的计算情形，最为常见的情形是间隔相等的时点数列(按月末、季末、年末统计的各种存量指标)。动态平均数的计算公式为

$$\bar{a} = \frac{\dfrac{a_1 + a_2}{2} + \dfrac{a_2 + a_3}{2} + \cdots + \dfrac{a_{n-1} + a_n}{2}}{n - 1} = \frac{\dfrac{a_1}{2} + a_2 + \cdots + \dfrac{a_n}{2}}{n - 1} \tag{10.10}$$

2) 增长量

增长量是报告期水平与基期水平之差，用以说明报告期水平比基期水平增加或减少的水平。由于采用的基期不同，因此增长量可分为以下两种：

逐期增长量：报告期水平 – 前期水平，即 $a_1 - a_0$，$a_2 - a_1$，…，$a_n - a_{n-1}$。

累积增长量：报告期水平 – 固定基期水平，即 $a_1 - a_0$，$a_2 - a_0$，…，$a_n - a_0$。

3) 平均增长量

平均增长量是一定时期平均每期增长水平，即

$$平均增长量 = \frac{a_n - a_0}{n} = \frac{累计增长量}{时期数} = \frac{逐期增长量之和}{时期数}$$

【**例 10.4**】　表 10.5 是某市 2000—2005 年(其中 2005 年数据为预计数)城镇居民人均消费支出与食品消费支出的水平分析。从表中可以看出，由于食品消费支出的逐期增长量慢于消费支出的逐期增长量的增长变化，致使恩格尔系数呈现下降的趋势。这种变化趋势是符合恩格尔定律的，即随着居民收入的增长，食品消费支出占全部消费支出的比重呈下降趋势。

表 10.5　**某市城镇居民人均消费支出与食品消费支出**

年　份	消费支出		食品消费支出		恩格尔系数
	数额	增长量	数额	增长量	/%
2000	3638	—	1936	—	53.22
2001	3886	248	1958	22	50.39
2002	4098	212	1987	29	48.49
2003	4317	219	1998	11	46.28
2004	4575	258	2010	12	43.93
2005	4880	305	2038	28	41.76
平均	4232.3	248.4	1987.8	20.4	47.35

2. 速度分析

速度分析就是分析现象在一定时期内发展变化的程度和快慢。反映现象发展变化的主要速度指标有发展速度、增长速度、平均发展速度和平均增长速度。

1) 发展速度

发展速度即报告期水平与基期水平之比，用以说明报告期水平为基期的多少倍或百分之几。由于采用基期不同，因此发展速度可分为以下两种：

定基发展速度：

$$\frac{a_1}{a_0}, \frac{a_2}{a_0}, \cdots, \frac{a_n}{a_0} \tag{10.11}$$

环比发展速度：

$$\frac{a_1}{a_0}, \frac{a_2}{a_1}, \frac{a_3}{a_2}, \cdots, \frac{a_n}{a_{n-1}} \tag{10.12}$$

2) 增长速度

增长速度即报告期增长量与基期水平之比,用以说明报告期水平比基期水平增长了百分之几或多少倍。由于采用的基期不同,因此增长速度也可分为以下两种:

$$定基增长速度 = 定基发展速度 - 1 \qquad (10.13)$$
$$环比增长速度 = 环比发展速度 - 1 \qquad (10.14)$$

3) 平均发展速度和平均增长速度

为了分析现象在较长时期内发展变化的一般速度,需要计算平均速度指标。平均速度指标分为平均发展速度和平均增长速度两种。平均增长速度一般不能直接计算,需先求平均发展速度,再求平均增长速度,即

$$平均增长速度 = 平均发展速度 - 1$$

计算平均发展速度通常采用几何平均法,即平均发展速度等于 n 个环比发展速度的连乘积的 n 次方根:

$$\overline{x} = \sqrt[n]{x_1 \cdot x_2 \cdot x_3 \cdot \cdots \cdot x_n} = \sqrt[n]{\prod x} = \sqrt[n]{\frac{a_n}{a_0}} = \sqrt[n]{R} \qquad (10.15)$$

其中:$\overline{x}$ 代表平均发展速度;x 代表各期环比发展速度;R 代表总发展速度;a_0 代表最初发展水平;a_n 代表最末发展水平;n 代表环比发展速度的项数。

需要指出的是,平均发展速度总是正值,而平均增长速度则可为正值,也可为负值。正值表明现象在一定发展阶段内逐期平均递增的程度;负值则表明现象逐期平均递减的程度。

3. 长期趋势分析

长期趋势分析在于认识和掌握现象在较长时期内发展变化的总趋势和规律,以便解释和描述现象的长期发展,预测未来的变化。长期趋势分析的方法有以下两类。

1) 图示分析法

图示分析法是以时间数列的各期数据作为纵轴(y),以时间(年、月)作为横轴(x),绘制直方图、散点图或动态曲线图,以显示现象在较长时期内发展变化的总趋势,并识别长期趋势的类型。图 10.3 所示是根据表 10.5 中的数据生成的 2000—2005 年某市城镇居民人均消费支出的散点图。图中所加的虚线为趋势线。由图 10.3 所示可以看出,连续 6 年该市居民人均消费支出有非常明显的直线趋势,由此我们可以预测 2006 年该市人均消费支出将会在 5100 元左右。

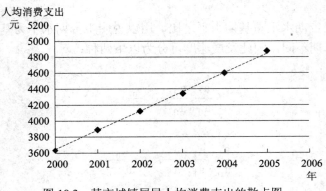

图 10.3   某市城镇居民人均消费支出的散点图

2) 趋势方程法

趋势方程法图示分析只能粗略地描述指标随时期数(月份或年份)发展变化的趋势。趋势方程法以时期数作为自变量,以指标为因变量,根据历史数据刻画出指标与时期数的函数关系,利用函数关系来准确预测未来。根据函数关系的不同,常用的有直线方程、指数曲线方程、二次曲线方程等。这些趋势方程利用一些常用的统计分析软件是很容易建立的,而且能够同时配合几种不同的趋势方程,以便择优应用。

(1) 直线方程。如果现象的发展其逐期增长量大体上相等,则可考虑配合直线趋势。直线方程的一般形式为 $y_c = a + bt$,a 为截距,b 为斜率,a、b 为两个未定参数。根据最小平方方法的要求,即 $\sum (y - y_c)^2 \to$ 最小值,可用求偏导数的方法导出以下联立方程组:

$$\begin{cases} \sum y = na + b\sum t \\ \sum ty = a\sum t + b\sum t^2 \end{cases} \tag{10.16}$$

式中:t 为时间数列的时期数;y 为时间数列中的各期水平;n 为时间数列的项数。

为了计算方便,当时间项数为奇数时,可假设时间 t 的中间项为 0,这时时间项依次排列为…,−3,−2,−1,0,1,2,3,…;当时间项数为偶数时,时间项依次排列为…,−5,−3,−1,1,3,5,…,这时原点 0 实际上是在数列正中相邻两个时间的中点。以上两种假设的目的是使时间项的正负相消,使 $\sum t = 0$,则上述联立方程组可简化为

$$\begin{cases} \sum y = na \\ \sum ty = b\sum t^2 \end{cases} \tag{10.17}$$

【例 10.5】 根据表 10.6 所示的数据,求人均消费支出的直线趋势方程并预测 2006 年的数据。

表 10.6 某市城镇居民人均消费支出直线趋势方程计算表

年份	人均消费支出	逐期增长量	t	y	ty	t^2	y_c
2000	3638	—	−5	3638	−18 190	25	3625
2001	3886	248	−3	3886	−11 658	9	3868
2002	4098	212	−1	4098	−4098	1	4111
2003	4317	219	1	4317	4317	1	4354
2004	4575	258	3	4575	13 725	9	4596
2005	4880	305	5	4880	24 400	25	4839

根据式(10.17)求出直线方程为 $y_c = 4232.33 + 121.37t$,2006 年 t = 7,带入直线方程得 2006 年人均消费支出预测值为 5082。

(2) 抛物线方程。如果现象的发展其逐期增长量的增长量(即各期的二级增长量)大体相同,则可考虑曲线趋势——配合抛物线方程。抛物线的一般方程为 $y_c = a + bt + ct^2$。此抛物线方程的二级增长量是相等的,见表 10.7。

表 10.7 抛物线方程的计算表

t	$y = a + bt + ct^2$	逐期增长量	二级增长量
1	a+b+c	—	—
2	a+2b+4c	b+3c	—
3	a+3b+9c	b+5c	2c
4	a+4b+16c	b+7c	2c
5	a+5b+25c	b+9c	2c
⋮	⋮	⋮	⋮

从表 10.7 中可看出，各期的二级增长量均为 2c。上述抛物线方程式中，有 a、b、c 三个未定参数，根据最小平方法的要求，同样用求偏导数的方法导出以下由三个方程组成的联立方程组：

$$\begin{cases} \sum y = na + b\sum t + c\sum t^2 \\ \sum ty = a\sum t + b\sum t^2 + c\sum t^2 \\ \sum t^2 y = a\sum t^2 + b\sum t^3 + c\sum t^4 \end{cases}$$ (10.18)

同样，为了计算方便，可以通过假设 t 使 $\sum t = 0$，$\sum t^3 = 0$，则上式可简化为

$$\begin{cases} \sum y = na + c\sum t^2 \\ \sum ty = b\sum t^2 \\ \sum t^2 y = a\sum t^2 + c\sum t^4 \end{cases}$$ (10.19)

【例 10.6】 表 10.8 是某工业品 1994—2002 年的产量数据，试拟合曲线方程。

表 10.8 某工业产品产量 (吨)

年份	产品产量	逐期增长量	二期增长量
1994	988	—	—
1995	1012	24	—
1996	1043	31	7
1997	1080	37	6
1998	1126	46	9
1999	1179	53	7
2000	1239	60	7
2001	1307	68	8
2002	1382	75	7

根据表 10.8 所示的资料初步计算可知，各年二级增长量大体相等，所以该产品产量发展的基本趋势比较接近于抛物线形，可配合一个抛物线方程。现列表 10.9 说明其计算过程。

表 10.9　某工业产品产量抛物线方程的计算表

年份	t	y	ty	t^2	t^2y	t^4	y_c
1994	−4	988	−3952	16	15 808	256	988.27
1995	−3	1012	−3036	9	9108	81	1011.64
1996	−2	1043	−2086	4	4172	16	1042.39
1997	−1	1080	−1080	1	1080	1	1080.52
1998	0	1126	0	0	0	0	1126.03
1999	1	1179	1179	1	1179	1	1178.92
2000	2	1239	2478	4	4956	16	1239.19
2001	3	1307	3921	9	11 763	81	1306.84
2002	4	1382	5528	16	22 112	256	1381.87
合计	—	10 356	2952	60	70 178	708	10 355.67

将表 10.9 中的数据代入式(10.19)中得：

$$\begin{cases} 10\,356 = 9a + 60c \\ 2952 = 60b \\ 70178 = 60a + 708c \end{cases}$$

用消元法解得 a = 1126.03，b = 49.20，c = 3.69，代入抛物线方程得：

$$y_c = 1126.03 + 49.20t + 3.69t^2$$

如果将这条趋势线向外延伸，则可预测该产品 2003 年的产量，即当 t = 5 时：

$$y_c = 1126.03 + 49.20 \times 5 + 3.69 \times 25 = 1464.28(吨)$$

(3) 指数曲线方程。如果现象的发展其环比发展速度或环比增长速度大体相同，则可考虑曲线趋势——配合指数曲线方程。指数曲线的一般方程为 $y_c = t_0c^t$。式中：t_0 为时间数列的基期水平；c 为经济指标的一般发展速度。

处理指数曲线方程的思路是先化为直线方程，对方程 $y_c = t_0c^t$ 两边取对数，即 $\lg y_c = \lg t_0 + t\lg c$，令 $Y = \lg y_c$，$a = \lg t_0$，$b = \lg c$，则得 $Y = a + bt$，即把指数曲线化为直线，接下来即可按照直线方程方法处理。

综上所述，我们在分析社会经济现象发展的长期趋势时应该注意到，不论将哪一种趋势线向外延伸来预测未来可能达到的数值，都具有一定的假定性。因此，要做好经济预测工作，除了用必要的数学方法来建立数学模型外，一定要结合调查研究，具体情况具体分析，才能得出较为准确的结果。

4. 季节变动分析

在一个以月份或季度为顺序编制的时间数列中往往存在着季节变动。季节变动是指每年都重复出现的周期性变动，如许多商品销售每年各月或各季都按相似的曲线波动，铁路、公路客运量每年重大节、假日都是高峰等。季节变动一般以 1 年、12 个月或 4 个季度作为变动周期。

测定季节变动一般要求具备连续若干年或至少 3 年的分月或分季的统计数据，以保证所测定的季节变动指标正确反映季节变动的淡旺季规律。反映季节变动的指标通常有平均季节比重和季节指数两个。

1) 平均季节比重法

平均季节比重法是将历年同月(季)的数值之和与各年数值之和相比，直接求得平均季节比重。其计算公式为

$$平均季节比重 = \frac{每年同月(季)数值之和}{各年度数值之和} \times 100\% \tag{10.20}$$

各月(季)的季节比重之和为 100%。一般地，季节比重大的为旺季，季节比重小的为淡季。季节比重除了能反映季节变化的数量规律外，亦可用于预测推算。预测公式为

$$月(季)预测值 = 年度预测值 \times 月(季) \tag{10.21}$$

$$年度预测值 = \frac{某几个月的实际值之和}{相应的季节比重之和} \times 100\% \tag{10.22}$$

【例 10.7】　表 10.10 是某地 2001—2004 年分季的消费品零售额。从平均季节比重来看，第一季度和第四季度为旺季，第二季度平淡，第三季度最淡。近三年消费品零售额大体呈直线变化趋势，用平均增长量可预测 2005 年消费品零售额为 392.5 亿元，用表中的平均季节比重可求得各季度的预测值分别为 99.62、95.85、91.41 和 105.62 亿元。

表 10.10　某地消费品零售额的季节变动分析　　　　　　　　(亿元)

年份	一季度	二季度	三季度	四季度	全年
2001	70.6	68.8	66.6	78.6	284.6
2002	80.3	77.5	74.9	85.5	318.2
2003	89.4	85.6	78.6	90.4	344.0
2004	92.8	88.6	85.5	98.6	365.5
合计	333.1	320.5	305.6	353.1	1312.3
季节比重/%	25.38	24.42	23.29	26.91	100.00
季节均数	83.275	80.125	76.400	88.275	82.019
季节指数/%	101.53	97.69	93.15	107.63	400.00

例如，假设 2005 年上半年该地消费品零售额为 197.82 亿元，根据表中一、二季度的季节比重之和 49.80%，预计 2005 年消费品零售额可达到 397.23 亿元，第三、四季度的零售额则分别为 92.51 亿元、106.89 亿元。

2) 平均季节比率法

平均季节比率又称季节指数，它以历年同月(季)平均数与全时期月(季)总平均数相比，用求得的比较相对数来反映季节变动的数量规律。其计算公式为

$$月(季节)指数 = \frac{各年同月(季)平均数}{全时期月(季)平均数} \times 100\% \tag{10.23}$$

各月(季节)指数之和中，季度资料为 400%，月度资料为 1200%。一般地，季节指数大于 100% 为旺季，小于 100% 为淡季。季节指数与季节比重之间具有转换关系，即季节指数/4 (或 12)等于季节比重，见表 10.10。根据季节指数可以用年度预测数求得月(季)预测数，也

可以由年内某几个月的实际数预计全年可能达到的总水平。预测公式为

$$月(季节)预测数 = \frac{年度预测数}{4(或12)} \times 季(月)的季节指数 \tag{10.24}$$

$$年度预测数 = \frac{某几个季(月)的实际数之和}{相应的季节指数之和} \times 4(或12) \tag{10.25}$$

根据例 10.7 的数据，预计 2005 年的消费品零售额可达到：

$$\frac{197.82}{101.53\% + 97.69\%} \times 4 \approx 397.19(亿元)$$

10.2.4 相关数列描述性分析

相关数列描述性分析是指对两个有联系而性质不同的统计指标或变量构成的时间数列或空间数列进行对比分析，用以揭示现象的强度、密度、普遍程度、依存关系及其变化。其分析的主要方法如下。

1. 强度分析法

强度分析法是指通过计算两个有联系现象的变量值的比值(x/y)来分析现象间的相互联系的数量关系、变化过程和趋势。所计算的比值用来说明现象间的依存性的比例关系，而不是结构性比例关系。如人口密度、存货周转率、产品产销率、居民消费倾向、资产报酬率等都是依存性或相关性比例指标(强度相对指标)。

2. 边际分析法

边际分析法是指通过计算两个变量的增减量的比值来分析现象间的相互联系的数量关系及其变化。边际又称边际效应、边际水平、边际倾向、增量系数等，它说明自变量 x 每增加一个单位引起因变量 y 能增加多少个单位。其计算公式为

$$边际 = M = \frac{\Delta y}{\Delta x} = \frac{y_i - y_{i-1}}{x_i - x_{i-1}} \tag{10.26}$$

3. 弹性分析法

弹性分析法是指通过计算两个变量的增减率的比值来考察两个有联系的现象间的数量关系和变化特征。弹性系数是因变量 y 的增减率与自变量 x 的增减率之比，用于说明自变量 x 每变化百分之一，因变量 y 能相应变化百分之几。其计算公式为

$$弹性系数 = E = \frac{\dfrac{\Delta y_i}{y_{i-1}}}{\dfrac{\Delta x_i}{x_{i-1}}} = \frac{\Delta y_i}{\Delta x_i} \cdot \frac{x_{i-1}}{y_{i-1}} \tag{10.27}$$

10.3 相 关 分 析

10.3.1 相关分析的意义和任务

1. 相关关系的概念

在自然界和社会中存在的许多事物或现象彼此之间都是有机地相互联系、相互依赖、

相互制约着。在社会经济领域中，现象之间具有一定的联系，一种现象的变化往往依存于其他现象的变化。各种现象之间的相互联系都可以通过数量关系反映出来。现象之间的相互联系可以区分为两种不同的类型：一种是函数关系，它反映现象之间存在严格的依存关系，在这种关系中，对于某一变量的每一个数值都有另一个变量的确定值与之相对应，并且这种关系可以用一个数学表达式反映出来；另一种就是相关关系，它反映现象之间确实存在的，而关系数值不固定的相互依存关系。理解相关关系要把握两个要点。

(1) 相关关系是指现象之间确实存在数量上的相互依存关系。两个现象之间，一个现象发生数量上的变化，另一个现象也会相应地发生数量上的变化。例如，身体高的人一般体重也要重一点；劳动生产率提高相应地会使成本降低，使利润增加等。在具有相互依存关系的两个变量中，作为根据的变量叫做自变量，发生对应变化的变量叫做因变量；自变量一般用 x 代表，因变量用 y 代表。

(2) 现象之间数量依存关系的具体关系值不是固定的。在相关关系中，对于某项标志的每一数值，可以有另外标志的若干个数值与之相适应，在这些数值之间表现出一定的波动性，但又总是围绕着它们的平均数并遵循一定的规律而变化。例如，每亩耕地的施肥量与亩产量之间存在着一定的依存关系。在一般条件下，施肥量适当增加，亩产量便相应地提高，但在亩产量增长与施肥量增长的数值之间并不存在严格的依存关系。因为对每亩耕地的产量来说，除了施肥量多少这一因素外，还会受到种子、土壤、降雨量等其他因素的影响，这会造成即使在施肥量相同的条件下，其亩产量也并不完全相等的结果。但即使如此，它们之间仍然存在着一定的规律性，即在一定范围内，随着施肥量的增加，亩产量便相应地有所提高。相关关系与函数关系有区别，但是它们之间也有联系。由于观察或测量误差等原因，函数关系在实际中往往通过相关关系表现出来。在研究相关关系时，又常常使用函数关系的形式来表现，以便找到相关关系的一般数量表现形式。

2. 相关关系的种类

现象之间的相互关系是很复杂的，它们各以不同的方向、不同的程度相互作用着，并表现出不同的类型和形态。

(1) 从涉及的因素多少来划分，相关关系可分为单相关和复相关。两个因素之间的相关关系叫做单相关，即研究时只涉及一个自变量和一个因变量；三个或三个以上因素的相关关系叫做复相关，即研究涉及两个或两个以上的自变量和因变量。

(2) 从表现形态来划分，相关关系可分为直线相关和曲线相关。相关关系是一种数量上不严格的相互依存关系。如果这种关系近似地表现为一条直线，则称为直线相关。如果这种关系近似地表现为一条曲线，则称为曲线相关。曲线相关也有不同的种类，如抛物线、指数曲线、双曲线等。现象的相关关系究竟取哪种形态，要对现象的性质作理论分析，并根据实际经验，才能得到较好的解决。

(3) 从直线相关变化的方向来划分，相关关系可分为正相关和负相关。自变量(x)的数值增加，因变量(y)的数值也相应地增加，这叫做正相关。例如，施肥量增加，亩产量也增加。自变量数值增加，因变量数值相应减少，或者自变量数值减少，因变量数值相应增加，这叫做负相关。例如，产品生产越多，生产成本越低；商品价格降低，商品销售量增多。

(4) 按相关的程度来划分，相关关系可分为完全相关、不完全相关和无相关。两种现象中一个现象的数量变化随另一现象的数量变化而确定，这两种现象间的依存关系就称为完全相关；两种现象的数量各自独立，互不影响，称为无相关，如企业生产成本与工人年龄之间一般是无相关的；两个现象之间的关系介于完全相关与无相关之间，称为不完全相关。通常的相关分析主要是不完全相关分析。

3. 相关分析的主要内容

相关分析是指分析社会经济现象间的依存关系，其目的就是从现象的复杂关系中消除非本质的偶然影响，从而找出现象间相互依存的形式和密切程度以及依存关系变动的规律性。这在实际工作中运用得非常广泛。相关分析的主要内容如下：

(1) 确定现象之间有无关系，以及相关关系的表现形式。这是相关分析的出发点。有相互依存关系才能用相关方法进行分析，没有关系而当作有关系会使认识发生错误。关系表现为什么样的形式就需要使用什么样的方法分析，把曲线相关当作直线相关来进行分析，也会使认识发生偏差。

(2) 确定相关关系的密切程度。相关分析的目的之一就是从不严格的关系中判断其关系的密切程度。判断的主要方法就是把自变量和因变量的数据资料编制成散布图或相关表，帮助我们作一般分析，判断相关的密切程度，进而计算出相关系数。

(3) 选择合适的数学模型。确定了现象间确实有相关关系及密切程度后，就要选择合适的数学模型对变量之间的联系进行近似的描述。如果现象之间的关系表现为直线相关，则采用配合直线的方法；如果现象之间的关系表现为各种曲线，则用配合曲线的方法。使用这种方法能使我们找到现象之间相互依存关系的数量上的规律性。这是进行判断、推算、预测的根据。

(4) 测定变量估计值的可靠程度。配合直线或配合曲线后，可反映现象间的变化关系，即反映自变量变化时因变量有多大变化。根据这个数量关系，可测定因变量的估计值。将估计值与实际值对比，如果它们的差别小，则说明估计得较准确，反之就不够准确。这种因变量估计值的准确程度通常用估计标准误差来衡量。

(5) 对计算出的相关系数进行显著检验。对现象之间变量关系的研究、统计是从两方面进行的：一方面研究变量之间关系的紧密程度，这种研究称为相关分析；另一方面对自变量和因变量之间的变动关系用数学方程式表达，称为回归分析。相关与回归既有区别，又有密切联系。

10.3.2　相关系数的测定

(1) 积差法：

$$r = \frac{\sigma_{xy}^2}{\sigma_x \sigma_y} = \frac{\sum(x-\overline{x})(y-\overline{y})}{\sqrt{(x-\overline{x})^2(y-\overline{y})^2}} \tag{10.28}$$

式中：r 为相关系数；σ_{xy}^2 为自变量数列和因变量数列的协方差；σ_x 和 σ_y 分别为自变量数列和因变量数列的标准差。

$$\sigma_{xy}^2 = \frac{\sum(x-\overline{x})(y-\overline{y})}{n} \tag{10.29}$$

$$\sigma_x = \sqrt{\frac{\sum (x - \overline{x})^2}{n}} \tag{10.30}$$

$$\sigma_y = \sqrt{\frac{\sum (y - \overline{y})^2}{n}} \tag{10.31}$$

(2) 相关系数的简捷计算方法如下：

$$r = \frac{n\sum xy - \sum x \sum y}{\sqrt{n\sum x^2 - (\sum y)^2}\sqrt{n\sum y^2 - (\sum y)^2}} \tag{10.32}$$

10.3.3　相关系数的应用

相关系数的数值有个范围，在 -1 和 +1 之间，即 $-1 \leqslant r \leqslant 1$。计算结果带有负号表示负相关，带有正号表示正相关。相关系数 r 的数值越接近于 1(+1 或 -1)，表示相关关系越强；越接近于 0，表示相关关系越弱。为了判断时有个标准，有人提出了相关关系密切程度的等级，即相关系数在 0.3 以下为无相关，0.3 以上为有相关，0.3~0.5 为低度相关，0.5~0.8 为显著相关，0.8 以上为高度相关。

按照上述分类标准进行判断、计算相关系数的原始根据材料要多一些，例如在 50 个以上。计算时根据的材料多，关系程度就可以相信；如果材料太少，则可以相信的程度会降低，即判断有相关关系的起点值要提高，要以 0.4 或 0.5 等为起点。

10.4　回归分析

10.4.1　回归分析的概念

为了说明变量之间的相关关系，可以用相关系数来加以反映。但是，相关系数仅能说明相关关系的方向和紧密程度，而不能说明变量之间因果的数量关系。当给出自变量某一数值时，不能根据相关系数来估计或预测因变量可能发生的数值。回归分析就是对具有相关关系的变量之间数量变化的一般关系进行测定，确定一个相关的数学表达式，以便于进行估计或预测的统计方法。相关关系是一种数量关系不严格的相互依存关系。现在根据这些数量关系不严格、不规则的材料找出现象的规则，其方法就是配合直线或配合曲线。用一条直线来代表现象之间的一般数量关系，这条直线在数学上叫做回归直线，表现这条直线的数学公式称为直线回归方程；用曲线来代表现象之间的一般数量关系，这条曲线在数学上叫做回归曲线，表现这条曲线的数学公式称为曲线回归方程。

回归这个统计术语最早的采用者是英国遗传学家高尔登，他把这种统计分析方法应用于研究生物学的遗传问题，指出生物后代有回复或回归到其上代原有特性的倾向。高尔登的学生皮尔逊继续研究，把回归的概念和数学方法联系起来，把代表现象之间一般数量关系的直线或曲线称为回归直线或回归曲线。

10.4.2　一元线性回归

一元线性回归方程是一个自变量的线性函数：$y = a + bx$。式中：x 为自变量；y 为因变量；a、b 为参数。用最小二乘法可以确定 a、b 值，进而确定直线方程。前面讨论时间数列趋势方程法的直线方程，其实就是一元线性回归的典型应用，只不过在求趋势直线方程时，是把经济指标看做随时期数(t 为自变量)而变化的，此处不再赘述。

10.4.3　多元线性回归

如果有多个因素(自变量 x_i)对于某个经济指标(因变量 y)产生影响，且这些自变量对 y 的影响关系近似于线性关系，则可以考虑建立多元线性回归模型来说明各自变量与因变量的变化特征。

多元线性回归模型的一般形式如下：

$$y = a + b_1x_1 + b_2x_2 + \cdots + b_nx_n \tag{10.33}$$

虽然利用最小二乘法可以求得各参数的标准方程组，解此方程组可以求出各参数，但是其计算工作量很大，而利用统计软件 SPSS、SAS 来求多元线性回归方程则很方便。

【例 10.8】　根据市场调查与判断分析可知，A 地区蔬菜消费量与许多因素有关，如该地区的人口、蔬菜价格、瓜果年人均消费量、副食年人均消费量、粮食年人均消费量、人均月生活费等。经计算机进一步分析，决定保留人口数、价格和副食年人均消费量三个因素，对蔬菜消费量进行预测。经过市场调研获得了连续 10 年的数据，见表 10.11。

表 10.11　A 地区蔬菜消费量的相关数据

观察期 t/年	消费量 y /亿千克	消费人口 x_1 /十万	年平均价格 x_2 /角	副食年人均消费量 x_3 /千克
1998	8.7	40.7	8.8	28.6
1999	9.1	41.1	9.3	30.1
2000	10.1	44.7	8.6	32.8
2001	10.2	45.3	8.8	33.0
2002	10.5	46.7	9.2	33.6
2003	10.6	49.5	9.9	34.9
2004	10.9	50.0	11.3	36.6
2005	11.0	52.5	12.3	40.4
2006	11.8	55.0	12.9	45.0
2007	12.4	56.1	14.0	49.9

选择 SPSS13.0 进行多元回归分析，可获得以下结果：

Coefficiets^a

Model		Unstandardized Coefficients		Standardized Coefficients	t	Sig.
		B	Std.Error	Beta		
1	(Constant)	1.636	.874		1.871	.110
	VAR00002	.161	.039	.778	4.081	.006
	VAR00003	−.303	.108	−.535	−2.814	.031
	VAR00004	.119	.042	.719	2.861	.029

a. Dependent Variable: VAR00001

ANOVA(b)

Model		Sum of Squares	df	Mean Square	F	Sig.
1	Regression	10.933	3	3.644	96.072	.000(a)
	Residual	.228	6	.038		
	Total	11.161	9			

a　Predictors: (Constant), VAR00004, VAR00003, VAR00002

b　Dependent Variable: VAR00001

Model Summary

Model	R	R Square	Adjusted R Square	Std. Error of the Estimate
1	.990(a)	.980	.969	.19477

a　Predictors: (Constant), VAR00004, VAR00003, VAR00002

对以上软件的输出结果的说明如下：

(1) 拟合的多元回归方程为 $y = 1.636 + 0.161x_1 - 0.303x_2 + 0.119x_3$。

(2) 判定系数 $R = 0.99$，$R^2 = 98\%$，这说明回归方程对观察数据提供了非常好的拟合，能够解释因变量 98% 的变异。

(3) F 检验：模型 $F = 96.072$，在显著性水平 $\alpha = 0.05$ 下，可以查到分子自由度为 3，分母自由度为 6 的上侧分位数 $F_{0.05} = 4.76 < 96.072$，模型通过总体显著性检验。也就是说，y 与三个自变量的线性关系是显著的。

(4) t 检验：在显著性水平 $\alpha = 0.05$ 下，自由度为 6，可查得 $t_{0.025} = 2.447$，$t_{x_1} = 4.081 > 2.447$，$t_{x_2} = 2.814 > 2.447$，$t_{x_3} = 2.861 > 2.447$，皆通过显著性检验。也就是说，三个自变量各自对于因变量都是线性显著的。

讨论与思考题

1. 市场调查数据分析包括哪些内容？
2. 市场调查数据分析的程序有哪些？

3. 市场调查数据描述性分析方法都有哪些？每一种方法是如何进行的？

4. 什么是相关分析？什么是回归分析？二者有什么联系和区别？

5. 相关系数如何计算？取值有什么含义？

6. 一元线性回归如何确定参数？

 案例分析

民用汽车市场需求预测分析

设某地近 10 年民用汽车拥有量及相关资料见表 10.12 和表 10.13，要求选择适当的方法对未来 5 年内民用汽车市场拥有量、年需求量作出预测推断和分析，并编写预测报告。

表 10.12　民用汽车拥有量

	1	2	3	4	5	6	7	8	9	10
民用汽车总量/万辆	6.92	8.18	9.42	10.40	11.00	12.19	13.19	14.53	16.08	18.02
载客汽车/万辆	2.26	2.86	3.50	4.18	4.88	5.81	6.55	7.40	8.53	9.94
客位/万位	31.04	39.40	48.44	52.13	61.92	72.70	76.21	90.24	102.13	111.71
载货汽车/万辆	4.41	5.01	5.60	5.85	5.75	6.01	6.28	6.77	7.16	7.65
吨位/万吨	18.35	21.14	23.96	23.70	22.81	22.87	24.09	27.30	29.20	30.57
私人汽车拥有量/万辆	1.18	1.56	2.05	2.50	2.89	3.58	4.24	5.34	6.25	7.71
私人载客汽车/万辆	0.42	0.60	0.79	1.14	1.43	1.91	2.31	3.04	3.65	4.71
私人载货汽车/万辆	0.76	0.94	1.23	1.32	1.43	1.63	1.92	2.29	2.59	2.98

表 10.13　民用汽车市场相关资料

	1	2	3	4	5	6	7	8	9	10
人均 GDP/元	2287	2939	3923	4854	5576	6054	6307	6547	7084	7543
年末总人口/万人	1172	1185	1199	1211	1224	1236	1248	1259	1267	1276
年末居民储蓄/亿元	117.6	152.0	215.2	296.6	385.2	462.8	534.1	596.2	643.3	737.6
公路里程/万公里	1.06	1.08	1.12	1.16	1.19	1.23	1.28	1.35	1.40	1.70
公路运量/万人	7318	8607	9539	10 408	11 221	12 046	12 573	12 690	13 474	14 028
公路货运量/万吨	7809	8403	8949	9404	9839	9765	9860	9904	10 388	10 563

参 考 文 献

[1]　李蔚，牛永革. 创业市场营销[M]. 北京：清华大学出版社，2006.

[2]　Leonard M Lodish. 创业营销[M]. 杨冰，译. 北京：清华大学出版社，2002.

[3]　郭小平，祝君红. 创业营销[M]. 北京：清华大学出版社，2009.

[4]　菲利普·科特勒. 营销管理[M]. 10 版. 梅汝和，梅清豪，周安柱，译. 北京：中国人民大学出版社，2001.

[5]　菲利普·科特勒，凯文·莱恩·凯特. 营销管理[M]. 北京：清华大学出版社，2007.

[6]　周晓宏. 就业·创业·成功：大学生必读[M]. 北京：中国劳动社会保障出版社，2003.

[7]　里斯·特劳特. 营销革命[M]. 左占平，译. 北京：中国财政经济出版社，2004.

[8]　赵光忠. 市场营销管理模板与操作流程[M]. 北京：中国财政经济出版社，2002.

[9]　唐·舒尔茨，海蒂·舒尔茨. 整合营销传播：创造企业价值的五大关键步骤[M]. 何西军，黄鹂，译. 北京：中国财政经济出版社，2005.

[10]　霍金斯，等. 消费者行为学[M]. 符国群，等译. 北京：机械工业出版社，2003.

[11]　苏兰君. 现代市场营销[M]. 北京：高等教育出版社，2007.

[12]　杰弗里·蒂蒙斯，小斯蒂芬·斯皮内利. 创业学[M]. 周伟民，吕长春，译. 北京：人民邮电出版社，2005.

[13]　葛建新. 创业学[M]. 北京：清华大学出版社，2004.

[14]　梁巧转，赵文红. 创业管理[M]. 北京：北京大学出版社，2007.

[15]　姜彦福，张帏. 创业管理学[M]. 北京：北京大学出版社，2005.

[16]　孙明燮. 市场营销机会识别与评估[M]. 北京：经济管理出版社，2001.

[17]　包昌火，谢新洲. 竞争对手分析[M]. 北京：华夏出版社，2003.

[18]　凯文·莱恩·凯特. 战略品牌管理[M]. 李乃和，等译. 北京：中国人民大学出版社，2003.

[19]　迈克尔·波特. 竞争战略[M]. 陈晓悦，译. 北京：华夏出版社，2005.

[20]　柯银斌. 海天公司的扭亏神话[J]. 经理人，2004(9).

[21]　杨志宁. 构建营销渠道优势角逐中国家电市场——LG 的启示[J]. 经济与管理，2002(7).

[22]　张云起. 营销风险预警与防范[M]. 北京：商务印书馆，2001.

[23]　庄贵军. 市场调查与预测[M]. 北京：北京大学出版社，2007.

[24]　庄贵军. 企业营销策划[M]. 北京：清华大学出版社，2005.

[25]　艾尔·巴比. 社会研究方法基础[M]. 8 版. 邱泽奇，译. 北京：华夏出版社，2002.

[26]　石井荣造. 市场调研[M]. 陈晶晶，译. 北京：科学出版社，2007.

[27]　张灿鹏，郭砚常. 市场调查与分析预测[M]. 北京：清华大学出版社，北京交通大学出版社，2008.

[28] 李国强，苗杰. 市场调查与与市场分析[M]. 北京：中国人民大学出版社，2005.

[29] 萨拜因·莫腾斯·奥伊布. 如何实施面访调查[M]. 2 版. 张仪，译. 北京：中国劳动社会保障出版社，2004.

[30] 小卡尔·迈克尔·丹尼尔，罗杰·盖兹著. 当代市场调研[M]. 4 版. 范秀成，等译. 北京：机械工业出版社，2000.

[31] 徐阳，张毅. 市场调查与预测[M]. 北京：高等教育出版社，2005.

[32] 范伟达. 市场调查教程[M]. 上海：复旦大学出版社，2002.

[33] 简明，胡玉立. 市场调查与管理决策[M]. 北京：中国人民大学出版社，2003.

[34] 樊志育. 市场调查[M]. 上海：上海人民出版社，1995.

[35] 杨明刚. 市场营销 100——个案与点析[M]. 上海：华东理工大学出版社，2004.

后 记

改革开放以来，我国经历了几次创业浪潮。当前，"大众创业、万众创新"正以燎原之势在各地蓬勃发展。随着"双创"理念的提出，我国商事制度改革不断深化，支持小微企业的多项政策陆续出台。在此背景下，中国的小微企业如雨后春笋般涌现出来，中国的创业者们面临着空前的创业和成长机会。但是，由于缺乏战略眼光、成熟的经营理念和方法，多数怀揣完美设想和可行技术的创业者们在企业初创不久就在激烈的竞争中惨遭失败。因为在多数情况下，决定一个创业企业成功或失败的关键因素是营销而非技术。

本书从一个创业者的角度，以创业企业的产品市场进入为线索，围绕产品进入过程中的市场分析、机会分析、营销组合策略、市场调查技术等问题进行探讨，为创业企业的新产品顺利进入市场提供了系统的理论和实践分析。为了便于读者掌握创业市场营销和市场调查技术的知识，本书在每章的开头都给出了该章的重要提示，每一章后均附有讨论与思考题以及案例分析。

编写此书是一次尝试，也是一次挑战，书中难免有不成熟之处，敬请广大读者不吝赐教，我们将在以后的研究中加以修正。

编 者

2017 年 4 月